단단한 하루

단단한 하루

아리아 캠벨 다네시 · 세스 J. 길리한   이진 옮김

두 심리학자가
초대하는
365일
마음챙김
안내서

수오서재

차례

들어가며 **006**

들어가며

아리아 캠벨 다네시 &

세스 J. 길리한

경제학 박사 리처드 이스털린은 소득과 행복에 관한 연구를 통해 놀라운 역설을 발견했습니다. 바로, 수십 년에 걸쳐 인구의 실질 소득이 증가했음에도 행복 지수는 전혀 높아지지 않았다는 점입니다. 소득이 증가해도 행복이 정체되는, 이른바 '이스털린의 역설'이라고도 하는 이 현상은 우리 삶을 돌아보게 합니다. 많은 이들이 성공과 돈을 좇으며 시간과 에너지를 쏟아붓는 사이, 정작 자신의 감정과 정신은 소홀히 미뤄 두고 맙니다.

현대사회의 기술적 진보는 우리를 또 하나의 역설로 이끕니다. 인터넷과 소셜 미디어로 그 어느 때보다 긴밀하게 연결되어 있지만, 우리는 외롭고 단절된 채 살아갑니다. 어쩌다 보니 길을 잃었고, 정신적, 감정적, 영적 건강은 등한시되고 말았습니다.

이 책은 깊은 만족감을 느끼고, 긴밀하게 연결되는 삶으로 당신을 초대합니다. 1월 1일부터 한 해에 걸쳐 우리 두 사람은 매일 번갈아 글을 썼고, 마음챙김 수행과 인지행동치료를 바탕으로 한 365편의 삶의 제안들을 완성할 수 있었습니다. 매일 한 편씩 글을 읽어도 좋고, 조용히 홀로 시간을 보낼 수 있을 때 아무 페이지나 펼쳐서 읽어도 좋습니다. 내용에 충분히 몰입할 수 있도록 시간을 가지고 천천히 읽을 것을 권합니다.

우리 두 사람은 펜실베이니아 대학에서 만났습니다. '불안과 뇌'라는 주제를 다루던 심리학 강의실이었습니다.

"아리아와 나는 2010년 가을에 만났습니다. 저의 심리학 강의실에 있던 아리아는 단연 뛰어난 학생이었습니다. 아리아는 스코틀랜드의 세인트 앤드루스 대학에서 교환 학생으로 왔고, 그가 돌아간 후로도 우리는 메일을 주고받으며 우정을 쌓았습니다." —세스 J. 길리한

"수업이 끝나고 나면 세스와 함께 이야기를 나누곤 했습니다. 어느새 우리는 심리학의 다양한 영역에 대해 토론하게 되었고, 서로를 존중하게 되었습니다. 마침 저는 펜실베이니아 대학 최초로 마음챙김 모임을 설립했던 터라 우리의 대화는 자연스럽게 단단한 삶을 살아가는 방법에 집중되었습니다." —아리아 캠벨 다네시

우리는 삶에서 가장 소중한 것들에 대해 많은 이야기를 나누었습니다. 각박하고 혼란스럽고 불안과 불만으로 가득 찬 이 시대에 무엇보다도 중요

한 것들에 대해…. 그것은 연민, 진실, 사랑, 단순함이었습니다. 모든 글의 말미에 보다 의미 있는 삶으로 여러분을 안내할 실천 방안을 제시했습니다. 그대로 따라해 봐도 좋고, 각자의 방식대로 수정해도 좋은 제안들입니다. 중요한 것은, 여러분에게 맞는 방식을 찾는 것입니다.

우리는 마음챙김을 실천하면서 삶에서 일어나는 크고 작은 일들을 받아들이는 자세가 달라졌습니다. 기쁠 때나 슬플 때나, 마음챙김을 통해 스스로를 격려할 수 있었습니다.

이제 이 여정에 여러분을 초대합니다.

여러분이 삶에서 소중히 여기는 것들과 연결되기를 바랍니다. 매일매일이 배움과 성장의 시간이 되기를 진심으로 기원합니다.

◇

"새해가 되었고, 새날이 밝았습니다.
우리에게 가장 소중한 것들을 되찾을 기회입니다."

1월

1월 1일

***

＊　당신이 하고 싶은 일을 지금 바로 시작하세요. 삶은 영원하지 않습니다. 우리에겐 오직 이 순간만이, 손바닥에서 별처럼 반짝이다가 눈송이처럼 녹아내리는 이 순간만이 있을 뿐입니다. —마리 베이넌 레이

새로운 해가 시작되면 지난 한 해를 되돌아보고 다가올 한 해를 내다보게 됩니다. 그 나름의 우여곡절이 있던 지난 한 해는 어떠셨나요? 또 다가올 365일은 우리에게 어떤 미지의 기쁨과 시련을 가져다줄까요? 하루가 모여 한 주가 되고, 한 주가 모여 한 달이 되고, 한 달이 모여 한 해가 되니, 새삼 우리의 삶이 참으로 짧고도 소중하다는 생각이 듭니다. 당연하게 여기기 쉽지만 우리가 이렇게 살아 있다는 건 엄청난 축복이에요. 가장 소중한 것들을 놓치고 삶의 마지막을 맞아야 한다면 그야말로 비극이 아닐 수 없습니다. 하고 싶은 일을 지금 당장 하세요. 이 삶을 마음껏 누리세요. 새해가 되었고, 새날이 밝았습니다. 우리에게 가장 소중한 것들을 되찾을 기회입니다.

제안　지나간 한 해를 돌아보세요. 가장 즐거웠던 일과 가장 슬펐던 일은 무엇인가요? 어떤 면에서 성장하고 발전했나요? 어떤 점에 감사하나요? 앞으로 어떤 일에 더 많은 시간을 투자하고 싶은가요? 이제 여러분의 시간입니다. 여러분은 의미 있고 충만한 삶을 살 자격이 있습니다.

1월 2일

* **당신은 언제나 원의 중심에, 신성한 공간의 중심에 서 있다. 그 공간으로 들어오는 모든 것은 당신을 가르친다.** —페마 초드론

우리에게 가장 소중한 것을 회복하는 데 있어 가장 큰 걸림돌은, 바로 '이 일이 아닌 다른 일'을 하고 있어야 할 것 같은 기분입니다. 심지어 해야만 하는 바로 그 일을 하고 있을 때조차도 그런 기분이 들지요. 더 중요한 일을 하기 위해 우선 이 일을 끝내야 한다는 생각 때문에, 지금 당장 하고 있는 일에 집중하지 못하며 정작 하루를 낭비하는 건 아닐까요.

저는 매일 집에서 사무실로, 사무실에서 집으로 이동하는 데 걸리는 시간이 아깝게 느껴집니다. 내가 있어야 할 곳이 언제나 저만치 앞에 있고, 결코 도달할 수 없는 곳처럼 느껴져요.

지금 하고 있는 일이 무엇이건 그 일에 온전히 집중해 보세요. 이것이 전부임을 깨닫는 순간, 그 속에서 평온할 수 있습니다.

양치질을 할 때, 식사를 할 때, 빨래를 할 때, 혹은 슈퍼에서 줄을 설 때에도 그 순간 속에서 평온할 수 있습니다. 여러분이 이 글을 읽고 있는 지금 이 순간에도 평온할 수 있습니다. 지금과 똑같은 순간은 결코 오지 않습니다. 이 순간이 전부입니다.

제안 오늘 당신이 있는 자리에서 저만치 앞질러 가는 마음을 알아차려 보세요.

오늘 어떤 일이 닥치더라도, 현재에 머물러 보세요.

1월 3일

* **평범한 일상 속에서도 깨달음의 기회는 언제나 있다.** —스즈키 순류

우리의 삶은 지극히 평범한 것들로 가득 차 있습니다. 해야만 하는 일상의 자질구레한 일들이 있어요. 쓰레기를 내놓아야 하고, 그릇을 닦아야 하고, 개를 산책시켜야 하지요. 언젠가부터 평범한 일들은 '충분치 않은 것'이 되었고, 성공은 '특별한 것'과 동의어가 되었습니다.

그러나 깨달음의 기회는 모든 순간 속에 담겨 있습니다. 깨달음은 지금 이 순간, 내가 느끼고 생각하는 일을 알아차리는 것입니다. 문득 짜증이 치밀고 배우자가 "쓰레기를 내놓아 주었으면 좋겠어"라는 생각이 든다면, 그 생각을 의식하고, 인정하고, 관찰하는 것이 깨달음입니다.

평범한 일상을 다른 각도로 바라보면 어떨까요? 우리 선조들은 생존을 위해 사냥을 하고 먹이를 구하고 음식을 만드는 일에 일상을 바쳤습니다. 반면, 지금 우리는 이런 본질적이고 신성한 것과의 연결고리를 잃어버리곤 합니다.

깨어 있으면 우리가 선택할 수 있습니다. 지금 이 순간에 깨어 있으면 주어진 상황을 새로운 시각으로 바라볼 수 있어요. 쓰레기를 내놓고, 식사를 준비하고, 그릇을 닦는 일을 사랑을 표현하는 방식으로 여길 수 있고, 자상한 배우자, 부모, 혹은 자식이 되는 일로 여길 수 있습니다.

제안 힘들다는 생각이 들 때, 지금 하고 있는 일이 성가시게 느껴질 때, 그 생각을 알아차려 보세요. 주어진 상황을 새로운 각도로 보고 일상의 행위들 속에 숨겨진 의미를 찾아보세요.

1월 4일

✳   **쾌락을 극대화하고 고통을 줄이려고 적극적으로 노력할수록, 깊이와 의미, 소속감 없는 삶을 살게 될 확률이 높다.** ─리처드 라이언, 베로니카 후타, 에드워드 데치

대부분의 사람들은 최대의 안락함과 최소의 고통이 있는 삶을 원합니다. 아리스토텔레스는 그런 삶을 '쾌락적' 삶이라고 불렀습니다. 쾌락주의자의 관점에서 가장 큰 화두는 "어떤 행동이 나에게 가장 큰 기쁨을 가져다줄 것인가?"이지요. 그러나 적극적으로 쾌락을 추구하는 행위는 종종 정반대의 결과를 가져옵니다. 운동의 육체적 불편을 감수하지 않으면 근육의 퇴행으로 더 큰 고통을 감수해야 하는 것처럼 말입니다.

아리스토텔레스는 다른 접근법을 제시했습니다. "잘 살기 위해서 무얼 해야 하는가?"라는 질문을 던지는 것입니다. 이 질문에 바탕을 둔 선택은 내면의 행복이 있는 삶으로 이끕니다. 이를 '유데모니아'라고 하는데, 가장 소중히 여기는 것에 연결되는 것을 뜻하는 그리스어입니다. 가치 있는 것들은 어느 정도 불편을 내포하고 있어요. 단기적 쾌락에서 벗어나 유데모니아를 위한 선택을 하려면 의식적인 계획과 노력이 필요합니다.

이러한 접근은 지상에서의 모든 쾌락을 포기한다는 의미가 아닙니다. 아이러니하게도 유데모니아적 삶의 방식은 진정한 의미의 쾌락으로 이끄는 가장 확실한 방법입니다. 편안함을 추구하면 편안함을 잃고, 편안함을 포기하면 편안함을 얻는 것이지요.

제안   오늘 아주 작은 것이라도 즉각적인 편안함이나 쾌락 대신, 잘 살기 위한 일을 선택해 보세요.

1월 5일

*   **마음챙김은 우리에게 시간을 준다. 시간은 우리에게 선택지를 준다. 세심한 선택들은 우리를 자유로 이끈다. 감정에 휩쓸릴 필요가 없다. 습관과 반응보다는 지혜와 친절로 대응하라.** —헤네폴라 구나라타나

해마다 이맘때면 새해 결심을 하게 됩니다. 몸에 좋은 음식을 먹겠다, 적극적으로 살겠다, 담배를 끊겠다, 술을 줄이겠다. 자신에게 무엇이 이로운지 알면서도, 욕구와 불쾌한 감정을 다스리는 일은 매번 새롭게 힘이 듭니다. 견디기 힘든 감정들이 찾아오면 우리는 감정을 외면하거나 억누르려 합니다. 그러나 회피하거나 생각하지 않으려 애쓸수록 그런 감정들은 더욱 커지기 마련이지요.

생각, 감정, 갈망과 싸우지 않으려면 어떻게 해야 할까요? 관찰해야 합니다. 마음을 열고 호기심을 갖고 그것들이 왔다가 사라지는 것을 알아차려야 합니다. 그게 바로 마음챙김입니다. 자동적으로, 혹은 습관적으로 반응하기보다는 관찰함으로써 노련하게 대처할 수 있습니다. 우리의 가치에 맞는 행동, 좋은 삶을 위한 행동을 선택할 수 있습니다.

제안   오늘 떠오르는 모든 생각, 감정, 갈망을 알아차려 보세요. 그것과 싸우는 대신 관찰해 보세요. 감정에 저항하거나 휩쓸릴 필요가 없어요. 그저 관찰을 통해 당신의 목표를 향해 나아가기 위한 행동을 선택해 보세요.

1월 6일

* **가장 중요한 자유는 항상 집중하고 깨어 있고 절제하는 것에서, 다른 사람들을 진심으로 아끼고, 그들을 위해 하찮고 폼 나지 않는 방식으로 매일 끊임없이 희생하는 것에서 얻을 수 있다.** —데이비스 포스터 월리스

엘리베이터 문이 막 닫히려는 찰나, 버튼을 눌러 안에 타고 있는 사람들을 기다리게 만드는 사람. 어떻게 생각하시나요? 작은 불만은 자신과 타인 사이에 벽을 세웁니다.

때로는 그런 사람들을 이해하려 노력해 본 적도 있을 거예요. 소소한 짜증의 감정을 내려놓고 남을 배려하는 것이야말로 참 '폼 나지 않는' 일인 것이 사실입니다. 대부분 당신의 노력은 오직 당신과 상대방만 알게 되니까요. 하지만 그런 불편하고 불쾌한 기분을 떨쳐 버릴 때야말로 홀가분해질 수 있는 기회입니다. 심지어 상대방에게 동질감을 느낄 수도 있어요. 우리도 그들과 똑같은 행동을 한 적이 있기 때문입니다.

어떻게 하면 타인에 대한 무릎반사 수준의 짜증을 떨쳐 버릴 수 있을까요? 자신의 짐작을 의심하는 것이 가장 좋은 방법입니다. 당신 옆으로 휙 지나가는 사람은 어쩌면 무례한 사람이 아니라 유치원에 있는 아이를 데리러 가려고 서두르는 사람일 수도 있으니까요. 우리의 짐작을 점검해 보면 분노의 감정을 내려놓기 한결 쉽습니다. 그들에게서 자신의 모습을 보게 되고 경멸 대신 연민을 느끼게 될지도 모릅니다.

제안 오늘 하루만이라도 모두에게 너그러워져 보는 건 어떨까요? 자잘한 일들은 그저 넘어가기로 결심해 보세요. 타인에 대한, 결국 자신에 대한 사랑의 행위입니다.

1월 7일

* **나는 나이가 들었고 수많은 시련에 대해 익히 알고 있지만, 대부분의 시련은 실제로 일어나지 않았다.** ─마크 트웨인

우리는 미래를 알지 못합니다. 그러나 인간의 두뇌는 확실성을 추구하도록 설계되어 있지요. 진화적 관점에서 보면 확실성은 생존의 문제입니다.

마음은 특정한 방식으로 움직이는 경향이 있습니다. 다가오는 시험은 낙제에 관한 근심을 불러일으키고, 달라지는 경제 동향은 직업 안정과 재정 파탄에 대한 걱정을 불러일으키지요. 나이가 들면 질병에 대한 두려움이 커져요. 우리의 뇌는 최악의 시나리오를 줄줄이 상상합니다.

이야기를 지어내거나 재앙을 상상하는 두뇌의 능력이 나쁜 것은 아닙니다. 두뇌의 예측능력은 피할 수도 없거니와 도움을 주기도 하니까요. 결과를 예측하려는 능력 덕분에 지금 이 순간 우리가 살아 있는 것도 사실입니다. 하지만 불확실한 앞날을 향한 생각들이 우리에게 고통을 주고, 우리를 압도하여 마비시키고, 사랑하는 사람들과 함께하는 일에 흠뻑 취하는 것을 가로막고 있진 않은가요? 미래를 예측하려는 생각들이 과연 우리에게 힘을 주고, 하루하루 최선을 다해 살게 하고, 앞날에 어떤 일이 닥치건 대처할 수 있도록 돕고 있나요?

제안 마음이 미래에 대해 지어내는 모든 이야기를 알아차려 보세요. 그 예측들이 현재에 어떤 영향을 미치는지 의식해 보세요. 지금 이 순간에 충실하고 우리가 원하는 삶을 살게 하는 생각들은 무엇일까요?

1월 8일

* **신은 우리의 손을 통해 느끼는 것을 좋아한다.** —엘리자베스 길버트

우리는 우리가 머물고 있는 육체에 무척 의존합니다. 잠깐 하던 일을 멈추고 당신의 손을 보세요. 당신은 그 손을 아주 잘 압니다. 마치 '손바닥처럼 훤히'. 살아오면서 우리의 손도 달라졌어요. 갓 태어나 처음 어머니의 손가락을 잡았을 땐 작고 쪼글쪼글했겠지요. 성장하면서 손도 함께 자랐고, 점점 힘이 세지고 노련해졌습니다. 어쩌면 당신의 왼손에는 사랑하는 사람과 영원히 함께할 것을 약속하는 반지가 있을지도 모르겠네요. 손은 우리에게 이야기를 들려줍니다. 그리고 다양한 방식으로 우리가 그 이야기를 직접 썼습니다.

손은 참 놀랍습니다. 우리의 생각대로 움직여 주니까요. 펴, 하면 펴고, 쥐어, 하면 주먹을 쥡니다. 손 덕분에 할 수 있었던 모든 일들을 생각해 보세요. 손 덕분에 우리는 아기를 안고, 코를 풀고, 바닥을 쓸고, 친구를 끌어안고, 접시를 닦고, 슬픔에 휩싸여 머리를 움켜쥐고, 바지를 입고, 포크를 들고, 뭉친 근육을 마사지로 풀고, 키보드로 글자를 치고, 심장 박동을 느낄 수 있습니다.

손은 엄청난 힘을 지니고 있습니다. 손의 움직임, 손과 물리적 세계와의 접촉을 알아차려 보세요. 호흡에 집중하듯이 손의 신비로운 설계에 감사하며, 손의 감각에 집중해 보세요.

제안 오늘 하루 손에 주의를 기울여 보세요. 손이 하는 일과 손이 뇌에 전달하는 감각을 알아차려 보세요. 부디 우리의 손이 남을 위해 봉사하기를, 그리고 사랑을 전하기를!

1월 9일

* 활 쏘는 자는 사심이 없어야 자신의 기량을 온전히 발휘한다. 황동 장식을 탐하며 활을 쏜다면 그는 이미 초조하다. 황금을 탐하며 활을 쏜다면 그는 눈이 멀어 두 개의 표적을 본다. … 그의 기량은 변함이 없다. 그러나 포상이 그를 가른다. 분심이 든다. 활을 쏘는 것보다 이기는 것에 열중한다. 이겨야 한다는 생각이 그의 힘을 고갈시킨다. ─장자

목표는 중요합니다. 목표가 있어야 방향을 정할 수 있으니까요. 그러나 지나치게 결승점에만 집착하다 보면 매 순간의 기쁨을 잃는 것은 물론이고 그 집착이 오히려 걸림돌이 되지요. 부담감이 우리를 긴장하게 하고, 안전하게 목적지에 도달할 확률은 오히려 줄어듭니다.

오늘 저는 마라톤 연습 경기에 참가했습니다. 그런데 달리기에 집중하지 못하고 주의가 산만했다는 걸 깨달았습니다. 앞으로 어떤 상황이 펼쳐질지, 어떤 결과가 나올지에 대해 생각했어요. 목표를 달성하는 데만 너무 골몰하느라, 달리고 있는 그 순간의 기쁨을 놓치고 말았습니다. 결과에 집중하기보다 과정에 집중해 보면 어떨까요? 승리에 집착하기보다는 그저 최선을 다하는 거예요. 우리가 할 수 있는 일은 오직 최선을 다하는 것뿐입니다. 너무도 아름답지만 지극히 단순한 진실입니다. 그 진실을 기억한다면 결과에 대한 기대에서 오는 부담감이 사라지고, 지금 이 순간을 마음껏 즐길 수 있습니다.

제안 새해 결심을 포함하여 목표를 달성하는 것에 너무 집착하고 있진 않은가요? 그렇다면 조금 여유를 가져 보세요. 지금 하고 있는 일의 과정에 집중하고 최선을 다해 보세요. 우리가 할 수 있는 일은 오직 그것뿐입니다.

1월 10일

사랑은 놓는 것입니다. 다른 사람과 나누기 위해 우리가 가진 빵의 일부를 포기하는 단순한 행위 속에 사랑이 있습니다. 배우자와 함께하는 삶을 위해 다른 관계를 포기할 때 사랑이 있습니다. 자녀와 부모를 돌보기 위해 잠을 포기할 때 사랑이 있습니다.

진정한 자유는 종종 우리를 구속하는 것들 속에 있습니다. 헌신적인 관계, 늘 똑같은 일, 성실함, 도덕률 속에 있어요. 얼마 전 불현듯 제가 세 아이의 부모로 살면서 놓치는 게 얼마나 많은지 생각했습니다. 그러다 문득, 너무도 부모가 되고 싶은데 과연 그게 가능한 일인지조차 알 수 없는 정반대의 상황에 있었다면 어땠을지 생각해 보았습니다. 그 순간 감사의 마음이 밀려들었고 내가 희생하고 있다는 생각이 완전히 사라졌어요.

어떻게 보면 우리는 항상 철창에 갇혀 있습니다. 내가 선택한 자유가 한편으로는 나를 구속하기 때문이지요. 사랑은 가장 소중히 여기는 것을 지키기 위해 우리가 기꺼이 놓아 버린 것들 속에 있습니다.

제안 우리에게 가장 소중한 가치는, 우리가 그것을 지키기 위해 기꺼이 놓아 버린 것이 무엇인지 생각해 보면 가장 선명해집니다. 오늘 당신이 놓아 버린 것들을 생각해 보세요. 무엇을 놓아 버림으로써 사랑을 표현했는지 생각해 보세요. 그 대가로 무엇을 얻었는지 생각해 보세요.

1월 11일

* **정상에 오르는 것 자체는 아무것도 아니다. 어떤 방식으로 올라가느냐가 전부다.** —로열 로빈스

로열 로빈스는 암벽등반계의 선구자입니다. 자연을 보호하기 위해 바위 표면에 핀을 박지 않고 요세미티를 등반한, 새로운 역사를 쓴 인물이지요. 로빈스에게는 결과보다 과정이 더 중요했습니다.

목적지에 도달하는 방법에는 여러 가지가 있습니다. 악랄하게 갈 수도 있겠지요. 다른 사람들을 짓밟거나 그들의 생각과 감정을 무시하면서요. 반면 다른 방법도 있습니다. 하루하루 진정성 있게 목표를 향해 나아갈 수도 있습니다. 자신이 대우받고 싶은 방식으로 남을 대할 수도 있습니다. 그런 마음가짐이 한 개인에, 한 팀에, 그리고 직장에 미치는 영향은 놀라워요. 커피 한잔을 사는 것처럼 사소한 일이건, 글로벌 비즈니스를 구축하는 것처럼 복잡한 일이건, 감사와 존경으로 타인을 대해도, 얼마든지 원하는 바를 이룰 수 있습니다.

제안 당신은 어떤 사람이 되고 싶은가요? 어떤 사람으로 기억되고 싶은가요? 존경하는 사람은 누구인가요? 이 질문에 대답해 보면 당신이 중요하게 생각하는 덕목이 무엇인지 알게 될 겁니다. 언제든 볼 수 있는 곳에 그 대답들을 써 보세요. 휴대폰에, 혹은 가방이나 지갑에 넣을 수 있는 조그만 종이에 써 보세요. 오늘 하루 당신이 소중히 여기는 가치들을 기억해 보세요.

1월 12일

* **인간이 할 수 있는 기도 중 단연 최고의 기도는, 단일한 목표를 갖게 해 주시고 그 무엇도 목표를 방해하지 않게 해 달라는 기도이다.** —앨버트 반스

우리가 서로 연결되는 방법을 생각해 보면 단순함, 그리고 단일성이라는 말이 떠오릅니다. "내 마음을 한데 모으소서"라는 찬송가 가사에도 나타나고, "모든 비난을 한곳으로 모으라"는 불교 개념에서도, 그리고 "정면을 보라. 좌우를 살피지 마라"는 속담에서도 엿볼 수 있습니다. 아리아의 결혼식에 참석했던 지난 주말 저는 그 어느 때보다도 안정감을 느꼈고 함께 있는 사람들과 연결되어 있다고 느꼈습니다. 오직 내 곁에 있는 사람들과 그 순간에만 집중할 수 있었지요. 다른 하객들과 함께했던 식사, 아름다운 결혼식. 우리가 그 순간 하고 있는 일 외에 다른 할 일은 없었습니다.

서로 연결되려면 특정한 행위, 혹은 특정한 사고방식을 추구하는 것도 중요하지만 주의를 분산시키는 요소를 제거하는 것도 중요합니다. 여섯 살 된 딸과 응급실에 갔을 때, 의사를 기다리는 동안 딸아이가 졸고 있었습니다. 그때 나는 휴대폰을 꺼내고 싶은 충동을 억눌렀습니다. 그러자 딸과 딸의 건강에 깊이 감사하는 마음이 밀려들었습니다. 그 순간 우리가 함께하는 시간이 신성하게 느껴졌습니다.

제안 당신의 열정을 하나로 통합하는 목표는 무엇인지 생각해 보세요. 오늘 하루 당신의 주의를 분산시키고, 당신을 통합된 하나의 목표로부터 이탈하게 하는 것들이 무엇인지 알아차려 보세요.

1월 13일

*   **자신을 찾고자 한다면 다른 사람을 위해 헌신하는 일에 자신을 잃어버려
라.** —마하트마 간디

나를 기쁘게 하여 얻는 기쁨도 있고 남을 기쁘게 하여 얻는 기쁨도
있습니다. 저는 피넛 버터 브라우니를 먹으면 기분이 좋아집니다. 브라우
니를 좋아하는 친구와 함께 나누어 먹고 기분이 좋아질 수도 있겠지요. 둘
중 한 가지가 조금 더 훌륭해 보이긴 합니다만, 두 가지 모두 나를 기쁘게
하는 일입니다.

우리는 다른 사람의 행동은 이기적인 것으로, 자신의 행동은 이타적인 것
으로 보고 싶어 합니다. "저 사람들 자기 욕심만 채우려 하네", "나는 다
른 사람들을 위해 이 일을 하는 거야"라고 말하죠. 그러나 사람은 누구나
자신의 이익을 위해 행동합니다. 기분이 좋아지고 싶어서일 수도 있고, 올
바른 일을 하고 있다고 생각하고 싶어서일 수도 있습니다.

저는 더 베풀어야 한다고 말하고 싶습니다. 넉넉하게, 후하게 베풀어야 한
다고요. 당신의 시간, 노력, 자산을 나누는 것에서 기쁨을 느껴 보세요. 나
눔에서 얻는 기쁨을 알아차리고 음미해 보세요. 주는 행위 속에도 분명 얻
는 게 있어요. 그 점을 인정하면, 내가 남보다 우월하다는 허영은 잦아들
지요. 우리는 다른 사람들보다 잘난 것도 없고 못난 것도 없습니다.

제안   오늘 다른 사람을 위해 봉사하세요. 다른 사람을 위해 문을 열어 주세요.
차가 끼어드는 것을 허용하세요. 노숙자에게 커피 한 잔을 건네주세요. 나
눔의 축복을 즐겨 보세요!

1월 14일

인생의 황금기는 당신의 문제가 당신 자신의 것임을 깨닫는 시기이다. 어머니를 탓하지 말고, 환경을 탓하지 말고, 대통령을 탓하지 말아라. 당신의 운명은 당신이 만드는 것임을 깨달아라. ─앨버트 엘리스

자신의 행복을 관리할 가장 좋은 위치에 있는 사람은 바로 자신입니다. 스스로가 허용하지 않는 한, 그 누구도 자신을 행복하게 할 수도, 불행하게 할 수도 없습니다.

불만이 올라올 때면 차가운 비, 짜증 나는 상황, 혹은 중대한 결단을 둘러싼 불확실성을 탓하기 쉽습니다. 분노의 감정에 휩싸이기란, 부당한 대접을 받고 있다는 생각에 빠지기란, 삶이 협조해 주어야만 행복이 올 거라고 생각하기란 또 얼마나 쉬운가요.

행복이 선택의 문제임을 깨닫는다면, 언제든 행복을 선택할 수 있다고 생각한다면, 참 홀가분하지 않은가요? 행복은 모든 것이 우리 뜻대로 풀리는 것을 뜻하지 않습니다. 조건적 행복은 견고하지 않아요. 우리를 '좋은' 것들에만 매달리게 하고 그것을 잃을까 봐 두려워하게 만들기 때문이지요.

상실의 슬픔, 타인의 무례함에 대한 분노, 미래를 향한 불안, 혹은 그 외의 다른 인간의 감정들을 느끼지 말라는 뜻이 아닙니다. 행복은 우리가 원하면 언제든 가질 수 있으니 행복을 방해하는 것들에만 집착하며 살아선 안 된다는 뜻입니다.

제안 오늘 마음의 평화를 위협하는 것이 있다면 기억하세요. 나의 행복은 오직 나의 책임입니다.

1월 15일

* **인생에서 가장 중요한 관계는 자신과의 관계이다. 항상 내 곁에 있는 사람이 나 말고 또 누가 있는가?** —다이앤 폰 퓌르스텐베르크

인간들은 자기 자신을 몰아세우는 데 아주 뛰어납니다. 우리에겐 원칙과 기준이 있고, 그것에 따라 보고 생각하고 느끼고 행동하고 교류하지요. 스스로 세운 기준에 미치지 못하면 마치 벽돌 한 무더기를 넘어뜨리듯이 자신을 학대하고 모욕합니다.

자기비판은 종종 방어기제로 작동합니다. 우리의 뇌는 스스로를 보호하도록 설계되어 있으니까요. 그러나 자기비판은 종종 건설적인 소통이 아닌 파괴적인 대화로 이끕니다.

비난이 아닌 애정을 삶의 원천으로 만들고 싶다면, 내면의 목소리를 듣는 것이 그 첫 단계입니다. 두 번째 단계는 마음이 우리 자신을 안전하게 보호하려 애쓰고 있다는 사실을 인정하는 것입니다. 세 번째 단계는 힘을 북돋워 주고 영감을 주는 방식으로 자신과 대화하는 것입니다.

제안 당신의 내면에서 비난의 목소리가 들려올 때, 그 목소리가 당신을 도우려 애쓰는 것임을 알아차리세요. 그리고 자신에게 물어보세요. 좋은 친구라면 이럴 때 나에게 어떤 말을 해 줄까?

1월 16일

* **진정으로 두려움 없는 마음은 유연함의 산물이다. 두려움 없는 마음은 세상이 당신의 마음을 간질이는 것을 허용하는 데서 온다. 주저 없이, 그리고 수줍음 없이, 기꺼이 마음을 열고 세상을 마주하라. 기꺼이 다른 사람들과 마음을 나누어라.** —초걈 트룽파

사람들은 기본적으로 자신을 보호하려는 경향이 있습니다. 손을 주머니에 넣거나 팔짱을 끼는 자세에서도 명확하게 드러나지요. 많은 일정을 잡거나, 분노에 몰입하면서 마음을 열 수 없는 여건을 일부러 만들기도 합니다. 방어적인 태도는 육체적인 것이건 심리적인 것이건 두려움을 증폭시킵니다. 두려움은 나약해 보일 수도 있지만, 세상을 받아들이는 마음이기도 합니다. 그런 마음가짐이야말로 우리에게 힘을 줍니다.

아리아의 결혼식에 참석하러 영국행 비행기를 탔을 때, 저는 몹시 긴장했고 비행기가 추락할까 두려웠어요. 그러나 안전에 대한 불확실성을 받아들이는 순간, 오히려 두려움이 사라졌습니다. 내가 사랑하는 사람들과 단단히 연결되는 것 같았어요.

우리의 마음을 열어 주는 것들이 얼마나 많은가요. 그것은 노래일 수도 있고, 일출일 수도 있고, 사랑하는 사람과의 만남일 수도 있습니다. 떠올리는 것만으로 마치 서늘한 냇물에 발을 담그는 것과 같은 기분을 느끼게 합니다. 그런 순간은 감사로 이어지지요. 우리가 가진 것이 얼마나 많은지 깨닫는 데서 오는 감사입니다.

제안 오늘 당신의 마음이 닫히는 순간을 알아차려 보세요. 그리고 그 순간, 아주 조금이라도 마음을 열어 보세요.

1월 17일

* **지금부터 20년 뒤에는, 한 일보다는 하지 않은 일을 더 후회하게 될 것이다. 그러니 밧줄을 내던져라. 안전한 항구에서 떠나라. 바람에 돛을 올려라. 탐험하라. 꿈꾸어라. 발견하라.** —H. 잭슨 브라운 주니어

사람이 죽음에 임박하게 되면 지나간 삶을 돌아보며 슬픔을 느끼게 되는데, 바로 다음과 같은 것들 때문이라고 합니다.

- 사랑하는 사람과 시간을 보내는 대신 일을 한 것.
- 한때 가까웠던 친구들과 소원해진 것.
- 너무 오래 관계를 지속하거나 너무 빨리 관계를 끝낸 것.
- 다른 사람의 생각에 지나치게 연연한 것.
- 두려움과 자신감 부족으로 기회를 놓친 것.
- 걱정만 하면서 삶을 너무 진지하게 받아들인 것.

불륜을 저질렀다거나, 죽기 전에 누군가와 화해하지 못한 것처럼 커다란 후회도 있겠지만, 사랑한다고 말하지 못한 것, 아이들의 스포츠 경기를 참관하지 못한 것처럼 작은 후회도 있습니다. 먼 훗날 가장 후회하는 일이 '하지 않은 일'이라면, 우리는 어떻게 해야 할까요? 오늘은 비록 작은 것일지라도, 삶을 의미 있고 충만하게 만드는 일들을 실천할 기회입니다. 중국 속담에 이런 말이 있습니다. "나무를 심을 가장 좋은 때는 20년 전이었다. 그다음으로 좋은 때는 바로 지금이다."

제안 20년 뒤에 당신이 하고 싶지 않은 후회를 다섯 가지 적어 보세요.

1월 18일

* **당신은 언제나 완전하며, 동시에 무언가가 되어 가는 과정이다. 당신은 만개한 씨앗이다.** —레베카 루윅

있는 그대로 자신을 받아들이는 것과 기꺼이 성장하려는 마음 사이에는 항상 긴장이 존재합니다. 우리는 있는 그대로를 받아들이고 만족해야 할까요, 아니면 부족해 보이는 스스로를 비판하고 비난해야 할까요? 완전함 속에서도 성장할 수 있습니다. 부족하기 때문에 성장해야 한다면, 많은 변화를 이룰 수 있을지언정 건전한 방식은 아닐 거예요. 자기 부정이라는 토대 위에 집을 잘 짓는다는 건 불가능하니까요.

도토리를 예로 들어 볼까 합니다. 도토리는 그 자체로 완전하지만 도토리 상태에 머물지 않습니다. 적절한 조건이 갖추어지면 완벽한 어린 묘목이 되고, 작은 나무가 되고, 커다란 떡갈나무가 되지요. 떡갈나무로 다 자란 뒤에도 가지를 새로 뻗고, 폭풍에 가지를 잃고, 번개의 상처를 간직합니다. 그리고 제아무리 크고 강해도 어느 순간 나무는 죽습니다. 우리의 육체가 그렇듯이 떡갈나무의 몸통도 여러 가지 이야기를 품고 있어요.

갓 태어난 아기를 보면서 "흠, 나쁘진 않은데, 살짝 아쉽네"라고 말하는 사람은 없겠지요. 아기가 앞으로 배워야 할 게 아주 많다는 걸 알면서도 있는 그대로 받아들여요. 걸음마하는 아기, 10대 아이들, 심지어 다 자란 성인도 마찬가지입니다. 우리는 늘 성장하고, 늘 배워야 할 게 많습니다. 우리는 완전해지기 위해 성장하는 게 아니라, 이미 완전하기 때문에 성장합니다.

제안 오늘 스스로에게 일깨워 보세요. "나는 완전해.", "나는 성장하고 있어." 둘 다 진실일 수 있음을 기억하세요.

1월 19일

* **당신의 성공을 다른 이의 성공과 비교하지 말라. 누구에게나 자기만의 고유한 행로가 있다. 당신보다 더 부자인 사람, 더 잘 적응하는 사람, 더 행복한 사람, 혹은 더 성공한 사람은 언제나 있다. 갖지 못한 것을 좇기보다는 가진 것에 감사하는 법을 배우는 것이 중요하다.** —루벤 차베즈

최근에 두바이에서 친구를 만날 일이 있었습니다. 건물 밖에 엄청난 차들이 주차되어 있더군요. 맥라렌, 람보르기니, 마세라티, 벤틀리. 그는 지난 1년 동안 전년도보다 더 많이 벌었는데도, "식당 앞에 벤츠를 주차할 때면, 내가 세상에서 가장 가난한 사람처럼 느껴진다니까"라고 말했습니다.

탐욕과 물질만능주의로 인한 어리석음이라며 그를 비난할 수도 있겠지요. 그러나 그의 말을 통해 저는 자신의 상황을 항상 남과 비교하는 인간의 고질적인 성향을 엿보았습니다.

우리보다 잘사는 사람과 못사는 사람, 우리보다 뚱뚱한 사람과 날씬한 사람, 우리보다 똑똑한 사람과 그렇지 못한 사람은 항상 존재하기 마련입니다. 우리의 뇌는 항상 자신의 처지를 다른 사람들의 처지와 비교하지요. 그것은 너무도 자연스러운 일입니다. 그러나 비교를 바탕으로 자신의 가치를 매기지 마세요. 그것은 위험한 일입니다.

제안 오늘 당신이 판단, 평가, 비교하는 순간을 알아차리세요. 생각이나 감정이 왔다가 사라지도록 내버려 두세요. 당신의 삶에서 감사할 일들을 떠올리고, 당신이 있는 그대로 가치 있는 존재임을 기억하세요.

1월 20일

관계의 불확실성을 포용하라. 그것이 로맨스다. 영적 불확실성을 포용하라. 그것이 미스터리다. 직업적 불확실성을 포용하라. 그것이 운명이다. 감성적 불확실성을 포용하라. 그것이 기쁨이다. 지적 불확실성을 포용하라. 그것이 깨달음이다. —마크 배터슨

감사하는 삶은 오늘은 또 무슨 일이 일어날지 막연히 불안해하는 삶과 완전히 다릅니다. 우리가 바라는 대로 일이 풀릴지 걱정하며 많은 시간을 보낼 수도 있겠지요. 삶의 불확실성을 인정하는 것은 불편한 일이지만, 그 불확실성을 포용한다면 미지의 세계와 친구가 될 수도 있습니다. 삶의 기쁨은 주로 불확실성에 기반을 두고 있습니다. 절대 질 수 없는 경기라면 이기는 것이 의미가 없겠지요. 실패할 가능성이 없다면 성공도 공허합니다. 모든 경험의 중심에는 우리의 삶이 언제 어떤 방식으로 끝날지에 관한 궁극적 불확실성이 자리 잡고 있습니다. 불확실성은 우리 존재에 깃들어 있어요. 따라서 불확실성을 포용하는 것은 곧 삶을 포용하는 것입니다.

원하는 결과를 얻지 못했다고 해도, 오히려 더 잘된 일일 수도 있어요. 삶의 좌절과 삶의 아름다움은 종종 불가분의 관계입니다.

제안 오늘 무슨 일이 일어날지 걱정되세요? 삶 자체가 불확실하다는 것을 기억하세요. 매 순간 끊임없이 우리 앞에 펼쳐지는 삶에 마음을 열어 보세요.

1월 21일

* **우리가 하는 생각이 우리를 모양 짓는다.** —붓다

어떤 생각은 우리의 기운을 북돋워 주고 어떤 생각은 우리를 위축되게 합니다. 하지만 겉보기에 부정적인 생각도 조금 더 자세히 들여다보면 오히려 도움이 될 수 있습니다.

오늘 아침 참가해야 할 마라톤 경기 때문에 불안과 흥분이 뒤섞인 감정을 느꼈습니다. 마음이 여러 가지 시나리오를 만들고 있더군요. 탈진한 상태로 실려 나가는 장면도 있었고, 인생 최고의 순간을 즐기며 결승점을 통과하는 장면도 있었습니다. 그 순간 단순한 깨달음이 밀려들었습니다. "앞으로 무슨 일이 벌어질지 지금 나는 모른다. 그리고 그 일이 실제로 일어날 때까지 계속 모를 것이다. 시간이 빨리 흐르기를 아무리 원해도, 세상은 본래의 속도로 흐를 것이다."

그 깨달음이 다가올 여정에 대비하도록 도왔습니다. 탈진한 상태로 길바닥에 뻗어 있는 모습조차도 가르침을 주었어요. 구간 식수대가 나올 때마다 물을 챙겨 마시고, 되도록 그늘에서 달리겠다고 계획했습니다. 생각에 지배당하기보다는 안내자로 삼아 정보를 얻을 수도 있어요. 그러나 생각에서 무언가를 배우고 나면, 그 생각을 놓아 버리고, 다시 지금 이 순간에 집중해야 합니다.

제안 어떤 생각들이 당신에게 힘을 주는지, 어떤 감정들이 당신을 낙담하게 하는지 알아차리세요. 불안이나 두려움을 일으키는 생각이 들 때, 마음이 어떤 방식으로 당신을 준비시키나요? 그 생각에서 무얼 배울 수 있을까요? 필요한 것을 배우고 나면 다시 현재로 돌아오세요. 미소를 짓고 호흡하세요.

1월 22일

* **소리는 그림을 그리고, 기분을 생성하며, 다른 시간과 장소를 기억하도록 감각을 자극한다.** —루이스 콜라이아니

주변의 소리를 알아차리는 것은 지금 이 순간에 머무는 방법 중 하나입니다. 소리의 진동이 지속적으로 고막을 자극하고 고막은 우리 몸에서 가장 작고 가장 섬세한 뼈인 중이를 거쳐 내이로 그 진동을 전송합니다. 그곳에서 소리의 진동은 전기 화학적 신호로 변환되지요. 이 신호가 다시 신경 조직을 거쳐 시상으로 가고 마지막으로 뇌의 청각 중추에 전달됩니다.

책을 읽으며 앉아 있는 지금 이 순간에도 시계가 째깍거리는 소리, 차가 지나가는 소리, 새가 지저귀는 소리가 들립니다. 일상 속의 많은 일들이 청각에 의해 이루어집니다. 청각 덕분에 음악을 듣고, 통화를 하고, 음식을 만들 때 설정해 놓은 타이머의 소리를 들을 수 있어요.

어디에 있건, 소리에 귀 기울여 보세요. 또렷한 소리들도 있습니다. 말하는 목소리, 자동차의 경적 소리, 쾅 닫는 문소리, 아내가 깨지 않도록 조심해서 걸을 때 마루가 삐걱거리는 소리. 보다 섬세한 소리들도 있습니다. 혼자 있을 때 울려 퍼지는 당신의 발자국 소리, 종이 위에서 움직이는 펜의 소리, 계단 난간에 손이 스치는 소리, 오렌지 껍질을 까는 소리, 편지의 마침표를 찍는 소리, 당신의 숨소리.

제안 오늘 당신을 현재에 머물게 하는 크고 작은 소리들에 귀를 기울여 보세요.

1월 23일

* **일단 춤을 추어라. 생각은 그다음에 하라. 그게 자연의 섭리다.** —사뮈엘 베케트

마라톤을 하다 보면 희열을 느끼는 순간이 있습니다. 사막의 지평선 너머 어둠을 걷어 내며 태양이 솟아오를 때라든가, 프로 마라톤 선수를 앞지를 때라든가. (후자는 사실 별로 대단한 일은 아니었어요. 그 선수는 안타깝게도 달리는 도중 부상을 입어서 도로 가장자리에서 절뚝거리며 걷고 있었거든요.) 그러나 인생이 그렇듯이, 마라톤에서도 바닥을 치는 순간이 있습니다. 20마일 지점을 지나고 나서 다리가 풀리고 갈증이 본격적으로 시작될 때가 꼭 그렇습니다.

몸을 움직이는 것은 우리의 감정 상태를 변화시키는 효율적인 방법입니다. 최근 어느 연구에서는 만 명의 참가자들의 활동과 기분을 추적했습니다. 마라톤은 단연 극단적인 활동에 속하지만, 연구자들은 '운동이 아닌' 움직임에 관심을 가졌습니다. 조사 결과에 따르면 일상생활에서 몸을 많이 움직이는 사람이 전반적으로 더 행복하다고 합니다. 우리가 당연히 여기는 일상 속의 움직임들이 행복한 하루를 보내는 방법일 수도 있습니다.

제안 오늘 운동이 아닌 움직임의 기회를 찾아보세요. 점심 식사 후의 짧은 산책도 좋고, 엘리베이터 대신 계단을 이용하는 것도 좋습니다. 건물 입구에서 먼 곳에 차를 세우는 것도 좋고, 엘리베이터에서 혼자 춤을 추는 것도 좋습니다. 움직이는 몸에 주의를 집중해 보세요. 마음을 쉬게 하세요. 지금 이 순간의 행복을 즐기세요.

1월 24일

* **아침에 일어날 때, 살아 있는 것이, 숨을 쉬는 것이, 생각하는 것이, 즐기는 것이, 사랑하는 것이 얼마나 큰 특권인지 생각하라.** —마르쿠스 아우렐리우스

건강에 심각한 문제가 생긴 어느 젊은 30대 중반의 여성을 보았습니다. 응급조치를 받아야 했고 남편과 어린 두 딸을 다시 볼 수 있을지 장담할 수 없는 상황이었지요. 무사히 고비를 넘기고 사랑하는 가족의 품에 돌아왔을 때, 그녀는 더 이상 그 무엇도 당연하게 받아들이지 않았습니다. 모든 게 다 감사했지요. 아침에 눈을 뜨면, 하마터면 놓칠 뻔했던 새로운 세상으로 들어서는 것 같다고 하더군요. 그 뒤로 이어진 고통스러운 치료의 과정에도 감사의 마음은 이어졌습니다. 고통을 느낀다는 것조차 그녀가 아직 살아 있음을 뜻하기 때문입니다. 우리에게 주어지는 매일이 축복입니다.

진정한 삶은 우리가 갖지 못한 1퍼센트에 대한 집착을 놓고 우리가 가진 99퍼센트를 기억하는 것입니다. 완벽하게 건강한 상태가 아니더라도, 삶은 여러 면에서 훌륭하다는 것을 기억해야 합니다. 당신이 운이 좋은 사람이라면, 아마도 당신에겐 안전하게 머물 집이 있고, 입을 옷이 있고, 푹신한 침대가 있고, 당신이 사랑하는 그리고 그만큼 당신을 사랑해 주는 사람들이 있을 거예요. 그것이 바로 평범하면서도 비범한 당신의 삶입니다.

제안 당신의 평범한 일상을 비범하게 만드는 것들을 생각해 보세요. 사사로운 일에 집착하고 있다면, 조금이라도 긴장을 풀어 보세요. 당신이 사랑하는 것들로 주의를 돌려 보세요.

1월 25일

* **실패하지 않고 산다는 건 불가능하다. 지나치게 조심하며 아예 살지 않은 것처럼 산다면 모를까. 그런 삶은 그 자체로 실패다.** —J.K. 롤링

삶은 우리가 원하는 방향으로 흘러가지 않습니다. 치밀하게 준비해서 열심히 노력해도 실수를 저지릅니다. 잘못 판단하고, 잘못 해석하고, 잘못 계산하지요. 직장에서, 인간관계에서, 그리고 부모로서. 지하철에서 임산부인 줄 알고 자리를 양보했는데 임산부가 아니고, 근사해 보일 줄 알고 머리를 길렀는데 빗자루 같지요. 어쩌면 이 두 가지는 저한테만 해당되는 일인지도 모르겠습니다.

실수는 지극히 인간적인 일입니다. 우리는 그 사실을 툭하면 잊어버리고, 실수 한 번 없이 매끄럽게 살 거라 기대하죠. 일이 틀어지면 자신에게 가혹해져서 입을 다물고 있거나, 회의에서 발표를 피하거나, 새로운 기회를 외면하거나, 책임을 회피하며 안전지대에만 머물려고 합니다.

인간은 놀랍게도 상황을 재구성할 수 있는 능력이 있습니다. 실패를 통해 성장할 수 있어요. 아인슈타인은 "한 번도 실패하지 않은 사람은 한 번도 도전하지 않은 사람이다"라고 말했지요. 축전지 실험이 만 번 실패했을 때 그는 이렇게 말했습니다. "나는 실패한 것이 아니다. 작동되지 않는 만 가지 방법을 발견했을 뿐." 자동차 회사 '포드'의 창설자인 헨리 포드는 이렇게 말하기도 했습니다. "실패는 다시 시작할 수 있는 기회에 불과하다. 다만, 이번에는 보다 지혜롭게 시작할 수 있다."

제안 오늘 스스로를 비난하게 되는 순간, 실패조차도 유용한 정보를 줄 수 있음을 명심하세요. 실패에서 무엇을 배울 수 있는지 질문을 던져 보세요.

1월 26일

✳ 자신을 완전히 받아들이는 것이야말로 가장 두려운 일이다. —칼 구스타프 융

누군가를 사랑한다는 것은 그 사람을 제대로 보는 것입니다. 당신을 진심으로 아끼는 한 사람을 떠올려 보세요. 그 사람은 아마도 당신에 대해 아주 잘 알겠지요. 당신이 좋아하는 것과 싫어하는 것, 장점과 단점 전부 다 말입니다. 그들은 당신을 찬찬히 봅니다. 아무 조건 없이 있는 그대로 당신을 받아들이고 사랑합니다. 좋은 친구라면 정직함으로 우릴 대하고, 성장하게 합니다. 잘못을 저질렀을 때 무조건 잘했다고 말하지 않아요. 사랑한다면 결함마저도 기꺼이 볼 수 있어야 합니다.

나 자신과 친구가 되고자 할 때에도 제대로 보아야 합니다. 나의 감정, 욕구, 성공은 물론이고 잘못까지도 다 보아야 해요. 하지만 자신이 바라던 모습이 아닐 때 스스로와 친구가 되기란 쉽지 않지요. 때로 화를 버럭 내기도 하고 인내심을 잃기도 합니다. 다이어트에 실패하기도 하고 운동을 게을리하기도 합니다. 그런 자신의 모습을 혐오하지요.

비록 부족할지언정 자신에게 다정해 보세요. 그 다정함은 자신의 결함을 정직하게 인정하는 것에서 시작됩니다. 정직하다면 나아질 수 있습니다. 인내심을 잃었다면, 조금 더 시간을 주세요. 터무니없는 생각에 매달리고 있진 않은지, 다른 관점에서 상황을 바라볼 순 없는지 생각해 보세요. 기쁠 때나 슬플 때나, 자신의 진정한 친구가 되어 주세요.

제안 오늘 당신 자신에게 적극적이고, 호기심 넘치고, 세심한 친구가 되어 주세요. 자신을 찬찬히 보아 주세요. 넘어졌을 때일수록 더 잘 보살펴 주세요.

1월 27일

* **지혜로워라. 연민을 품고, 애정이 깃든 친절함으로 너 자신을, 너의 마음을 대하라.** ─라마 톱텐 예쉐

어젯밤에 결혼 선물로 받은 오븐 접시를 닦는데, 접시 한복판에 조그만 호일 조각이 붙어서 도무지 떨어지질 않는 거예요. 칼로 호일 조각을 떼어 내고 보니 오븐 접시가 칼에 긁혔더라고요. 별일 아니라고 생각할 수도 있겠지만 완벽했던 오븐 접시에 흠집을 냈다고 생각하니 너무 화가 났습니다. 왜 조심성 없이 흠집을 냈냐고, 내 머리가 나를 야단쳤습니다. 내 생각을 읽은 아내가 웃으며 날 위로하더군요. "여보, 괜찮아. 그냥 오븐 접시일 뿐이잖아!" 그다음에 아내가 한 말이 마음에 남았습니다. "만약 내가 그랬다면 당신 나한테 뭐라고 했겠어?"

때로는 다른 사람에게 좋은 충고를 하고 따뜻하게 대하는 것이 더 쉬운 것 같습니다. 고대 스토아학파 학자들도 그 사실을 간파했습니다. 철학자 에픽테토스는 우리는 이웃집 하인이 와인 컵을 깨뜨리면, "그럴 수도 있지요"라고 말하면서, 정작 자신이 컵을 깨뜨리면 분노와 경멸로 반응한다고 했습니다. 에픽테토스는 자신이 컵을 깨뜨렸을 때 이웃집 하인이 컵이 깨뜨렸을 때와 똑같이 반응하라고, 나아가 더 중요한 문제에도 같은 원칙을 적용하라고 말했습니다. 나 자신에게 심판관 노릇을 하며 군림하지 않고, 연민을 가지고 대해야겠습니다.

제안 자신에게 짜증이 난다면, 당신이 사랑하는 사람 혹은 가까운 친구가 그런 상황이었다면 어떻게 반응할지 생각해 보세요. 그들에게 어떤 말을 해 줄까요? 어떤 행동을 할까요? 그 지혜와 친절을 스스로에게 적용해 보세요.

1월 28일

* **하늘을 보라. 우리는 거의 하늘을 보지 않는다. 매 순간 하늘이 얼마나 변화무쌍한지 거의 알아차리지 못한다.** —데이비드 스타인들 라스트 수사

저는 밖에서 걸을 때 머리를 숙이고, 땅만 바라보면서, 저를 반쯤 숨기며 다니곤 합니다. 그러다가 고개를 들면 거의 매번 눈앞의 광경에 놀라지요. 저 집이 원래 저기 있었던가? 나무들이 서로 부딪치면서 흔들리고 있구나. 아침 하늘이 찬란하네. 노르웨이 단풍나무만 빼고 전부 다 잎이 떨어졌네.

어느 날 아침에는 V자 대형으로 날아가는 거위 떼를 본 적도 있어요. 먼 하늘에서 남쪽으로 조용히 날아가고 있더군요. 어떤 날은 하늘이 새파랗고 군데군데 흰 구름이 박혀 있고, 또 어떤 날은 낮고 무겁게 걸린 구름이 안개처럼 떠다니기도 하지요. 똑같을 것 같은 흐린 하늘도 매번 다릅니다. 구름의 채도, 질감, 고도가 다 달라요.

하늘은 항상 변화무쌍하지만, 항상 그 자리에 있습니다. 비가 올 때나 화창할 때나, 밤이나 낮이나, 우리가 어디에 있건 하늘은 항상 그 자리에 있습니다. 우리가 어떤 하루를 보냈건 또 어떤 하루를 기대하고 있건, 하늘은 항상 그 자리에 있습니다. 어떤 모습의 하늘이건 고개를 들고 하늘을 보면 기운이 납니다. 하늘을 바라보면 왠지 희망이 차오릅니다.

제안 외출할 때 잠시 고개를 들고 저 위에 무엇이 있는지 보세요. 하늘은 어떤 모습인가요? 하늘을 쳐다보면서 여러분과 제가 하나의 하늘로 이어져 있다는 사실에 위안을 얻겠습니다.

1월 29일

* **사랑의 첫 번째 의무는 듣는 것이다.** —폴 틸리히

우리는 곁에 있는 사람들이 얼마나 사랑스러운지 모르고 지나치곤 합니다. 스토리콥스StoryCorps라는 단체에 대해 들어 보았나요? 사람들의 이야기를 수집하고, 보존하고, 공유하는 곳입니다. 스토리콥스는 뉴욕시티 그랜드 센트럴 터미널의 '스토리부스'에서 시작되었습니다. 그곳에서 평범한 사람 둘이 서로 마주 앉아 인터뷰합니다. 어떤 아내는 출근 전 늘 편지를 남기는 남편에게 고마운 마음을 전했고, 아스퍼거 증후군을 앓는 아들은 어머니에게 자신이 어머니의 기대에 부응하는 아들인지 물었습니다. 진실과 사랑, 용기의 순간이었지요.

사랑하는 사람에게 질문할 기회가 주어진다면, 어떤 질문을 할 건가요? 당신이 잠시 후 나누게 될 대화가 그와의 마지막 대화라면, 어떤 마음으로 들을 건가요? 질문은 우리와 함께하는 사람들의 머리와 가슴, 영혼에 창문을 냅니다. 당신의 삶에서 가장 행복했던 순간과 가장 슬펐던 순간은 언제인가요? 당신의 어린 시절 가장 행복했던 기억과 가장 끔찍했던 기억은 무엇인가요? 지금껏 살아오면서 당신 자신에 대해, 그리고 세상에 대해 무얼 배웠나요?

제안 오늘은 사랑하는 사람과 의미 있는 시간을 나누어 보세요. 궁금한 것들을 물어보세요. 그리고 귀를 기울이세요. 바로 그겁니다. 그저 들으세요.

1월 30일

* **나는 내 감정의 처분에 맡겨지고 싶지 않다.** —오스카 와일드

하늘처럼 온갖 '날씨'들이 우리 마음을 찾아옵니다. 때로는 화창하고 낙관적이고, 때로는 음산하고 폭풍이 몰아치지요. 하늘은 그 아래에서 무슨 일이 벌어지건 동요하지 않고 항상 그 자리에 있습니다. 하늘처럼 우리의 감정도 그렇게 내버려 두면 어떨까요. 변화무쌍한 감정들이 마음대로 놀도록 허락하는 겁니다.

아이들을 대할 때 인내심을 발휘하는 것이 요즘 저에겐 가장 힘든 과제입니다. 어제 시간에 쫓겨 허둥대다가 예정보다 늦게 두 딸을 데리고 장을 보러 갔어요. 슈퍼마켓에 막 도착했는데 여섯 살 에이다가 "목말라요"라고 말하더군요. 슈퍼 정문까지 가서야 식수대를 찾을 수 있었어요. 마침내 다시 쇼핑카트로 돌아왔는데 이번에는 "화장실 가고 싶어요"라고 말하는 거예요. "화장실 가고 싶다고? 우리 방금 화장실 근처에 갔었잖아! 그땐 왜 안 갔니?" 아이의 대답은 예상했던 대로였어요. "그땐 안 가고 싶었어요." 나는 한숨을 푹 내쉬고는 두 아이를 데리고 화장실에 갔습니다.

그 순간 저는 깨달았습니다. 사실 아무 문제도 없다는 것을. 우리의 부정적인 감정을 심각하게 받아들일 필요는 없습니다. 순간의 기분에 몰입하지 말고 거리를 두고 본다면, 조금 다르게 반응할 수도 있지 않을까요.

제안 오늘은 감정적으로 힘들어지는 순간, 그 감정을 인정해 보세요. 그리고 그 감정에서 한 발짝, 혹은 반 발짝이라도 물러나 보세요. 마치 손바닥 위에 올려놓고 바라보는 것처럼 그 감정을 지켜보세요.

1월 31일

* **우리가 계획했던 삶을 기꺼이 버릴 수 있어야 한다. 우리를 기다리고 있는 삶을 즐기기 위해.** ―조지프 캠벨

우리의 경험은 기대에 묶여 있습니다. 기대를 품었다가 예기치 못한 일로 계획이 틀어지면 화를 내지요. 마치 일정에 뒤처졌다는 듯이. 기대를 갖는 것은 필요하고 또 유용합니다. 그러나 기대에 너무 집착하다 보면 기대가 충족될 때에만 마음이 편안하고 그렇지 않을 땐 긴장, 짜증, 분노를 느끼게 되지요.

기대에 대한 집착을 조금 내려놓는다면, 평화가 찾아옵니다. 호흡에 집중하는 것도 기대 속에 살지 않고 지금 이 순간에 머물기 위한 방법입니다. 우리의 삶이 그렇듯이 호흡은 별다른 노력 없이 이루어집니다. 숨을 참거나 숨이 가빠질 수는 있지만 이내 본래의 리듬을 회복하지요. 우리 삶에도 자연스러운 리듬이 있습니다. 삶을 거스르며 싸우기보다는 삶과 함께 숨 쉬어 보세요.

제안 당신의 기대를 명령이 아닌 안내자로 여겨 보세요. 기대가 현실과 부딪쳐 어그러질 때 불안과 괴로움이 밀려들면 한 손을 배에 올려놓고 호흡을 느껴 보세요. 숨을 들이쉬고 내쉬며 기대가 반드시 현실이 되어야 한다는 생각을 놓으세요. 그저 삶의 흐름 속에 당신을 내맡기고 숨을 쉬어 보세요.

$\diamond$

"삶은 해결해야 할 문제가 아닌
체험해야 할 대상입니다."

2월

2월 1일

* **천국은 우리 머리 위에는 물론이고 발밑에도 있다.** —헨리 데이비드 소로우

때로 불확실한 미래가 두려워집니다. 내가 앞으로 건강할까요? 행복할까요? 성공할까요? 앞날을 알 수 없다는 두려움은 상상에 기반을 두고 있습니다. 그와 대조적으로 우리가 딛고 있는 땅은 견고하고도 직접적인 현실이지요. 두려워지거나 외로워질 때 땅으로 주의를 돌려 보면 어떨까요. 우리가 일어서고, 걷고, 달릴 때, 땅은 우리를 굳건히 받쳐 줍니다. 저는 발에 닿는 흙이나 풀에 닿는 감촉을 좋아합니다. 내가 이 행성에 서 있다는 사실을 기억하게 되거든요. 태양을 돌고 있는 여덟 개(혹은 아홉 개)의 행성 중 한 행성에 말이에요. 태양은 지구의 모든 생명을 살아 있게 합니다. 우리가 머무를 수 있는 행성이 있다는 것이, 그저 여기 이렇게 서 있을 수 있다는 것이 얼마나 큰 기적인지 자주 잊습니다.

지구와 연결되어 있음을 의식하며 서 있을 때, 저 위엔 하늘이 있습니다. 공기와 우리의 숨결은 하늘과 땅 사이의 공간에서 움직입니다. 이렇게 서 있을 때 우리는 적어도 세 가지와 연결됩니다. 땅, 호흡, 그리고 하늘. 이것이야말로 공짜로 누릴 수 있는 세 가지 축복이고, 지금 이 순간으로의 세 가지 초대입니다.

제안 일어설 때 발의 감각을 알아차려 보세요. 밖에서 걸을 때, 하나의 행성 위에 서 있다는 사실을 기억해 보세요. 당신을 받쳐 주는 땅을 느껴 보세요. 오늘 두렵거나 혼란스럽거나 확신이 없을 때, 언제든 땅으로 돌아와 땅을 느껴 보세요.

2월 2일

* **세상을 사는 방식은 두 가지뿐이다. 기적은 없다는 듯이 사는 것, 그리고 모든 것이 기적이라는 듯이 사는 것.** —알베르트 아인슈타인

우리는 45.4억만 년 된 행성에 살고 있고 이 행성에 살았던 모든 종의 99퍼센트는 멸종되었습니다.

우리는 수억 년에 걸쳐 대대로 원형이 보존되어 온 완벽한 종의 일부입니다. 당신이 이 세상에 태어날 확률은 대략 4백조 분의 1이었습니다. 당신의 존재는 당신의 부모가 만나서 사랑을 나눌 확률에 의존합니다. 수많은 조합 중 특정 생식세포들이 만나야만 당신이 만들어지겠지요. 과거로 거슬러 올라가 당신의 모든 조상들 한 명 한 명이 존재했어야 합니다. 조상 중 한 명이 공룡으로부터 늦게 달아났거나, 독이 있는 산딸기를 먹었거나, 다른 동굴의 여인과 짝을 이루었다면 당신은 존재할 수 없었어요.

우리가 이 삶을 누리고 있다는 것은 참으로 놀라운 일입니다. 이 사실을 대개 잊고 살지만, 그래도 괜찮아요. 다시 기억하면 되니까요. 우리가 경험하고 있는 지금 이 순간이 소중한 선물임을 다시 기억하면 되니까요.

제안 당신이 태어나지 못했을 수도 있는 온갖 변수들을 생각해 보세요. 당신보다 앞서 살았던 조상들의 계보를 생각해 보세요. 아버지와 어머니에서부터, 조부모, 증조부모, 수천 세대를 거슬러 올라가 보세요. 당신은 경이로운 존재입니다. 오늘은 또 하나의 기적입니다.

2월 3일

✱ **당신이 상상하는 평화란 존재하지 않는다. 물론 평화라는 게 있긴 하지만, 항상 마음속에 머무는, 결코 떠나지 않는 그런 평화는 아니다. 살면서 매일매일 쟁취하고 또 쟁취해야만 하는 평화가 있을 뿐이다.** ― 헤르만 헤세

머리로는 알지만 잊고 사는 것들이 있습니다. 걱정은 에너지 낭비라는 것, 감사하는 마음이야말로 행복에 이르는 가장 확실한 길이라는 것, 다른 사람을 위한 봉사가 깊은 만족감을 준다는 것을 잊습니다.

이번 주 요가 수업 시간에 나에게 주어진 삶에 대한 감사로 마음이 벅차오르는 것을 느꼈습니다. 그러나 그날 오후, 눈앞의 일에 집착하느라 오전의 체험은 새까맣게 잊어버렸지요. 내려놓아야 한다는 걸 분명히 깨달았는데도, 금세 근심과 걱정으로 되돌아옵니다.

우리는 매일 초기화 되고 매일 새로 시작합니다. 오늘의 깨달음이 내일도 우리 곁에 머문다는 보장은 없어요. 무엇이 진실인지, 무엇이 소중한지, 무엇에 주의를 기울여야 하는지, 끊임없이 자신에게 일깨우면 됩니다.

제안 우리에게 주어지는 매일은 너무도 잘 알고 있는 것을 다시 한번 기억할 또 한 번의 기회입니다. 오늘 당신에게 소중한 것을 떠올릴 때마다 그 순간을 축하해 보세요.

2월 4일

조사에 의하면 휴대폰 소유자의 44퍼센트는 휴대폰을 침대맡에 놓고 잠들고 직장인들은 메일을 하루 평균 33회 확인한다고 합니다.

제 직장 동료는 업무를 제대로 수행하기 위해 집에서도 회사 메일을 확인한다고 하더군요. 아이들을 목욕시키는 시간을 즐기는 대신, 퇴근 후에도 어차피 내일 아침까지는 진행할 수도 없는 일에 주의를 빼앗기고 걱정을 합니다.

제 아내도 눈뜨면 가장 먼저 하는 일이 휴대폰을 들고 뉴스를 읽는 것입니다. 섬뜩한 현실과 불확실한 예측들 때문에, 침대에서 발을 바닥에 내려놓기도 전에 불안해진다고 하더군요.

일과 가족 사이에도 균형이 필요하고, 각종 전자기기와 인터넷과 감정적으로 영향을 받는 것에도 균형이 필요합니다. 결국 직장 동료는 아이들이 잠들 때까지 휴대폰을 꺼 놓기로 결심했습니다. 아내는 뉴스 보는 것을 오후로 미루었습니다. 기술에 밀접하게 연결되어 있다는 것을 의식하고, 그것이 과연 우리가 원하는 삶의 방식인지 점검하는 것이야말로 삶의 균형을 유지하는 첫걸음입니다.

제안 휴대폰과 컴퓨터가 꼭 필요한 시간이 아닐 때에도 당신의 주의를 분산시키지 않는지 생각해 보세요. 긴장, 스트레스, 불안감을 유발한다면 기계와의 연결을 끊고, 지금 다시 이 순간으로 돌아오세요.

2월 5일

* **몸을 건강하게 유지하는 것은 하나의 의무이다. 몸이 건강하지 않으면 정신을 강하고 맑게 유지할 수가 없다.** ―붓다

몸의 상태에 따라 우리의 관점은 급격하게 달라집니다. 어젯밤 세 아이를 재울 준비를 하다가 그만 두 살짜리 아이의 방 바닥에 앉아 엉엉 울고 말았습니다. 아이가 왜 우냐고 물었지만, 아무 말도 할 수 없었습니다. 모든 게 다 의미 없는 것 같았고 절망적인 심정이었어요. 완전히 넋이 나간 상태였지요.

폭풍이 지나고 나서, 별것도 아닌 일에 왜 그토록 깊은 수렁에 빠졌는지, 혹시 건강 때문에 실천하고 있던 식단의 영향도 있는 건지 살펴봤습니다. 간단한 조사를 통해 제가 먹던 식단이 신경과민, 무감동증, 피로, 감정 기복을 유발할 수 있다는 사실을 알아냈습니다.

엄청난 의미가 있는 것처럼 보였던 어젯밤의 반응은 사실 챙겨 먹던 식단이 호르몬과 신경에 영향을 미쳤기 때문이었습니다. 육체를 어떻게 다루느냐에 따라 정신 상태가 달라집니다. 불면증, 영양결핍, 운동부족이 어떤 결과를 일으키는지 잘 알고 있을 거예요. 우리에겐 자신의 몸을 잘 돌볼 책임이 있습니다. 자신의 행복을 위해, 그리고 곁에 있는 사람들의 행복을 위해.

제안 당신의 몸에, 당신의 정신과 영혼에 친절을 베푸세요. 감정적으로 무너지는 순간, 혹시 육체적인 결핍의 문제는 아닌지 살펴보세요.

2월 6일

✳ **안아 주는 기계는 언제든 상용화될 수 있다.** —스콧 캠벨

절망에 빠져 있을 때, 사랑하는 이의 따스한 포옹은 큰 힘이 되지요. 실제로 포옹은 스트레스 호르몬, 심장박동, 혈압에 영향을 미칩니다. 또한 편안함을 향상시키고 불안감을 줄이고 면역력과 통증에 대한 저항력을 키워 주는 호르몬인 옥시토신의 분비를 유도한다고 합니다.

저는 최근에 만성 통증에 시달리는 사람들을 위한 마음챙김 명상 모임을 열었습니다. 참가자들 중에는 40년 혹은 50년 동안 통증 때문에 무력감을 느꼈다는 사람들도 있었어요. 마음챙김 명상을 하면서 그들은 자신의 몸과 통증에 대한 인식의 변화에 관해 서로 의견을 주고받았습니다. 처음엔 참가자들 대부분이 회의적이었지만 결과적으로는 효과가 입증되었어요. 치료법 중에 '안아 주는 팔'이라는 치료가 있습니다. 참가자들이 두 팔로 자신을 안는 것이었어요. 그 상태로 호흡에 집중하면서 가슴과 등이 들숨에 팽창하고 날숨에 수축하는 것을 느껴 보았습니다. 고통스러운 생각들이 떠오를 때마다 애정 어린 포옹과 함께 호흡에 집중했어요.

아무도 곁에 없을 때조차도 우리는 언제나 스스로를 따스하게 위로할 수 있습니다.

제안 오늘 당신이 사랑하는 사람을 안아 주세요. 당신 자신도 안아 주세요. 포옹의 따스함 속에 머물러 보세요.

2월 7일

* **때로는 기다리는 것이 일하는 것보다 더 힘들다.** ─피터 마셜

기차, 버스, 신호등, 곧 시작할 회의. 무언가를 기다린다는 건 힘든 일입니다. 우리는 '비어 있는' 시간을 어떻게든 채우려 하지요. 빈둥거리며 시간을 보내느니 차라리 하기 싫은 일이라도 하는 편을 택하기도 합니다. 실제로, 꽤 많은 사람들이 아무것도 안 하고 빈둥거리느니 차라리 잡일을 택하겠다고 답했다더군요. 혼자만의 생각에 잠겨 몇 분을 보내는 것이, 육체적 고통을 감수하는 게 낫다고 생각할 정도로 끔찍한 일일까요? 뭐라도 하겠다는 궁리 대신 남는 시간을 소중한 것들에 연결될 기회로 삼아 보는 건 어떨까요? 정신없이 흘러가는 바쁜 일상 속에서 오직 호흡에 집중할 수 있는 시간, 자신을 점검해 볼 시간, 주변 사람들을 관찰할 시간, 그저 존재할 수 있는 시간을 갖는다는 건 참으로 멋진 일입니다.

얼마 전에 지인이 식사를 하러 갔다가 휴대폰 배터리가 다 되어 꺼져 버렸던 일을 이야기해 주었습니다. 휴대폰을 할 수 없으니 카페 주인과 즐거운 대화를 나누었다고 합니다. 휴대폰에만 매달려 있으면 주위의 풍경은 결코 변하지 않습니다. 아무 생각 없이 휴대폰을 꺼내는 대신 우리를 둘러싼 세상 속에 머물러 보세요. 무슨 일이 일어날지 아무도 모릅니다.

제안 오늘 '죽여야 할 시간time to kill'이 생기거든 그 시간을 '살아야 할 시간time to live'으로 바꾸어 보세요. 기계 속으로 탈출하는 대신 현재에 머물러 보세요. 주변에 사람들이 있다면 호기심과 열린 마음으로 그들을 보세요. 혼자 있다면, 그 순간 속에 머물며 휴식을 취하세요.

2월 8일

* **한 알의 모래에서 세상을 보고, 한 송이 들꽃에서 천국을 본다.**
  —윌리엄 블레이크

외출할 때 휴대폰을 일부러 두고 나간 날이 있었습니다. 기다리는 시간에 이메일과 소셜 미디어에 매달리는 대신, 발에 닿는 바닥의 감촉을 의식해 보았고 주위를 찬찬히 둘러보았습니다. 평상시보다 훨씬 많은 것들을 알아차릴 수 있더군요. 하늘을 가르는 한 마리 새, 웃고 떠드는 학생들, 뜨거운 커피의 오묘한 맛. 디자인이 섬세하고 색상이 발랄한 스카프에 시선이 끌리기도 했습니다.

그중에서도 유난히 기억에 남는 일이 있습니다. 어느 나이 지긋한 여자의 아름다운 얼굴이었어요. 그녀의 주름 하나하나가 이야기를 전하고 있었습니다. 기쁨, 고통, 웃음, 후회, 지혜, 실수의 이야기였지요. 전형적인 미인은 아니었지만, 자연스러운 아름다움이 있었어요. 어떠한 필터도 없이 세상을 바라보면 얼마나 많은 것들을 발견할 수 있을까요? 기대나 규범, 편견과 판단을 버리고 우리 앞에 펼쳐진 세상의 아름다움을 있는 그대로 음미해 보면 어떨까요? 눈에 보이는 것들의 고유한 가치와 아름다움을 발견할 시간을 내어 보세요.

제안 오늘은 작가이자 신학자인 토머스 머튼의 말을 인용하여 제안해 보겠습니다. "당신의 주위를 둘러싼 온갖 경이로움에 눈떠 보세요. 평범한 것들 속의 아름다움을 보세요."

2월 9일

* **바쁘게 움직이기를 멈춘 순간, 심장이 요동치는 것을 느꼈다. 그는 울지 않을 수 없었다. 갑자기 인생이 슬펐다. 그러면서도 아름다웠다. 아름다움이 흐릿해지자 슬픔이 차올랐다. 슬픔이 잦아드니 아름다움이 그 자리를 채웠다. 아름다움과 슬픔은 결코 같은 것이 아니었지만, 묘하게 서로 연결되어 있었다.** ─윌리엄 스타이그

기쁨과 슬픔은 가만히 들여다보면 동전의 양면과도 같습니다. 아름다움 속에는 덧없음에 대한 깨달음이 있지요. 모든 것은 결국 사라진다는 깨달음입니다. 아름다움을 본다는 것은 마음을 여는 것이고, 마음을 열면 어딘가 연약해진 기분이 들어요.

초걈 트룽파는 우리가 현재에 머물며 마음을 열 때 발견하게 되는 '슬픔의 핵심'에 대해 설명한 바 있습니다. 2년 전 아내 마르시아와 함께 황홀한 일몰을 감상한 적이 있어요. 얼마 전 아버지를 잃었던 제 친구 집 뒤쪽을 노을이 물들이고 있었습니다. 노을을 바라보며 마르시아가 말했습니다. "우리 삶엔 너무도 많은 아름다움이 있고, 너무도 많은 슬픔이 있어." 2주 전에 그 친구는 어머니마저 잃었습니다.

기꺼이 지금 이 순간에 머물며 있는 그대로의 삶을 바라보는 것은 인간의 온갖 감정들을 고스란히 느끼는 위험을 감수하는 것입니다. 그렇게 우리의 삶은 풍요로워지지만, 한편으로는 상처받을 수도 있으니까요.

제안 마음을 열고 당신이 사는 세상을 깊이 느껴 보세요. 기쁨이건, 슬픔이건, 지루함이건, 마음이 녹아내리는 듯한 느낌이건, 걱정하지 말고 그 감정을 온전히 느껴 보세요.

2월 10일

* **그 빛이 어둠 속에서 비치니, 어둠이 그 빛을 이기지 못하였다.** ─요한복음 1장 5절

어젯밤 꿈을 꾸었습니다. 여섯 살 혹은 일곱 살 정도 된 남동생이 내게 달려오고 있었어요. 그가 점점 더 가까이 다가오자 심장이 두근거리기 시작했습니다. 동생이 너무 아파 보였어요. 얼굴은 창백하고 눈은 충혈되었고 몸이 부어 있었죠. 그의 몸속 세포들이 전부 망가진 것처럼. 그런데도 동생은 눈부시게 환한 미소를 짓고 있었습니다. 잠에서 깨어나 보니 제가 울고 있더군요. 동생이 꿈속에서 나를 끌어안았던 것처럼 나를 끌어안고 울었습니다.

어린 말기암 환자들과 마주하는 일이 많아 그런 꿈을 꾸었는지도 모르겠습니다. 출근 준비를 하는 내내 슬픔이 밀려들었어요. 슬픔이 밀려드는 순간 본능적으로 리모컨으로 손을 뻗었지요. TV를 보면 슬픔을 잊을 수 있다는 듯이. 그러나 곧 회피임을 깨닫고 멈추었습니다. 병원으로 걸어가면서 오늘은 나에게 다정하기로 마음먹었습니다. 여전히 슬픔의 고통을 느끼고 있었지만, 현실에서는 동생이 건강해서 참 다행이라는 생각을 했습니다. 꿈을 통해 저의 심장이 드러난 기분이었어요. 심장을 드러내니 강해진 기분이 들더군요. 연약함 속에 용기가 있습니다.

제안 오늘 당신의 심장, 몸, 그리고 이 세상을 온전히 느껴 보세요. TV를 켜거나, 신문을 읽거나, 휴대폰을 만지작거리거나, 딴생각을 하며 주의를 분산시키지 마세요. 당신이 느끼는 감정의 긍정적인 면과 부정적인 면을 기꺼이 받아들이세요. 씩씩하게 세상과 마주하세요.

2월 11일

우리의 기분과 생각은 시시각각 달라집니다. 우울하거나 분노에 휩싸일 땐 더 이상 아무 희망도 없는 것 같지만, 기분이 좋고 평온하며 마음이 열려 있을 땐 그날 아침 무슨 걱정이 있었는지 기억도 나지 않아요.

평정심을 유지하기란 쉽지 않습니다. 모든 게 다 지나간다는 사실을 항상 떠올리기도 쉽지 않고요. 상황, 감정, 마음가짐이 좋은 상태일 땐 그게 영원할 줄 알고 두 손으로 움켜잡지요. 그러다 그것을 빼앗기면 마치 강도를 당한 것처럼 고통, 상실감, 수치심 같은 온갖 부정적인 감정이 올라옵니다. 상황이 나빠지면, 고통에 완전히 매몰되고 그 고통이 영원할 거라고 믿게 됩니다.

매순간의 감정이 얼마나 무상한 것인지 알면서도 감정을 최대한 가볍게 받아들이고, 왔다가 사라지도록 내버려 두지 못합니다. 여전히 툭하면 감정의 파도에 휩쓸려요. 파도가 나를 높이 끌어올릴 때면, 저 바닥을 쳤을 때의 반응을 후회하곤 합니다. 평정을 유지한다는 것은, 상황에 관계없이 항상 손을 펼치고 있는 것과 같습니다. 모든 것을 받아들이고 수용할 수 있는 상태이지요. 그 순간이야말로 어느 때보다도 자유롭습니다.

제안 당신이 느끼는 감정을 최대한 가볍게 받아들여 보세요. 기쁨과 슬픔, 잃는 것과 얻는 것, 모두 한순간일 뿐입니다. 피할 수 없는 삶의 밀물과 썰물을 받아들여 보세요.

2월 12일

* **삶은 해결해야 할 문제가 아니라 체험해야 할 현실이다.** ─사르베팔리 라다 크리슈난

1830년대의 조지 왕조풍 건물의 널찍한 홀에 앉아 있었습니다. 대리석 바닥에 스테인드글라스 창문이 있고 청동 샹들리에가 달려 있었지요. 내 앞에는 아름다운 아내 엠마와 와플 한 접시가 있었습니다. 맞은편 테이블에는 어느 아버지가 신생아를 안고 있었는데, 쪼글쪼글한 아기의 조그만 얼굴이 사랑스럽더군요. 그러나 느닷없이 슬픔이 밀려들었습니다. 그 아버지와 아기를 보니, 얼마 전 딸을 출산한 어느 어머니가 떠올랐어요. 출산 후 의사는 딸의 생명에 큰 문제가 있다는 사실을 알렸고, 앞으로 살 수 있는 날이 몇 주밖에 남지 않았다는 이야기를 전했습니다.

인간은 의미를 만들어내는 데 능합니다. 사랑스러운 아버지와 아기를 보는 순간, 저의 마음은 아기를 묻어야 하는 또 다른 부모의 고통으로 연결되었습니다. 순간적인 반응이었어요. 그렇다면 그다음엔 그 이야기를 붙잡고 있을 것인지 그저 지켜볼 것인지를 선택해야 합니다.

마음속에 떠오르는 생각과 이야기를 알아차리면 그것에 휩쓸리지 않고 관찰할 수 있습니다. 감정들이 저절로 왔다가 사라지게 할 수 있어요. 이야기에 휩쓸리면 그 속에 갇힙니다. 우리는 결국 지금 이 순간의 충만하고 다채로운 현실에 집중할 필요가 있습니다.

제안 당신의 마음이 지금 이 순간의 경험에 이야기를 보탤 때 알아차려 보세요. 그 생각, 이미지, 관계, 기억, 감정, 의미, 이야기를 관찰해 보세요. 잠시 멈추고 있는 그대로의 현실을 바라보세요. 현실을 그저 현실이게 하세요.

2월 13일

* 두려워하고, 분노하며, 질투심에 불타고, 중독에 시달리고, 오만하고, 잘난 척하고, 인색하고, 야비한 사람들에게 관심을 갖는다는 것은, 그런 성향들을 자신에게서 발견하게 되는 고통을 두려워하지 않는다는 뜻이다. 회피하거나 숨는 대신, 마음을 열고 그 고통을 느끼는 것을 의미한다. 그것들을 통해 자신을 온화하게 하고 정화하여, 보다 따뜻하고 친절한 사람이 되는 것을 뜻한다. ―페마 초드론

때로 우리는 다른 사람의 고통에 압도당합니다. 최근 조금 힘든 주말을 보냈어요. 두 살 된 딸이 아파서 주말 내내 짜증을 부렸거든요. 상대방의 고통을 내가 해결할 수 없을 때면, 그 고통을 외면하고 고통에서 벗어나고 싶어 합니다. 아픈 사람의 곁을 지켜 주고 그의 감정을 공감해 주는 것은 의미 있는 일입니다. 타인의 고통과 마주할 때 자신에게 이렇게 물어보면 어떨까요. "나는 기꺼이 여기 머물 수 있는가?" 티베트의 통렌 명상에서 말하는 것처럼, 타인의 고통을 들이마시고 연민과 평화를 내쉬어 보세요.

제안 집에서, 혹은 직장에서 타인의 고통과 마주하게 된다면 호흡을 도구로 삼아 보세요. 그들의 고통을 들이마셔 보세요. 그리고 선함과 평안의 빛을 내쉬어 보세요.

2월 14일

* 타인에게 사랑과 친절을 베풀면, 그들이 사랑받고 보살핌 받는다고 느끼는 것은 물론이고, 우리 자신의 내면에서 행복과 평화가 자란다. —달라이 라마

오늘은 밸런타인 데이. 사랑과 친절의 명상을 해 보면 좋을 것 같습니다. 잠시 시간을 내어 편안하게 앉아 보세요. 허리를 반듯하게 펴세요. 어깨에 힘을 빼세요. 천천히 호흡을 하면서 당신의 몸을 느껴 보세요. 가족이건, 친구이건, 혹은 반려동물이건, 당신을 미소 짓게 하는 대상을 떠올려 보세요. 그들이 당신 곁에 있는 게 어떤 기분인지 느껴 보세요. 당신처럼, 그에게도 희망과 두려움이 있고, 행복할 때와 외로울 때가 있음을 알아차려 보세요. 그 사람의 눈을 바라보며 따스하게 말해 보세요. "당신이 행복하고, 건강하고, 안전하기를, 그리고 당신의 마음에 평화가 깃들기를 바랍니다."

당신에게서 흘러나온 사랑과 친절이 그들을 감싸게 하세요. 이제 그가 당신의 눈을 바라보며 똑같이 말하는 것을 상상하세요. "당신이 행복하고, 건강하고, 안전하기를, 마음에 평화가 깃들기를 바랍니다."

따스한 애정으로 당신의 몸을 채워 보세요. 그 상태가 편안하게 느껴진다면, 가슴에 손을 얹고 말해 보세요. "내가 행복하고, 건강하고, 안전하기를, 그리고 마음의 평화가 있기를 바랍니다."

잠시 그 상태에 머물러 보세요. 호흡에 집중하며 미소를 지어 보세요.

제안   오늘 잠시 시간을 내어 당신 자신과 다른 사람들에게 어떤 방식으로든 사랑과 친절을 전해 보세요.

2월 15일

* **스물한 살 때 삶에 대한 나의 기대는 바닥을 쳤다. 그 이후의 삶은 보너스였다.** —스티븐 윌리엄 호킹

우리는 '일어날 수도 있는' 일을 '반드시 일어날' 일로 만들어 버리곤 합니다. 저는 학창시절 테니스 시합을 할 때 그런 기대가 커다란 방해 요인으로 작용한다는 걸 배웠습니다. 경기가 잘 풀리면 이번 세트는 이길 거라고 기대합니다. 그러다 점수를 잃으면 갑자기 상대선수가 승기를 잡은 것 같지요. 경기가 끝나면 '반드시 일어날' 일을 생각하느라 경기를 망친 자신을 책망합니다.

다행히도 저의 심리를 간파한 코치가 있었습니다. 그는 제가 속으로 점수를 매기며 게임을 예측하느라 집중력이 떨어진다는 점을 지적해 주었습니다. 대신 생각의 방향을 바꾸도록 가르쳐 주었지요. 지금 이 공에만 집중하라. 이전 공은 지나갔다. 앞으로의 공은 아직 알 수도 없거니와 지금 상관할 바 아니다. 그의 가르침이 최초의 마음챙김 훈련이었습니다.

난데없이 비가 오지만 않았어도 완벽한 휴가를 즐길 수 있었겠지요. 수비수가 공을 놓치지만 않았다면 우리 팀이 슈퍼볼 우승을 했을 것이고요. 병이 나서 일을 못 하게 되지만 않았어도 돈을 더 벌 수도 있었을 거예요. 하지만 그런 세상은 존재하지 않습니다. 우리가 살고 있는 이 세상은 앞날을 예측할 수 없습니다. 날것 그대로의 거친 세상입니다.

제안 오늘 하루가 반드시 어떻게 흘러가야만 한다는 기대가 있나요? 당신이 바라는 것보다 훨씬 더 폭넓은 현실을 포용해 볼 수 있을까요? 세상을 향해 마음을 활짝 열어 보세요.

2월 16일

삶에서 중요한 것이 세 가지가 있다. 첫째는 친절이다. 둘째도 친절이다. 그리고 셋째도 친절이다. —헨리 제임스

기쁜 마음으로 알려드립니다. 이번 주는 '무작위 친절 주간'입니다. 이 글로벌 운동은 소박한 무작위의 친절 행동을 통해 즐거움을 전파하기 위해 만들어졌습니다. 친절로 얻는 이점은 과학적으로도 근거가 있습니다.

- 좋은 일을 하면 기분이 좋아져서 뇌의 보상센터에 불이 들어옵니다.
- 친절은 우리를 더 건강하게 합니다. 친절의 행위는 옥시토신을 분비시키는데, 이는 혈압을 낮추고 심장을 건강하게 하며 자긍심을 고취합니다.
- 다른 사람을 돕고 난 뒤 참가자들은 자신이 더 강해지고 에너지가 넘치는 것 같은 기분을 느끼곤 합니다.
- 친절의 행위는 세로토닌의 생산을 자극하고, 세로토닌은 고통, 스트레스, 불안, 우울을 감소시킵니다. 자원봉사를 하는 사람들은 통증을 덜 느끼는 경향이 있습니다.

친절은 주는 사람과 받는 사람 모두에게 축복입니다.

제안 따뜻한 편지를 써서 건네 보세요. 택시를 기다릴 때, 혹은 슈퍼마켓에서 줄을 설 때 뒷사람에게 차례를 양보해 보세요. 식당에서 친구의 식사비를 계산해 주세요. 진심 어린 칭찬을 해 주세요. 만나는 사람에게 미소를 지어 주세요.

✱ **심장에 손을 얹고 느껴 보라. 당신의 내면에 있는 나의 빛을 느껴 보라. 당신이 나의 빛을 품고 그 빛이 살도록 한다. 당신은 살아 있는 햇살이다.**

—몰리 뱅 & 페니 치점

우리는 감정과 열정의 중심이 심장이라고 생각합니다. 기도할 때나 요가할 때에도 두 손을 심장 앞에 모으지요. 국가에 대해 경의를 표할 때도 한 손을 심장에 얹습니다. 심장의 기능을 잘 이해하지 못했더라도, 심장을 우리에게 가장 소중한 것의 상징으로 인식합니다. 잠언 4장 23절에도 나와 있습니다. "그 무엇보다도 너는 네 마음(심장)을 지켜라. 그 마음이 바로 생명의 근원이기 때문이다."

때로는 심장으로 흘러드는 태양의 에너지를 쉽게 느낄 수 있습니다. 때로는 심장이 싸늘해져서 과연 온기를 다시 느낄 수 있을지 의문이 들기도 합니다. 나의 신체 기관이지만 심장을 완벽하게 통제할 수는 없어요. 심장에서 느껴지는 감정과 싸우기보다는 그 감정을 느껴 보면 어떨까요? 회피하는 대신 포용하는 거예요.

심장의 반짝이는 불씨를 다시 타오르게 하는 것들이 있을 겁니다. 영양, 운동, 수면처럼 육체적인 것들도 있고, 삶의 균형을 유지하는 규칙적인 생활, 봉사활동, 혹은 당신에게 맞는 명상처럼 정신적인 것들도 있습니다.

제안 한 손을 심장에 얹어 보세요. 숨을 들이마시고, 심장을 느껴 봅니다. 숨을 내쉬며 심장에 맹세합니다. 나는 나의 건강과 행복을 지킬 수 있는 방식으로 먹고, 마시고, 일하겠노라고.

2월 18일

때로는 햇살이 느껴지지 않아요. 태양은 분명 환하게 빛나고 있는데, 그 햇살이 닿지 않는 것처럼 느껴질 때가 있어요. 저는 이번 주 내내 좀 지쳐 있었습니다. 영국인들에게 '약간'은 '엄청나게'라는 뜻이죠. 늦게까지 병원에 있었고, 불편한 1인용 침대에서 잠을 설친 데다, 밖으로 거의 나가지 않고 인스턴트 음식만 먹은 결과인 것 같았습니다.

삶은 해결해야 할 문제가 아닌 체험해야 할 대상입니다. 우리가 반드시 어떤 기분을 느껴야 하는 것은 아니에요. 우리 기분은 좋을 때도 있고 나쁠 때도 있습니다. 기분은 때로는 빠르게, 때로는 서서히 변합니다. 모든 것이 변합니다.

무슨 일을 하건 반드시 기분이 좋을 필요는 없어요. 행복을 '성공적인 결과'에 묶어 놓을 필요도 없습니다. 지금 이 순간에 머물며, 사랑하는 사람과 교감하며 행복의 축을 유지하는 게 가장 중요합니다. 자신에게 행복의 양분을 공급하되 모든 기대를 놓아 보세요. 어차피 일어날 일은 일어납니다. 기분이 썩 좋지 않아도 괜찮습니다.

제안 몸 상태가 좋지 않고, 우울하고, 절망적일 때, 그래도 괜찮다는 걸 스스로 일깨워 보세요. 당신이 하는 일이 반드시 엄청난 결과를 내야 하는 건 아닙니다. 산책을 하거나, 좋아하는 음식을 만들거나, 목욕을 하거나, 기도를 하거나, 친구를 불러 커피를 한잔 해 보세요. 당신의 마음에 양분을 공급해 주고 자신에게 친절하세요. 당신을 잘 보살펴 주세요.

2월 19일

* **사물의 모습은 우리의 감정에 따라 달라진다. 우리는 사물 속에서 기적과 아름다움을 발견하지만, 사실 그 기적과 아름다움은 우리 내면에 있는 것 이다.** —칼릴 지브란

일상에 갇히면 모험심을 잃기 쉽습니다. 가끔 대학을 졸업한 직후 결혼 생활을 막 시작한 시절을 떠올리곤 합니다. 그땐 모든 게 아름답기만 했어요. 서늘한 여름을 보냈던 싸구려 아파트, 국립공원 근처에서 등산하던 일, 처음으로 온전히 두 사람의 힘으로 삶을 일구던 그때 그 시절.

과거의 삶은 현재의 삶보다 훨씬 더 매혹적으로 느껴지곤 합니다. 그렇다면 지금부터 몇 년 뒤에 나는 내 삶의 어떤 면을 그리워하게 될까요? 그런 질문을 던져 보면 현재의 삶에서도 아름다움을 찾게 됩니다.

가끔 다른 사람들의 삶이 궁금해지곤 해요. 저런 집에 살면서 저런 일을 하고 사는 건 어떤 기분일지 말이에요. 당신의 삶을 얼마나 자주 진심으로 느끼고 있나요? 당신의 신체 조건, 당신의 생활 환경, 당신의 직업을 갖고 이 시대에 산다는 것은 어떤 느낌인가요? 당신 삶의 굴곡과 질감, 당신의 일정, 당신의 책임, 당신의 인간관계는 어떤 의미인가요?

제안 몇 년 후 지금 당신 삶의 어떤 점을 그리워하게 될까요? 지금 이 순간, 당신 자신으로 사는 게 어떤 느낌인지 생각해 보세요. 당신이라는 인간으로, 당신에게 주어진 삶을 사는 게 어떤 의미인지 생각해 보세요.

* **삶의 그 무엇도 당신이 생각하는 만큼 중요하진 않다.** —데이비드 슈케이드 & 대니얼 카너먼

돈이 얼마나 있는지, 어떤 차를 모는지, 얼마나 큰 집에서 사는지, 삶의 어떤 것들은 너무 중요해 보입니다. 경제적 안정성을 폄하하는 건 아니지만, 때로 삶의 한 단면을 과하게 부풀리는 건 아닌가 하는 생각도 듭니다.

노벨 경제학상을 수상한 대니얼 카너먼은 미 중서부와 남부 캘리포니아에 거주하는 사람들을 대상으로 삶의 만족도를 조사했습니다. 참가자들은 날씨가 좋은 캘리포니아에 사는 사람들이 더 행복할 거라고 예상했지요. 그러나 두 지역의 삶의 만족도에는 큰 차이가 없었습니다. 삶의 한 요소인 기후에만 초점을 맞추다 보니 그 영향력을 과장하게 된 것이지요.

삶의 어느 한 요소에만 주의를 집중하면 다른 것들을 간과하게 됩니다. 돈이 행복에 미치는 영향도 과대평가하고 있는 것일 수도 있어요. 우리는 여유롭게 요트에 누워 있는 자신의 모습을 상상하곤 하지만, 실제로 수입이 늘면 더 많은 시간을 일을 하며 보내야 합니다.

한 가지 조건에 집중하는 것은 마치 확대경으로 그 중요성을 확대하는 것과 같아요. 오늘 당신은 무엇에 주의를 집중할 건가요?

제안 삶의 한 조건에 집중하고 있다면, 과연 이로운 일인지 생각해 보세요. 돈, 명예, 일, 관계 등 당신의 삶에 그것이 미치는 영향을 확대해석하는 건 아닐까요? 그로 인해 더 기분이 우울해지는 건 아닐까요? 한 발짝 뒤로 물러나 큰 그림을 보세요. 다양한 붓질이 하나의 그림을 완성합니다.

2월 21일

시간이 흐를수록 많은 정치적 분파들이 생겨납니다. 정치적으로 반대 주장을 펼치는 사람들을 악마화하며 그들의 고집스러운 무지와 오만한 엘리트주의, 편협한 이기주의를 비난합니다. 반대편 입장의 동기도 우리만큼이나 순수하다고 보지 않습니다. 극명한 차이를 극복하고 인류애를 나누는 사람들의 모습보다 더 감동적인 광경이 또 있을까요.

몇 년 전, 아내와 메인주의 한 에어비앤비에서 일하고 있을 때였어요. 유독 성질이 고약한 손님이 있었는데 도저히 참을 수가 없었어요. 그는 목소리가 컸고, 거들먹거리고, 투덜거렸죠. 그런데 우연히 그가 레스토랑에서 가족과 함께 식사를 하는 모습을 보게 되었습니다. 우리는 그 레스토랑에서도 일하고 있었지요. 그토록 싫어했던 사람이 식사를 하는 모습이 어딘가 인간적으로 느껴지더군요. 오랜 세월이 지난 지금도, 저와 별다르지 않던 그의 모습에 마음이 누그러들던 순간을 생생히 기억합니다.

다름에 집중하면 우리 모두 똑같은 인간임을 잊기 쉽습니다. 다름은 구름과 같습니다. 거기서 조금 더 위로 올라가 보면, 파란 하늘뿐입니다.

제안 당신과 생각이 다른 사람 혹은 집단에게서 나와 비슷한 인간적인 면모를 찾아보세요. 당신이 잘 어울리지 못하는 사람에게 손을 뻗어 보세요. 평상시 회피하던 뉴스를 읽으며 전혀 다른 관점에서 상황을 이해하려 노력해 보세요. 파란 하늘을 찾아보세요.

2월 22일

해가 바뀌어도 정치적 갈등은 여전하네요. 인간은 자신의 반대편을 악마화하는 경향이 있습니다. 갈등이 불거진 상황에서 사람들은 자신의 행동은 사랑에서 기인한 것이고 반대편의 행동은 증오에 기인한 것이라 믿는다고 합니다.

일상 속에서도 자신의 행동은 상황을 감안하여 좋은 쪽으로 해석하는 반면, 유사한 상황에 처한 다른 사람들은 함부로 판단합니다. 내가 회의시간에 늦으면 고속도로에서 사고가 났고, 오늘 아침 아이가 아팠고, 도착해 보니 주차장에 자리가 없던 사정을 헤아려 주지요. 반면 동료가 지각하면, 그들이 계획적이지 못하고, 게으르며, 동료들을 존중하지 않는 사람이라고 생각해요. 내 삶에 영향을 미치는 외부적 여건들은 이해하면서도 다른 사람의 사정은 잘 보려 하지 않아요.

타인을 함부로 판단하는 것은 그들의 미묘하고 복잡한 개인 사정들을 외면하는 것입니다.

제안 오늘 당신 앞에 있는 사람을 제대로 보고 그들의 이야기를 제대로 들어 보세요. 그들의 삶에 어떤 일이 벌어지고 있을지 생각해 보세요. 진실에 다가서세요. 새로운 사실을 발견하고 놀랄 수도 있어요!

2월 23일

* 우리는 늘 먹고 마시지만, 생각, 계획, 걱정, 근심만 소화한다. 진심으로 빵을 먹거나 음료를 마시지 않는다. 빵을 깊이 음미할 때, 우리는 새로 태어난다. 빵이 곧 우리의 생명이기 때문이다. —틱낫한

음식을 먹을 때 현재에 머무는 것을 힘들어하는 사람들이 많습니다. 가끔 별로 배가 고프지 않은데도 음식을 허겁지겁 입안에 욱여넣곤 합니다. 그럴 때면 자신에게 묻게 되지요. "왜 그렇게 잔뜩 욱여넣고 제대로 씹지도 않고 넘겨? 왜 그렇게 얼굴을 음식에 파묻고 먹어?"

서른여섯 살의 나이에 심장마비가 온 친구가 있습니다. 지금은 완전히 회복되었지만, 갑자기 생사의 갈림길에 선 그녀를 보니 삶이 항상 안정적일 것이라는 가정에 의문을 품게 되더군요. 그날 저녁 식사 준비를 위해 채소들을 손질하면서 마음이 편안해지는 것을 느꼈습니다.

우리에게는 적어도 하루에 세 번, 음식을 세심하게 체험할 기회가 주어집니다. 음식의 색과 질감, 식욕을 자극하는 냄새, 입안의 감촉, 식기의 소리, 음식의 맛까지, 식사시간에 오감을 전부 즐겨 보세요. 음식에 대한 우리의 정서적 반응을 알아차려 보세요. 몹시 배가 고픈 상태에서의 간절함, 처음 한 입이 주는 만족감, 또 한 번의 영양가 있는 식사에 감사하는 마음을 가져 보세요.

제안 오늘은 최대한 현재에 머물며 음식을 즐겨 보세요. 깨어 있는 상태로 음식을 음미해 보세요. 이런 태도가 음식을 먹는 행위에 어떤 영향을 미치는지 알아차리세요. 나도 당신과 함께 먹을게요. 맛있게 드세요!

2월 24일

✱ **인생은 오직 속도를 높이는 것만이 능사는 아니다.** ―마하트마 간디

어제의 명언을 보니 프랑스 플럼 빌리지에서 틱낫한 선사와 불교 승려들과 함께했던 즐거운 추억들이 떠오르더군요. 그곳에서 마음챙김의 삶이 무엇인지 처음으로 체험했습니다. 플럼 빌리지에 머무는 모든 사람들은 일상의 활동을 통해 매순간 마음챙김을 실천하는 연습을 했습니다. 앉아 있을 때나 걸을 때, 욕실을 청소할 때나, 설거지할 때나, 바닥을 쓸 때나, 심지어 먹을 때에도 명상은 계속되었습니다.

플럼 빌리지에 머무는 동안, 자연스럽게 삶의 속도가 느려지더군요. 호흡이 느려졌고, 생각이 느려졌으며, 움직임이 느려졌고, 음식을 씹는 속도도 느려졌습니다.

우리는 늘 한곳에서 다른 곳으로 바삐 달려갑니다. 하지만 속도를 늦추는 것은 오히려 장점이 많습니다. 교통사고를 당할 가능성도 줄고, 식사 중 칼로리를 덜 섭취하게 되고, 자연스레 고혈압의 위험을 낮추게 됩니다. 역설적이게도 지구력이 길러지고, 업무 생산성도 높아진다고 하죠. 속도를 늦춤으로써 현재에 머물 수 있습니다. 우리가 하는 모든 일을 종점에 도달하기 위한 수단으로 여기지 않고, 매 순간의 기쁨과 충만함을 누릴 수 있습니다.

제안 오늘은 속도를 늦추어 보세요. 숨 쉬는 속도, 먹는 속도, 마시는 속도, 걷는 속도, 말하는 속도, 운전하는 속도를 늦추어 보세요. 속도를 늦출 수 있는 창의적인 방법으로는 어떤 것이 있을까요?

2월 25일

* **최고의 정교함은 단순함이다.** —클레어 부스 루스

힘든 일이지만 삶을 단순화하면 삶의 중심을 지킬 수 있습니다. 산다는 것은 본질적으로 복잡하지만 우리가 기어코 삶을 더 복잡하게 만드는 면도 있어요. 우리는 필요 이상으로 소비하기 위해 필요 이상으로 일합니다. 명성이 행복을 보장하지 않는데도 명성을 얻기 위해 일하지요.

제가 꿈꾸었던 삶은 지금의 삶보다 훨씬 소박했어요. 켄터키의 시골 마을에서 의사로 일했던 저의 외할아버지를 떠올려 봅니다. 외할아버지의 삶은 환자들을 돌보고, 수백 에이커에 달하는 밭을 가꾸고, 가족과 함께하는 시간을 즐기는 게 전부였습니다. 우리의 영혼은 단순함에 이끌리는데, 왜 우리가 일구는 삶은 이리도 복잡한 걸까요.

그렇다면 의도적으로 우리의 삶을 단순화해 보는 건 어떨까요. 더 많이 소비하기 위해 늦게까지 일하는 대신, 가족과 더욱 많은 시간을 보내는 삶을 선택해 보세요. 행복이 아닌 잡동사니만 더할 뿐인 온갖 소비를 멈추어 보세요. 하루를 복잡하게 만들고 불필요한 긴장을 더할 뿐인 일정을 빼는 것도 좋습니다. 일을 줄이고 체험을 늘려 보세요.

제안 잠시 당신이 원하는 삶을 머릿속에 그려 보세요. 현재 삶에 혹시 불필요한 것들이 있나요? 당신의 삶을 단순하게 만들 방법이 있을까요? 지금 당장 실천해 볼 수 있을까요?

2월 26일

✱ **행복의 비결은 다른 사람들이 걱정거리들을 꼽아 보고 있을 때, 자신이 누리고 있는 축복을 세어 보는 것이다.** —윌리엄 펜

우리는 때때로 욕망의 덫에 걸립니다. 더 많은 돈, 더 좋은 차, 더 큰 집, 더 긴 휴가를 원합니다. 이 모든 불만의 해독제는 바로 감사하는 마음이겠지요.

감사의 마음으로 하루를 시작할 때, 지금 이 순간 우리가 가진 것을 진심으로 누릴 수 있습니다. 지금 이 순간 삶 속에서 기쁨을 찾을 수 있어요. 행복을 목표에 묶어 놓지 않고도 여전히 목표를 향해 나아갈 수 있습니다. 심지어 그 여정이 더 즐거워지지요.

펜실베이니아 대학에서는 '세 가지 좋은 일 운동'을 연구했습니다. 이 운동은 적어도 일주일 동안 매일, 그날 잘 풀린 일 세 가지를 적어 보는 것입니다. 누군가 당신을 위해 문을 잡아 준 것처럼 작은 일에서부터, 애인이 청혼을 한 큰일에 이르기까지 모두 해당됩니다. 최대한 상세하게 기록하세요. 기록하는 동안 어떤 느낌인지도 써 보세요.

연구원들은 이 운동이 한 달, 석 달, 심지어 반년 가까이 참가자의 행복을 향상시킨다는 놀라운 사실을 발견했습니다. 삶에 존재하는 행복의 원천을 들여다보면 우리의 불만은 감사와 기쁨으로 전환됩니다. 그보다 더 우리가 원하는 일이 있을까요?

제안 오늘 하루 잘 풀린 일들을 돌아보세요. 낯선 사람의 미소처럼 작은 것이어도 좋습니다. 당신의 삶에 존재하는 아름다움과 선함을 알아차려 보세요. 이번 주 '세 가지 좋은 일' 운동에 도전해 보세요.

2월 27일

* 자연에서 처음 나는 싹은 황금빛,

그것은 가장 지키기 힘든 빛깔.

어린잎은 꽃이 되지만,

오직 한 시간만 꽃일 뿐.

다시 잎으로 돌아간다.

그렇게 에덴은 슬픔으로 가라앉고,

새벽은 한낮으로 저문다.

그 어떤 황금빛도 오래 머물지 않는다.

—로버트 프로스트

멋진 도보여행을 다녀왔습니다. 질척거리는 언덕을 오르고 냇물을 건너고 숲을 가로지르면서, 봄의 징후들을 찾아보았지요. 사랑스러운 아기 양 두 마리가 어미 양 곁에 웅크리고 있는 것도 봤습니다. 전원의 풍경은 삶의 무상함을 일깨워줍니다. 한 계절이 지나고 다른 계절이 옵니다. 모든 것이 지나가고, 모든 것이 변해요. 그게 자연의 섭리니까요.

우리는 삶의 무상함을 자주 잊습니다. 우리의 건강과 가족들의 존재를 당연하게 받아들이다 어느 순간 소중한 걸 잃게 되면 정신을 차리고, 가진 것에 진심으로 감사하게 되지요.

우리가 겪는 고통과 시련도 결국 다 지나간다는 사실 또한 자주 잊습니다. 모든 감정이 일시적이라는 사실을 간과합니다. 우리는 삶의 덧없음에 저항합니다. 사람, 부, 지위, 권력을 움켜잡고 모든 것이 변함없기를 갈구하지요.

다른 삶의 방식도 있어요. 삶의 무상함을 받아들일 수도 있어요. 모든 게 변한다는 사실을 기억하며 살 수도 있습니다. 얼음 조각상의 아름다움을 감상하듯 스쳐 지나가는 이 순간에 감사하면서요. 때로는 우울하고, 화가 나고, 초조하고, 혼란스럽겠지만, 그런 감정조차도 다 지나갑니다. 바닷가의 모래성처럼 오늘은 여기 있지만, 내일은 이곳에 없습니다.

제안 새로운 눈으로 세상을 보세요. 삶의 무상함을 알아차리세요. 기쁜 일이건 슬픈 일이건, 현재의 감정을 조금 가볍게 바라보세요. 무슨 일이 벌어지는지 그저 지켜보세요.

2월 28일

* **비전만으로는 충분하지 않다. 도전해야 한다. 계단을 쳐다보는 것만으론 충분하지 않다. 계단을 올라가야 한다.** ─바츨라프 하벨

해마다 찾아오는 사순절이야말로 우리에게 가장 소중한 게 무언지 되돌아볼 수 있는 시간이 아닌가 싶습니다. 우리의 마음을 점검해 보고 가치에 따라 사는 것은 종교와 상관없이 중요한 일이니까요.

40일간의 단식이 갈수록 인기입니다. 올해는 가족, 친구, 동료들 중에 초콜릿, 사탕, 술, 고기를 금식하는 사람들이 있더군요. 단식을 음식에만 국한시킬 필요는 없습니다. 무관심을 단식하기로 결심하고 마음이 움직이는 일에 적극적으로 참여해 볼 수도 있겠지요. 오랫동안 품었던 원한을 버리고 용서의 강이 흐르게 할 수도 있습니다. 단순한 삶을 위해 입던 옷들을 내놓고 사랑과 감사의 옷을 입기로 결심할 수도 있습니다. 버릴 때 오히려 얻을 수 있습니다.

제안 당신의 삶에 어떤 변화를 일으키고 싶은지 잠시 생각해 보세요. 오늘 무엇을 버리고 무엇을 얻을지 생각해 보세요. 결심했다면, 실천하세요. 단 하루 동안만이라도 과감하게 그 첫발을 내디뎌 보세요.

"끊임없이 변하는 세상이
날마다 당신을 초대합니다."

3월

3월 1일

* **무엇을 배우고 무엇을 실천하건, 에고ego는 매복해 있다가 자신의 생존과 이득을 위해 나설 때를 호시탐탐 노린다.** —초감 트룽파

우리의 마음은 건전하지 못한 집착을 만들어내곤 합니다. 얼마 전 요가 수업이 끝날 무렵 사바사나 (일명 '송장 자세')를 하던 중에 뜻하지 않게 황홀경을 체험했습니다. 그 다음번 수업이 끝날 무렵, 또다시 같은 기분을 느껴 보고 싶어 조바심이 나더군요. 원하는 것에 집중하다 보니 긴장을 풀고 편하게 쉬는 시간을 즐기지 못했습니다. 결국 무엇도 느끼지 못했고, 마치 뭔가를 놓친 것 같았어요.

우리의 마음이 유쾌한 체험을 원하는 것은 지극히 자연스러운 일이지만, 그것만을 원하다 보면 오히려 원하는 바를 얻는 데 방해가 됩니다. 그것은 일체감 자체를 추구하는 것이라기보다는 일체감의 느낌을 추구하는 것이고, 영감을 얻기보다는 영감을 얻는 느낌을 추구하는 것이기 때문이지요. 명상을 하다 보면 그 순간을 온전히 체험하기보다는 그 느낌을 좇게 되는 경우가 있어요. '느껴야만' 하는 감정을 느끼지 못하는 자신을 비난하는 것은 해롭습니다.

즐거운 체험을 하도록 삶을 설계하는 것은 좋은 일입니다. 그러나 결과를 과정에서 분리하여 생각하려는 모습을 알아차리는 것도 중요합니다.

제안 당신의 마음이 어떤 느낌, 상태, 혹은 결과를 갈구하고 있음을 알아차린다면, 지금 이 순간에 온전히 머물러 보세요. 놀라운 것들에 마음을 열어 보세요.

3월 2일

4월 남아프리카에서 열리는 34마일 울트라 마라톤의 첫 출전을 준비하고 있습니다. 얼마 전 달리기 연습을 하던 와중에, 저의 마음이 "넌 지쳤어. 좀 쉬는 게 좋겠다, 아리아"라고 말하더군요. 겨우 1마일을 달렸는데요.

그 말을 듣는 순간 큰 소리로 웃었습니다. 내 마음이 나를 보호하려 한다는 생각이 들더군요. 에너지를 보존하고, 불필요한 노동을 방지하고, 강한 육체적 도전으로부터 날 지키려는 것이었어요. 한 번도 해본 적 없는 일에 도전하려 할 때에는 그런 배려가 별로 도움이 되지 않습니다. 반면 마음의 소리가 냉혹하고 모질게 들릴 때도 있어요. 실패에 대한, 비난에 대한, 상황이 악화되는 것에 대한 두려움때문입니다.

그 순간, 주의를 환기시켜 준 내 마음에게 고맙다는 생각이 들었습니다. 그리고 날 위해 말했습니다. "걱정 마. 내가 알아서 할게. 일단 좀 더 달려볼래." 다시 현재로 돌아와 땅에 닿는 발의 감각을 느꼈습니다. 나의 폐가 들이쉬고 내쉬는 숨을 느꼈고요. 새들의 노랫소리에도 귀를 기울였어요. 내 몸을 느끼며 야외에서 달리는 기분을 만끽했습니다.

제안 당신의 마음이 당신의 체험에 대해 하는 말들을 알아차리세요. 마음의 의견이 당신에게 도움이 되고, 맞는 말이라고 판단되면 마음에게 진심으로 감사하세요. 그리고 다시 현재로 돌아와 계속 앞으로 나아가세요.

3월 3일

우리는 매일 다른 사람의 기술에 의존하며 살고 있습니다. 열차 기관사, 슈퍼마켓 점원, 먹거리를 운반하는 트럭기사, 의료비를 처리해주는 보험 전문가, 아이들을 치료해 주는 의사. 물론 다른 사람들도 우리의 전문성에 의존합니다.

주변 사람들의 노고에 감사를 표현하면 관계가 더욱 돈독해집니다. 15년 전 필라델피아에 살 때 항상 싱싱한 생선을 파는 생선가게 주인에게 고마움을 표현한 적이 있어요. 몇 년 전 그가 우리 동네의 가게로 이사를 오게 되었습니다. 오랜 세월이 지난 지금도 그와 아주 각별한 사이입니다. 일요일 아침 장을 볼 때마다 그의 가게에 들르는데, 그는 우리 아이들의 이름을 전부 다 외우고, 여전히 우리에게 최고의 해산물을 공급해 줍니다.

다른 사람의 노고에 감사의 마음을 표현해 보세요. 그것은 그들의 노고를 존중하는 일이며, 그들이 하는 일이 우리 삶에 아주 큰 영향을 미칠 수도 있음을 일깨우는 일입니다.

제안 오늘 하루 어떤 식으로든 당신의 삶에 기여하는 사람들의 노고를 생각해 보세요. 관계의 그물 속에서 당신의 위치를 생각해 보면 어떤 기분이 드나요? 불시에 감사의 마음을 표현해 보세요. 당신의 삶이 얼마나 더 따스해지는지 느껴 보세요.

3월 4일

사람이 말을 할 때, 온전히 들어라. 대다수의 사람들은 남의 말을 듣지 않는다. —어니스트 헤밍웨이

　　대화를 하다 보면 다른 사람의 얘기보다 자신의 목소리에 집중하게 되는 때가 있습니다. 앞에 있는 사람의 얘기를 제대로 듣지 않는 경우죠. 그들이 무슨 말을 할지 짐작하고 미리 대답을 준비하곤 합니다. 말다툼을 할 때면 더욱 그렇지요. 툭하면 딴생각을 해요. 상대방이 알아차리지 못할 거라 생각하지만, 대화에 몰입하고 있는지 정신이 딴 데 팔려 있는지 상대방은 쉽게 알아차립니다. 듣는 것은 심오하고 강력한 행위입니다. 그것은 존중의 표현이에요. 상대방의 얘기가 중요하다고, 그래서 들어야 한다고 말하는 것이나 마찬가지지요. 그들을 소중히 여긴다고 말하는 것이기도 하고요. 누군가 내 얘기를 들어 줄 때처럼 존중받는 기분, 위로받는 기분, 힘이 솟는 기분을 느낄 수 있는 일은 많지 않습니다.

누구나 자기 얘기를 들어 주길 원합니다. 좋은 소식이 있어요. 바로 오늘, 우리가 누군가에게 바로 그 선물을 줄 수 있다는 것입니다.

제안　오늘 당신 앞에 있는 사람의 얘기를 들어 주세요. 배우자이건, 동료이건, 친구이건, 슈퍼마켓 계산원이건, 그들의 얘기를 들어 주세요. 그들의 말은 물론이고, 목소리, 표정, 자세, 행동에도 주의를 기울이세요. 듣고 배우세요. 듣고 영감을 얻으세요. 듣고 사랑하세요.

3월 5일

* **긴장과 혼란 속에서도 기운을 북돋워 주고, 새로운 힘과 목적 의식을 부여하는 것이 있다. 바로 열정이다.** —애덤 브라운

당신을 당신 밖으로, 편협한 마음과 하찮은 분노 밖으로 끌어내 주는 내면의 부름은 무엇인가요? 무엇이 당신의 고된 삶에 연료를 공급하고, 당신의 정신을 높이 끌어올리거나 무릎 꿇게 하나요? 한 마디로, 당신의 열정은 무엇인가요?

20여 년 전, 메인주 바 하버의 어느 조그만 교회에서 프랭크 목사가 신도들에게 던진 질문이었습니다. 프랭크 목사는 키가 크고 생각이 깊은 분이었어요. 큼직한 안경 때문에 선량한 눈이 더 커 보였지요. 그 질문이 당시 가슴에 와 닿았고, 곧 울음을 터뜨릴 것만 같았습니다.

예배를 마친 뒤 마르시아와 나는 아카디아 국립공원의 연못으로 차를 몰았습니다. 우리가 자주 가던 곳이었어요. 연못가의 자작나무 숲을 거닐며, 우리 두 사람의 마음에 파문을 일으킨 목사의 질문에 대해 이야기를 나누었습니다. 지금도 때때로 그 얘기를 나누곤 합니다.

그 뒤로 프랭크 목사가 어떻게 되었는지는 모르겠어요. 얼마 후 다른 곳으로 가셨거든요. 당시 그분의 나이를 감안해 보면, 이미 세상을 떠나셨다고 해도 놀라지 않을 것 같습니다. 하지만 그의 말에 담긴 열정만은 아직도 생생합니다.

제안 세 가지 질문에 대해 생각해 보세요. 무엇이 당신의 가슴에 불을 지피나요? 무엇이 당신의 육체와 영혼에 영감을 불어넣나요? 당신의 열정은 무엇인가요? 당신에게 가장 소중한 게 무엇인지 틈나는 대로 생각해 보세요.

3월 6일

> * **어김없이 되풀이되는 자연의 섭리에는 엄청난 치유력이 있다. 밤이 지나면 반드시 아침이 오고, 겨울이 지나면 반드시 봄이 찾아온다는 것.**
>
> —레이철 카슨

잠시 하던 일을 접고 모든 감각을 열어 세상에 주의를 기울여 보면 움직이고 있는 많은 것을 느낄 수 있어요. 해마다 이맘때가 되면 구근이 올라오고 숲은 초록으로 물들고 새싹들이 돋아납니다. 나무에는 활짝 핀 분홍 꽃들로 가득하지요. 대학시절 '유관속 식물'이라는 과목을 들은 적이 있어요. 그때 풀과 나무 종류에 대해 배웠는데, 덕분에 주위를 둘러싼 식물이 얼마나 다양한지 알게 되었습니다. 마치 오랜 친구처럼 나무와 깊이 교감하는 듯한 느낌을 받았어요. 홈이 깊게 파인 백합나무 껍질을 볼 때나 사탕단풍나무의 거친 껍질, 구주소나무의 울퉁불퉁한 껍질을 볼 때면, "안녕, 또 만났네" 하고 인사를 건네게 되었습니다.

보고, 듣고, 느끼고, 냄새를 맡으면서 우리 주위에 무엇이 있는지, 우리가 무엇의 일부인지 느껴 보세요. 풀과 나무에 어떤 일이 일어나고 있는지, 동물들은 무얼 하고 있는지, 코끝을 스치는 바람의 감촉이 어떤지 알아차려 보세요. 끊임없이 변하는 세상이 날마다 당신을 초대합니다. 우리가 살고 있는 행성의 기울어진 각도를 느껴 보고, 태양이라는 선물에 감사해 보세요. 이 우주 속에서 우리의 위치를 다시 한번 되새겨 보세요.

제안 만약 당신이 긴 시간 잠들었다가 이제 막 깨어났다면, 자연의 단서만으로 지금이 1년 중 어느 때인지 알아맞힐 수 있을까요? 당신이 머무는 시간과 공간 속에서 자연과 교감해 보세요. 즐거운 시간되시길!

3월 7일

✱ **삶은 우리가 기대하는 것을 우리에게 줄 의무가 없다.** —마거릿 대처

어제 런던으로 가는 길에 남동생의 문자를 받았습니다. 그의 집 손님방에 다른 사람이 묵기로 해서 오늘은 내가 그의 아파트에 묵을 수 없다는 내용이었어요. 나는 당황했고, 불쾌했습니다. 하지만 그러한 감정 이면에 특권의식이 자리 잡고 있음을 알아차렸습니다. 그날 밤 내가 당연하게 남동생의 집에 머물 권리가 있다고 생각하고 있었어요.

스스로에게 몇 가지 질문을 던져 보았습니다. 삶이 내가 기대한 바를 해줄 의무가 있는가? 동생이 한번 뱉은 말은 반드시 지키기를 기대하는 것이 합리적인가? 나는 항상 뱉은 말을 지키는가? 현실이 나의 기대에 부응하지 않는다고 해서 함부로 판단하고 괴로워했던 겁니다.

종종 세상이 우리에게 무언가를 해 줄 의무가 있다고 생각하는 건 아닐까요? 교통체증이 없어야 한다고 생각하고, 와이파이는 끊기는 일 없이 빨라야 하고, 상사들은 유쾌해야 하고, 레스토랑 서비스는 완벽해야 하고, 자신의 건강은 지속되어야 한다고 생각합니다. 달리 생각하고, 행동하고, 존재할 방법이 있는지 사유하지 않고 너무 쉽게 반응합니다.

제안 오늘 하루, 짜증, 분노, 혹은 저조한 기분을 느낄 때 알아차려 보세요. 그 감정의 이면에 특권의식이 자리 잡고 있는 건 아닌지 확인해 보세요. 스스로 물어보세요. 삶이 나에게 이것을 해 줄 의무가 있는가? 잠시 멈추고, 호흡에 집중하고, 다시 생각해 보세요. 설레는 마음으로 다시 앞으로 나아갈 수 있나요?

* **바쁜 일상 속에서 너무 많이 생각하고, 너무 많이 추구하고, 너무 많이 원하느라 우리 모두 존재 자체의 기쁨을 잊는다.** ─에크하르트 톨러

마음챙김을 기반으로 한 인지행동치료에는 '3분 명상'이라는 것이 있습니다. 현재에 머물게 하는 이 명상법은 언제 어디서나 할 수 있다는 장점이 있어요. '3분 명상'은 세 단계로 진행됩니다. 첫째, 지금 이 순간의 경험에 집중하고, 둘째, 호흡에 주의를 집중하고, 셋째, 몸의 감각에 집중하는 것입니다.

먼저 현재의 경험을 폭넓게 느끼는 것으로 시작해 보세요. 현재의 생각, 감정, 몸의 느낌을 알아차리세요. 판단하거나 바꾸려 하지 말고, 그저 관찰하세요. 그다음엔 단 한 지점으로 주의를 집중합니다. 그 한 지점은 바로 우리 몸에서 일어나는 호흡입니다. 들숨과 날숨의 한 주기를 끝까지 따라가 보세요. 노력하지 않아도 코끝으로 들어가고 나가는 숨을 느껴 보세요. 배의 오르내림을 느껴 보세요. 마지막으로, 깨어 있는 그 상태를 몸 전체와 현재 느껴지는 모든 감각으로 팽창시켜 보세요. 각 단계를 1분 정도 지속하되 상황에 따라 더 짧아지거나 더 길어질 수 있습니다.

때로 우리에겐 그저 존재할 수 있는 작은 공간이 필요합니다. '3분 명상'은 그곳에 도달하는 한 가지 방법이며, 현재에 스며들어 우리의 몸과 마음을 쉬게 하는 방편입니다.

제안 우리는 누군가와 얘기를 나누기 위해, 소셜 미디어에 접속하기 위해, 인터넷을 서핑하기 위해 시간을 내지요. 오늘은 3분 명상을 위해 시간을 내어 보세요. 어디에 있건 당신만의 작은 공간을 만들어 보세요.

3월 9일

* **삶이란 우리가 다른 계획을 세우는 동안 실제로 우리에게 일어나는 일이
다.** —앨런 손더스

그저 존재하는 것만으로 누릴 것들이 많은데도, 우리는 얼마나 많이 성취했는지에만 골몰하며 대부분의 시간을 허비하며 삽니다. 아이들이 잠들면 종종 압박감이 밀려들어요. 잠자리에 들기 전에 몇 가지나 처리할 수 있을까? 계획했던 일을 다 하지 못하면 무언가를 놓치거나 잘못한 것 같은 기분이 들기도 합니다.

삶의 많은 일들이 우리의 계획을 방해합니다. 우리는 불편을 느껴서도 안 되고, 아파서도 안 되고, 고통을 겪어서도 안 되고, 순조롭고 성공적인 삶을 방해하는 그 어떤 일도 일어나서는 안 된다고 생각하는 것 같습니다.

그러나 산다는 것은 존 카밧진이 '총체적 재앙의 삶full catastrophe living'이라고 부르는 예측 불가한 삶을 받아들이는 것을 의미합니다. 나쁜 일이 일어나는 것을 원하는 사람은 아무도 없겠지만, 자신에게 닥친 상황에 조금 덜 저항하고 조금 더 마음을 열어 볼 수는 있지 않을까요? 우리에게 닥친 일들이 마음에 안 들더라도 현실 속에 머물러야 합니다.

제안   오늘 당신의 계획이 어그러졌을 때, 당신에게 일어나는 바로 그 일이 당신의 삶이라는 사실을 받아들이세요. 현실에 대한 거부감이 잦아드는 것을 느껴 보세요.

3월 10일

✱ **자신이 가진 힘을 포기하는 가장 흔한 방법은 자신에게 힘이 없다고 생각하는 것이다.** —앨리스 워커

삶이 예기치 않은 방향으로 흘러갈 때면, 비바람에 흔들리는 작은 배처럼, 자신이 크고 강한 힘에 내맡겨진 무기력한 존재라는 생각이 듭니다. 우리의 통제권을 벗어난 힘도 존재합니다. 그러나 자신의 행동만큼은 스스로 통제할 수 있어요.

우리는 어떤 일을 꼭 해야만 한다는 덫에 빠지곤 합니다. 출근을 해야만 하고, 아이들에게 아침을 차려 주어야만 하고, 부모님께 효도를 해야만 하지요. 좀 이상하게 들리겠지만, 그런 일들을 반드시 해야만 하는 건 아니에요.

각기 다른 선택에 각기 다른 결과가 있을 뿐입니다. 직장을 잃어서 아이들을 굶주리게 하거나, 우리가 사랑하는 사람에게 엄청난 고통을 주고 싶지 않아서 특정한 선택을 하는 것뿐이에요. 사실 우리는 항상 적극적으로 선택하고 행동을 취하고 있습니다. 매 순간 우리가 하는 일에 통제권이 있습니다. 선택의 여지가 없는 것 같을 때조차도 항상 선택지가 있었습니다.

제안 오늘 매 순간 당신이 할 수 있는 선택들을 생각해 보세요. 당신에겐 자유와 통제권이 있습니다. 행동할 수도 있고 행동하지 않을 수도 있습니다. 지금도 그렇고 앞으로도 그렇습니다.

3월 11일

*   **냄새는 우리를 수천 마일 거리, 혹은 지금껏 살아온 모든 세월을 넘나들게 하는 마법사와도 같다.** —헬렌 켈러

우리의 감각 중 후각은 다른 감각들과는 다릅니다. 시각, 청각, 미각, 촉각은 모두 뇌의 '중계국'인 시상을 거치지만, 후각은 시상을 경유하지 않고 곧바로 뇌의 후각부와, 기억을 관장하는 해마와, 감정을 관장하는 편도체로 가기 때문이지요. 바로 후각이 기억을 그토록 생생하게 되살려주는 이유입니다. 시각이나 청각으로도 기억을 떠올릴 수 있지만 후각을 통해 우리는 과거를 '재경험'하게 되니까요.

며칠 전 산책을 하다가 가지치기를 한 나무들을 지나치게 되었습니다. 가지를 친 나무의 냄새를 맡으며 할아버지 댁 숲에서 냇물을 따라 걷던 기억이 떠올랐습니다. 30년이 지난 지금도 그 기억이 생생해요. 아버지와 할아버지가 쓰러진 나무를 장작으로 패던 장면들도 떠오릅니다.

삶은 후각에 크게 의존하고 있습니다. 불을 보기 전에 탄 냄새를 감지하는 것도 그렇지요. 후각을 기반으로 발달한 산업도 있습니다. 향수는 다른 사람을 매혹시키기 위해 고안되었어요. 우리는 후각에 감사해야 합니다. 우리 조상들의 생존에 도움을 준 것은 물론이고, 아마도 후각을 자극하여 서로를 유혹해 자손을 낳았을 테니까요!

제안 당신을 둘러싼 냄새에 주의를 집중해 보세요. 첫 한 모금을 마시기 전의 커피 혹은 차, 꽃, 갓 구운 빵, 바깥의 공기, 넘어가는 책장, 사랑하는 사람. 냄새와 함께 호흡해 보세요. 냄새를 통해 현재에, 어쩌면 과거에 머물러 보세요.

3월 12일

✱ **삶의 아름다움을 음미하라.** —마르쿠스 아우렐리우스

몇 해 전 여름, 병원에서 일하다 쓰러진 적이 있습니다. 머리를 부딪치는 바람에 냄새를 맡는 뇌세포가 손상되었고, 그로부터 열두 달 동안 냄새를 맡을 수 없었어요. 미각이 얼마나 후각에 의존하고 있는지 그때 처음 알았습니다. 평범한 식사가 아이맥스 영화관에서 3D 영화를 보는 것이라면, 냄새를 못 맡는 상태로 식사를 하는 것은 수신 상태가 고르지 않고 소리도 없는 조그만 흑백 TV를 보는 것 같았어요.

후각을 잃으니 다른 감각을 더 잘 활용하게 되더군요. 촉감이 더 중요해졌습니다. 보고, 듣고, 만질 수 있다는 자체만으로도 아름다운 일이라는 생각이 들었습니다.

삶의 한 부분을 당연하게 여기기 쉽습니다. 냄새를 맡을 수 있다는 것이, 새로 뽑은 커피, 녹인 버터, 아내의 피부, 아기의 머리 냄새를 맡을 수 있다는 게 얼마나 행운인지 몰랐어요. 찬란한 아름다움이 우리 곁에 있습니다. 우리가 할 일은 그저 눈을 뜨고 장미향을 맡는 것뿐입니다.

제안 당신의 감각 중 하나가 없어진다면 하루가 어떻게 흘러갈까요? 삶의 다른 영역에 어떤 영향을 미칠까요? 오늘 당신 삶에 존재하는 소중한 것들에 감사하세요.

3월 13일

* **진정한 발견의 여행은 새로운 풍경을 찾는 것이 아닌, 새로운 눈을 갖는 것이다.** ─마르셀 프루스트

우리는 바로 눈앞에 있는 것들을 놓치고 삽니다. 평소처럼 화장실에서 양치질을 하다 고개를 들었습니다. 순간 욕실에 달린 창문을 한 번도 제대로 본 적이 없단 걸 깨달았지요. 수백 번을 드나들었는데도, 창틀에 새겨진 문양, 유리창의 무늬를 그동안 보지 못했다는 게 놀라웠습니다. 문득 궁금하더군요. 바로 내 눈앞에 있는 사람들에게서는 또 무얼 놓치고 있을지.

오늘 아침 여섯 살짜리 딸 에이다와 식사를 할 때 아이를 찬찬히 보면서 이야기를 들었습니다. 문득 가슴이 벅차올랐고 어느덧 눈물이 고였습니다. 에이다는 활기와 에너지, 투지 넘치는 아이라는 생각이 들었어요. 때로는 감당하기 벅찰 정도로요. 너무도 사랑스러운 아이였지요.

그 외에도 무언가를 마치 처음처럼 제대로 보았던 경험이 여러 번 있습니다. 집으로 돌아오는 길에 수백 번 보았던 집과 나무를 찬찬히 본 적도 있어요. 무언가를 제대로 깊이 들여다보세요. 우리 앞에 있는 것들과 연결되어 보세요.

제안 오늘 주변에 있는 것들을 알아차릴 기회를 한 번 이상 만들어 보세요. 사무실 안에서도 좋고 출퇴근길의 어떤 것이어도 좋습니다. 익숙한 점심 식사도 좋고 집 안의 화분이어도 좋습니다. 당신 눈앞에 있는 것을 새로운 눈으로, 제대로 보세요.

3월 14일

✳   **인생이란 알 수 없는 것, 변화해야 하는 것, 순간에 머무는 것, 그리고 앞으로 무슨 일이 일어날지 모르는 상태로 최대한 즐겨야 하는 것이다.**

—길다 라드너

삶은 무슨 일이 닥치건 계속 이어지는 발견의 여행입니다. 이틀 전에는 쓰러져서 후각을 잃었던 얘기를 썼지요. 당시 뇌 전문의는 후각을 되찾을 수 있을지 장담할 수 없다고, 일단 지켜보자고 했습니다. 불확실성에 부딪치는 순간 머릿속은 다양한 시나리오를 생성하더군요. 미래의 예측들은 부정적인 것이 되기 쉽습니다. 인지행동치료의 아버지 에이런 벡 교수는 이것을 '재앙화catastrophizing'라고 불렀습니다. 다시 맡을 수 없을지도 모르는 온갖 냄새들의 기억을 소환했고 불행한 앞날만 그려졌습니다. 삶의 불확실성이 커질 때, 마음이 부정적인 상상을 시작할 때, 질문을 던져 보는 것도 좋습니다. 최악의 시나리오는 무엇인가? 최상의 결과는 무엇인가? 가장 있을 법한 결과는 무엇인가?

세 가지 질문을 통해 다양한 가능성이 존재함을 알 수 있어요. 두려워하는 일들은 대부분 실현되지 않습니다. 미래를 받아들일 마음의 준비가 되어 있다면, 때로는 그저 지켜보는 것이 최선입니다. 미래의 시나리오에 집착하기보다는 지금 이 순간을 즐겨 보세요.

제안   당신의 마음이 미래로 건너뛸 때 그것이 당신의 감정, 동기, 신체에 어떤 영향을 미치는지 알아차려 보세요. 위의 세 가지 질문을 던져 보세요. 지금 할 수 있는 일이 있는지 생각해 보고 당신의 주의를 현재로 돌려 보세요. 새로운 감각과 새로운 관점으로 세상을 관찰하세요.

3월 15일

* **살다 보면 매번 두 번째 기회가 주어지는 건 아니다. 만약 주어지거든, 최대한 그 기회를 이용하라.** ─라자 샤킬 무시타크

　　무언가를 잃을 뻔한 경험 있으신가요? 저는 4년 전에 녹내장 진단을 받았습니다. 의사는 반드시 시력을 잃는다고 단정할 수는 없지만 가능성이 있다고 조심스레 말했습니다. 아이들의 얼굴을 다시는 볼 수 없을지도 모른다고 생각하니, 안 그래도 안압이 과했던 눈에 눈물이 고이더군요. 자살을 시도했다가 살아난 사람은 이전과 다르게 살아 보겠다는 결심을 하곤 합니다. 어느 생존자는 저와 상담 중, "자살까지 생각했던 삶을 되풀이하기 위해 돌아온 건 아니니까요"라고 말하더군요. 예전에는 다른 사람들의 기대에 맞추어 살았는데, 그렇게 살다 보니 자신의 삶을 혐오하게 되었다고 고백했습니다. 그는 이제 자신의 열정에 따라 살기로 마음먹었습니다. 어떻게 보면 그는 이미 한 번 죽었어요. 그러나 다행히 다시 살아났고 진정한 삶을 시작하게 되었습니다.
　　우리에겐 때로 두 번째 기회가 주어집니다. 아이가 차도로 뛰어들기 전에 아이의 손을 잡지요. 녹내장을 세심하게 추적 관찰하면 예후가 좋다는 사실도 알게 됩니다. 아직은 삶을 더 즐길 수 있다고 우리가, 혹은 우리의 삶이 말해 줍니다.

제안　오늘 당신에게 주어진 두 번째 기회를 최대한 활용하세요. 주어진 하루를 당신이 원하는 삶을 살아 볼 또 한 번의 기회로 만들어 보세요.

3월 16일

* **우리 모두의 시간이 흘러가고 있다. 남아 있는 날들을 어떻게 보낼지는 전적으로 당신의 선택이다.** —브로니 웨어

매일이 또 한 번의 기회이고, 매 순간이 또 한 번의 기회입니다. 또한 번 숨을 쉴 기회, 또 한 번 하늘을 볼 기회, 또 한 번 감사할 기회, 또 한번 다른 사람의 하루를 환하게 밝힐 기회이지요. 우리가 살아 있고 의식이 있는 한 어떤 식으로든 또 한 번의 기회가 주어집니다.

우리의 삶은 무언가를 잃을 가능성과 맞닥뜨리기 전까지 너무도 당연하게 여겨집니다. 그런 끔찍한 일이 일어날 때까지 멈춰 있지 마세요. 삶의 시계는 항상 째깍거립니다. 그 사실을 깨닫는 순간, 사람들이 기대하는 방식으로 살기보다는, 보다 용기 있게, 보다 정직하게 살아갈 수 있습니다.

제안 당신의 삶이 갑자기 끝난다고 상상해 보세요. 그 어떤 경고도 없이, 혹은 작별인사를 할 겨를도 없이, 지금 당장 그런 일이 벌어진다면 어떨까요? 세 가지 질문을 던져 보세요. 당신 삶의 어떤 면을 사랑했나요? 어떤 점이 후회스러운가요? 다시 살 기회가 주어진다면, 무얼 하고 싶은가요? 이제 당신에겐 두 번째 삶이 주어졌습니다. 어떻게 살고 싶은가요? 당신이 사랑하는 것들, 후회하는 것들, 바꿀 수 있는 것들이 무언지 생각해 보세요. 그 생각을 실천해 보세요.

3월 17일

* **내 삶의 풍파를 되돌아보니, 모세를 무덤까지 지켜 주었던 바로 그 손이 나를 무덤에서 들어 올렸네.** —리치 멀린스

인간의 공통적인 경험은 우리를 하나로 묶습니다. 살아 있는 사람은 물론이고, 죽은 사람들 그리고 아직 태어나지 않은 아이까지도.
시련이 인간의 공통적 경험임을 생각하면 위안이 됩니다. 우리의 부모들에게도 시련이 있었고, 우리의 자식들에게도 시련이 있겠지요. 비록 내용은 다르겠지만 고통은 항상 우리 삶 속에 존재합니다.
예수가 겟세마네 동산에서 십자가에 못 박힐 운명을 마주할 힘을 갈구할 때에도 그랬고, 바가바드기타◆의 전장에서 아르주나가 자기 의심에 휩싸였을 때에도 그랬으며, 싯다르타 고타마가 번뇌로부터의 자유를 찾는 여정에서도 그랬지요. 상황은 다르지만 결국 같은 이야기입니다.

제안 마음챙김과 함께 세 번 호흡해 보세요. 첫 번째 호흡에 이곳에 살았던 모든 이들과 똑같은 숨을 당신 몸에 불어넣고 있음을 알아차려 보세요. 두 번째 호흡에 당신이 겪고 있는 고통을 생각해 보세요. 일상 속에서 시련을 맞닥뜨리는 거대한 우주적 존재의 일부임을 알아차려 보세요. 세 번째 호흡에 당신이 사랑하는 것들을 떠올려 보세요. 기쁨을 누리고 교감할 수 있는 능력이 나에게 내재되어 있음을 알아차리세요.

◆ '베다', '우파니샤드'와 함께 힌두교 3대 경전으로 꼽히는 철학서.

* **숨을 들이쉬어라, 신이 당신에게 다가간다. 들이쉰 상태로 머물러라, 신이 당신 곁에 머문다. 숨을 내쉬어라, 당신이 신에게 다가간다. 내쉰 상태로 머물러라, 그리고 신에게 굴복하라.** ―티루말라이 크리슈나마차리아

예수, 클레오파트라, 셰익스피어, 잔 다르크, 아리스토텔레스, 마틴 루터 킹, 로자 파크스, 그리고 당신. 이들의 공통점은 무엇일까요? 그들 모두 같은 분자를 호흡했습니다. 통계학자들과 이론물리학자들은 우리가 숨 쉬는 바로 그 분자들이 역사상 존재했던 모든 개체의 폐를 관통했다는 가설을 제시했습니다. 호흡은 생명의 상징이지요. 호흡은 이 지상을 거닐었던 모든 살아 있는 생명체와 우리를 연결합니다. 호흡은 자아를 육체와 연결합니다. 호흡 덕분에, 정신을 영위하며 일상을 이어갈 수 있고, 이런저런 생각의 구름에 휩싸일 수 있습니다. 호흡은 마치 믿음직한 친구처럼 언제나 그 자리에 있습니다. 호흡에 연결되는 것은 곧 우리 안의 보드랍고, 안전하며, 평화로운 장소에 연결되는 것입니다. 그곳에서 우리는 아무 생각도 행동도 하지 않고, 쉴 수 있습니다.

제안 오늘은 하루 종일 당신의 호흡에 연결되어 보세요. 들숨과 날숨을 따라가며 호흡의 느낌을 알아차려 보세요. 몇 분간 숨을 길고 느리게 내쉬어 보세요. 깊고 규칙적인 횡격막 호흡을 통해 몸이 이완되고 심박과 혈압이 낮아집니다. 그다음엔 호흡의 흐름을 타세요. 스트레스 받거나, 불안하거나, 화가 나거나, 걱정될 때, 혹은 그저 지금 이 순간에 머물기 위해, 호흡법을 실천해 보세요.

3월 19일

* **끊임없이 당신을 다른 사람으로 바꾸기 위해 애쓰는 세상 속에서, 자신으로 사는 것이야말로 가장 큰 성취이다.** —랠프 월도 에머슨

저는 늘 다른 사람들이 나를 어떻게 생각할지를 우선순위에 두었습니다. 상담실 홈페이지를 처음 디자인할 때에도 사람들의 비난이 두려워 제 모습을 거의 드러내지 않았어요. "자기가 대단한 사람인 줄 아나 보네?" 따위의 말을 듣는 게 두려웠습니다. 경계를 풀고 다른 사람들에게 제 모습을 드러내는 일이 힘겨웠습니다.

내적 동기야말로 최고의 동기입니다. 어떤 행위를 하는 것 자체로 기쁨과 만족감을 느낀다는 뜻입니다. 반면, 외적 동기는 그 행위의 외부에서 오는 것으로, 돈, 지위, 다른 사람의 인정 같은 것들이 포함됩니다.

유익하지만 다소 섬뜩한 어느 연구 결과에 의하면, 외적 목표를 더 많이 성취한 사람일수록 자신의 죽음을 받아들이지 못한다고 하네요. 반대로 내적 목표를 많이 성취한 사람일수록 자신의 죽음을 더 잘 받아들이고, 죽음에 대한 불안감도 덜 하고, 더 행복하다고 합니다.

제안 천천히 세 번, 마음챙김 호흡을 해 보세요. 사람들의 기대에 집중하느라 자아를 완전히 표출하지 못하고 감추었던 일들을 떠올려 보세요. 잠시 멈추었다가 떠오른 생각들과 함께 호흡해 보세요. 어쩌면 오늘이 당신이 선택한 길로 첫발을 내딛는 바로 그날이 될 수도 있지 않을까요?

3월 20일

매 순간 진정한 자신의 모습으로 산다는 것은 용기가 필요한 일입니다. 우리는 다양한 모습의 자아를 가지고 있어요. 그 자아는 우리가 집에 있는지, 혹은 직장에 있는지에 따라 달라지고 배우자의 가족들과 함께 있는지, 동료들이나 애인 혹은 가장 친한 친구와 함께 있는지에 따라 달라집니다. 90년대 힙합 음악에 맞추어 잠옷 차림으로 춤을 추며 아내를 웃게 만드는 내가 있지만, 그런 나를 직장으로 데려가는 건 별로 좋은 생각이 아니겠지요.

자신의 모습을 완전히 드러낼 수 없는 상황들이 있는 것도 사실이지만, 삶을 너무 심각하게 받아들여서 제대로 즐기지 못하는 경우도 있습니다. 우리는 업무, 교통상황, 레스토랑 서비스, 다른 사람들의 평가, 와이파이 속도, 그리고 우리 자신을 너무 심각하게 받아들입니다. 잔뜩 긴장한 상태로 다른 사람들이 나를 보는 방식을 통제하려 하지요. 긴장을 풀고, 매 순간 삶이 주는 선물을 누려 보는 건 어떨까요. 나 자신이 삶의 흐름 자체가 되는 것이지요. 삶의 방식은 우리가 만들어 갈 수 있습니다.

제안 오늘은 웃어 보세요. 맞아요, 웃는 겁니다. 덜 심각해지세요. 자신을 가볍게 내던질 기회를 찾아보세요. 다른 사람을 희생양 삼아 농담하지 말고, 무해한 유머를 던져 보세요. 재미있는 일을 찾아 사람들과 교감해 보세요.

3월 21일

* **다른 사람을 모방하는 사람은 그 대상이 누구이건 잘못된 방향으로 가고 있는 것이다.** —존 카밧진

진정한 자신의 모습으로 살아간다는 것은 엄청난 믿음이 필요한 일입니다. 새로운 길을 개척하는 것에는 두려움이 따라오지요. 다행히도 우리에겐 안내자들이 있습니다. 그들이 거쳐 간 길을 따라 걸으며 배울 수 있어요. 그러나 그들의 행로에 지나치게 몰입하다 보면, 길에서 벗어나 숲으로 들어가게 됩니다.

한때 저는 제 할아버지 알렉 스펜서 박사를 모방하곤 했습니다. 할아버지는 50년 동안 켄터키 동부 산골 마을의 의사로 사셨어요. 항상 환자들에게 친절하고 너그러워 누구에게나 존경받는 분이었습니다. 저는 열한 살이 되었을 때, 할아버지처럼 의사가 되겠다고 결심했습니다.

나이가 들어 보니, 정작 할아버지는 그 누구도 아닌 당신 자신의 모습으로 사셨는데, 제가 할아버지를 닮으려 하는 게 아이러니라는 생각이 들더군요. 할아버지는 자신이 원하는 일을 했을 뿐이고, 다른 사람이 어떻게 생각하는지는 전혀 신경 쓰지 않았습니다. 그런 그를 모방한다는 건 어쩌면 할아버지와 무척 거리가 먼 일이었지요. 지금도 할아버지를 닮고 싶습니다. 다만, 그것이 나다운 모습이 되는 것이라는 점에서 다릅니다.

누구나 자신에게 주어진 길을 가야 합니다. 열린 마음으로, 가볍게, 실수를 저지를 땐 기꺼이 웃어넘기면서, 진정한 자신의 모습으로 말입니다.

제안 잠시 시간을 갖고 당신을 당신일 수 있게 하는 재능, 버릇, 욕망, 습관을 생각해 보세요. 오직 당신 자신의 모습이 될 공간을 만들어 보세요.

3월 22일

물이 없다면 우리는 어디에 있을까요? 이 글을 입력하는 순간, 가습기가 공기 중에 수증기를 분사해서 사무실 습도를 8퍼센트 높여 주고 있습니다. 책상 위에는 따뜻한 차와 물이 놓여 있습니다. 아래층 화장실에서는 물이 배설물을 흘려보내 주고, 물이 있어 손을 닦을 수 있어요. 오늘 아침 샤워하고 면도할 때에도 더운 물을 사용했습니다. 저녁에는 빨래도 한 번 돌릴 생각이고요. 야채를 물로 씻을 것이고, 물을 넣어 음식을 만들 것이고, 사용한 그릇을 물로 헹구고 닦겠지요.

물은 다양한 용도로 쓰입니다. 얼음은 우리가 마시는 음료수를 시원하게 하고, 가습기가 내뿜는 수증기는 아이들의 기침감기를 완화시키지요. 하늘에서 얼어붙은 물이 떨어지기도 하는데, 그럴 때면 아주 장관입니다. 물이 없다면, 잠잘 때 들리는 빗소리도 없고, 웅장한 폭포도 없고, 무지개도 없겠지요. 그런데도 물은, 우리가 숨 쉬는 공기처럼 늘 있기에 당연하게 여겨집니다. 공기가 그렇듯이 물도 우리의 생명을 유지할 수 있게 합니다.

제안 물의 다양한 형태를 알아차려 보세요. 물을 보고, 느끼고, 맛보고, 귀 기울여 보세요. 냄새를 맡을 일은 없어야 할 텐데요. 물이라는 축복을 즐겨 보세요.

3월 23일

* **삶을 충만하게 사는 데 실패한 사람일수록 죽음을 두려워한다.** ─어빈 디
알롬

우리가 상황에 희망적이건 절망적이건 결과에는 아무 영향이 없습니다. 마침 그 진리를 받아들일 기회가 생겼어요. 이번 주 초 혈액검사를 했는데 검사 결과가 나왔으니 병원으로 오라는 전화가 왔어요. 가슴이 철렁하더군요. 대체 어떤 나쁜 소식인지 결과를 당장 알고 싶어 다음 날 아침에 가겠다고 했습니다. 하지만 사흘 뒤에야 예약할 수 있었어요.
전화를 끊고 잠시 마음이 어수선했습니다. 암일까? 자가면역질환일까? 아이들이 아버지 없이 자라게 되는 건 아닐까? 떠오르는 우려를 뒤로한 채, 의식적으로 미소를 지어 보았습니다. 두려움이 잦아들었고, 설령 결과가 나쁘더라도, 곧 괜찮으리란 걸 알았습니다. 어떤 결과가 나올지 몰라서 두려웠던 것이었어요. 미소를 지으며 불확실한 미래를 포용하는 순간, 똑같은 상황이 좀 더 가볍게 느껴졌고, 심지어 조금은 설레고 재미있기까지 했습니다. 대체 무슨 얘기를 듣게 될지 도무지 감이 안 잡히네! 참나!
알 수 없는 병과 아이들을 두고 떠나는 두려움에 사로잡혀 있었다면 무기력했겠지만, 그날 저녁 가족들과 함께 삶에 흠뻑 취했습니다. 사흘 뒤 무슨 소식을 듣게 될지는 알 수 없지만, 적어도 노래 가사처럼, 나의 영혼은 편안하니까요. 마치 영원한 삶을 얻은 것 같았습니다.

제안 결과에 대한 두려움에 주의가 집중될 때, 현실 세계로 돌아오는 유용한 방법을 찾아보세요. 미소를 지어 보세요. 사실이 아닌 것들을 놓아 버리세요. 불확실성을 포용하세요. 심호흡하세요. 다시 삶으로 돌아오세요.

3월 24일

* **매일 아침 눈을 뜨면 나는 기쁨, 행복, 부정적인 생각, 고통을 선택할 수 있다.** —케빈 어코인

런던이 테러 공격을 당했습니다. 자주 있는 일은 아니지만, 이런 끔찍한 일들이 실제로 일어나는 것이 현실입니다. 모든 나라가 저마다 깊은 상처가 있어요. 이제 우리는 어떻게 해야 할까요? 두려움에 압도당해야 할까요? 인류에 대한 희망을 잃고 암울한 미래에 절망해야 할까요? 프랑스 테러 공격에서 아내를 잃은 앙투안 레리의 글이 우리가 가야 할 길을 비추어 줍니다. 그가 테러 책임자들에게 보낸 공개서한의 일부입니다.

"지난 금요일 밤 당신들은 나에게 특별한 존재, 일생일대의 사랑, 내 아이의 어머니를 빼앗아 갔지만 나는 당신들을 증오하지 않습니다. 당신들은 내가 두려워하기를, 자국민을 불신하기를, 안전을 위해 내 자유를 희생하기를 바라겠지요. 하지만 당신들이 졌어요. 이제 나와 나의 아들 두 사람뿐이지만 우리는 이 세상의 모든 군대를 합친 것보다 강합니다. 나에겐 당신들을 위해 바칠 시간이 남아 있지 않아요. 나의 아들과 평생 행복하고 자유롭게 사는 것으로 당신들을 위협할 것입니다."

상상조차 할 수 없는 끔찍한 일이라도, 슬픔으로 비탄에 빠졌어도, 앞으로 나아가는 길을 찾을 수 있습니다.

제안   세계 곳곳에서 일어나는 재앙은 이 순간 깨어 있고 충만하게 살아가야 한다는 사실을 일깨워 줍니다. 살아 있는 것만으로도 감사할 수 있습니다.

3월 25일

* **육체가 더 이상 날 지탱하지 않을 때, 마침내 내가 자유로워질 때, 나는 과연 준비가 되어 있을까?** —에이빗 브라더스

언젠가 죽는다는 걸 알면서도 영원히 죽지 않을 것처럼 살고 있어요. 생명 없는 나의 육체가 관 속에 혹은 화장장에 누워 있는 건 불가능한 일처럼 느껴집니다. 끔찍하거나 있을 수 없는 일처럼 느껴져서 그런 건 아니에요. 아마도 내가 없는 나의 삶을 상상하기 힘들기 때문일 거예요. 우리는 삶의 모든 풍경을 1인칭 시점으로 봅니다. 시리즈 영화처럼 주인공을 죽일 수는 없는 노릇이니까요. 이 영화에서 우리가 맡은 역할은 주연이 아니라 단역이라는 것을 인식하지 못합니다.

우리에겐 기본적으로 죽음에 대한 두려움이 있어요. 숨 쉬는 것이나 잠자는 것처럼 자연스러운 일을 왜 두려워할까요? 모든 짐을 내려놓은 상태의 편안한 휴식을 기대할 수도 있지 않을까요? 죽음은 차가운 암흑 속의 잠일 수도 있고, 영원한 삶일 수도 있습니다. 우리가 사랑했던 모든 것들과의 재회일 수도 있고, 전혀 다른 존재로 다시 태어나는 것일 수도 있습니다. 죽음을 포용하는 마음으로 접근해 볼 수는 없을까요? 감사의 마음을 가져 볼 순 없을까요? 오직 산 자만이 죽을 수 있으니까요.

제안 오늘 죽음과 마주해 보세요. 거울에 비친 당신의 몸과 얼굴을 보세요. 언젠가 당신의 영혼이 육체를 떠난다는 사실을 기억하세요. 오늘 하루 당신이 만나는 모든 사람들이 죽는다는 사실을 생각하세요. 그리고 지금 이 순간 살아 있음을 느껴 보세요.

3월 26일

* **사랑이야말로 우리의 진정한 운명이다. 혼자 힘으로는 삶의 의미를 찾을 수가 없다. 다른 사람들과 함께 찾아야 한다.** —토머스 머튼

　삶의 가장 행복한 순간들을 돌이켜보면, 항상 누군가와 함께 있었습니다. 결혼식, 휴가, 형제들과 웃고 농담하는 시간, 공원 벤치에서 팔라펠◆을 먹으며 세스와 얘기하던 시간, 친구들과 땅콩버터 컵케이크를 만들던 시간. 누군가와 함께할 때 기쁨은 더욱 커집니다. 스포츠 경기나 콘서트를 단체로 관람하는 것이 그토록 짜릿하게 느껴지는 것도 바로 그런 이유겠지요. 그런데도 인간관계를 당연한 것으로 여겨 소홀하기 쉽습니다. 감사를 표현하는 걸 잊어요.

얼마 전에 은퇴를 앞둔 분과 얘기를 나누었습니다. 평생 수많은 나라의 수많은 도시에서 일했다는 그는 일 때문에 친구들과 소원해진 것을 무척 안타까워했습니다. 우정을 방치하고 지키지 못한 것을 가장 후회했습니다.

제안　소중한 사람에게 연락해 보세요. 전화, 문자, 편지, 이메일로 관심을 표현해 보세요. 직장 동료와 커피 한잔을 하는 것도 좋습니다. 명상 혹은 기도를 통해 예수, 붓다 같은 영적 지도자들에게 다가가 보는 것도 좋습니다. 현재의 누군가이건, 과거의 누군가이건, 살아 있는 사람이건 죽은 사람이건, 손을 내밀어 보세요. 그들에게 당신의 사랑을 보여 주세요.

◆　병아리콩이나 잠두를 갈아 공 모양이나 동글납작하게 빚어 튀긴 중동의 음식.

3월 27일

---

* **누구나 살다 보면 어느 때고 내면의 불이 밖으로 번진다. 그 불은 또 다른 인간과 만나는 순간 불꽃으로 타오른다. 우리의 영혼에 불을 지펴 주는 그들에게 감사해야 한다.** ─알베르트 슈바이처

사람들은 한 편의 시로, 한 편의 영화로, 한 권의 책으로, 혹은 말과 손길로 서로 활력을 주고받습니다. 오래전 메인주에 살 때 깊은 우울에 빠지게 한 일을 겪었고 더 이상 살고 싶지 않았습니다. 마르시아는 침대에 축 늘어져 있던 나의 상태를 걱정했습니다. 근처에 있던 아카디아 국립공원에 등산을 가자고 했을 때 전혀 내키지 않았어요. 결국 마르시아는 말 그대로 나를 침대 밖으로 끌어내야 했지요.

우리는 등산로 초입에 이르렀습니다. 초여름 햇살 속에서 모든 감각이 살아나는 것 같더군요. 숲속 땅에서 썩어가는 낙엽의 싸한 냄새와 시냇물을 따라 불어오는 상쾌한 바람 냄새를 맡았습니다. 개똥지빠귀 소리가 때때로 끊어 놓는 정적의 소리도 들었고요. 발에 닿는 단단한 흙의 감촉도 느껴 보았습니다. 가슴 저리도록 아름다운 숲의 풍경이었어요.

숲길을 걸으며 슬픔을 털어냈습니다. 나는 한평생을 함께하기로 약속한 사람과 함께 걷고 있었습니다. 그녀는 나를 비참한 상태에서 끌어냈습니다. 그녀는 평생을 함께하겠다는 약속을 그렇게 지켰습니다. 그녀가 내 삶을 되찾아 주었습니다.

제안 다른 사람을 통해 삶의 활기를 되찾아 보세요. 좋아하는 음악을 들어도 좋고, 의미 있는 책을 읽어도 좋고, 친구나 가족에게 전화를 해도 좋습니다. 당신의 밖에 있는 것 무엇이든 좋습니다.

* **다른 사람이 행복하기를 원한다면 연민을 베풀어라. 자신이 행복하기를 원한다면, 연민을 베풀어라.** —달라이 라마

얼마 전에 만난 내담자의 어린 아들은 집중치료실에 있었습니다. 아이는 몸에 많은 주사 줄을 주렁주렁 달고 있는데도 평온해 보였습니다. 아이의 예후는 불확실했고, 어머니는 그야말로 하루하루 버티고 있을 뿐이었지요. 다음 날 무슨 일이 일어날지 상상하는 것조차 버거웠습니다. 힘겨운 시간을 어떤 방식으로 견뎌내느냐 물었더니 첫째 딸의 이름을 대더군요. 어린 딸 때문에 아침에 일어나고, 식사를 준비하고, 집을 나설 수 있다고 했습니다. 자신의 관심을 딸에게 돌릴 수 있어서 다행이라고요. 딸을 돌보아야 한다는 생각이 예측할 수 없는 그녀의 삶에 일종의 규칙을 부여했고, 혼돈 속에서도 정신을 차리도록 도왔습니다. 아이러니하게도, 그녀에게 가장 의존하는 사람이 그녀에게 가장 큰 힘을 주었던 것이지요.

다른 사람들로부터 사랑받아야만 행복한 거라고 생각한다면 큰 그림을 놓치는 거예요. 충만감을 느끼고 싶다면 우리도 사랑을 주어야 합니다. 타인에게 진심으로 베풀 수 있을 때 스스로 좋은 감정을 갖게 되고, 다른 사람들도 우리에게 친절을 베풀게 됩니다. 아주 사소한 일이라도 괜찮습니다. 마더 테레사가 말했듯이, 커다란 사랑으로 작은 행동을 실천해 보세요.

제안 오늘 당신의 사랑을 보여 주세요. 당신이 지치고 불안하고, 우울하고, 위축되어 있을 때야말로 사랑을 베풀기 가장 좋은 때입니다. 마음속에 기쁨이 넘쳐난다면, 그 기쁨을 나누어 보세요. 사랑하는 것이 어떤 기분인지 알아차려 보세요. 좋은 하루 되시기를.

3월 29일

* **우리는 나중이 아닌 바로 지금, 자신을 배우고 알기 위해 여기 있습니다. 그러니 있는 그대로의 모습으로 사세요. 자신의 모습에 기꺼이 마음을 여는 것, 그렇게 온전하게 깨어 있는 것이 바로 기적입니다.** —페마 초드론

마음챙김을 실천하는 것은 순수하고 올바른 것, 심지어 고결한 것이라고 생각할 수도 있습니다. 화가 나거나, 혐오감을 느끼거나, 초조하거나 두려울 때면 그런 자신을 '고쳐야' 한다는 생각이 들지요. 마치 부정적인 감정에 사로잡혀 있는 동안, 여기가 아닌 어딘가에 삶의 신성함이 있는 것처럼 말이에요.

현재에 머무는 것이 항상 반듯하고 매끄러울 수는 없습니다. 우리의 존재는 그 자체로 온갖 혼란과 복잡성을 지니고 있으니까요. 그러나 우리가 있는 바로 그 자리에서도 삶의 신성함을 발견할 수 있어요. 지금 이 순간에 머물기 위해 반드시 어떤 상태가 되어야 할 필요는 없습니다. 지금 그 자리에 머물러 보세요.

제안 오늘 괴로워하는 자신의 모습을 마주하게 된다면, 연민으로 자신을 바라보세요. 내키지 않을 때조차도 전부 다 받아들이세요.

3월 30일

* 그날이 오리니,

  설레는 마음으로 문 앞에 선 당신, 거울 속의 당신을 반기는 그날이.

  그날 서로를 반기며 미소 지으리.

  그리고 말하리. 여기 앉으세요. 드세요.

  그렇게 당신 자신인 낯선 이를 다시금 사랑하게 되리니. —데릭 월컷

평소보다 피로한 상태로 잠에서 깨어날 때가 있습니다. 몸 상태가 썩 좋지 않아서, 전력투구를 하거나 최고의 기량을 발휘할 의욕이 없습니다. 간밤에 잠을 설쳤을 수도 있고, 병에서 회복되는 중일 수도 있습니다. 그저 생각이 많은 것일 수도 있고요. 그럴 때면 마음을 열고 현재의 상태를 받아들이세요. 힘이 나지 않아도 괜찮다고요.

매 순간 있는 그대로 받아들이면, 조금 기운이 없어도 평온한 하루를 보낼 수 있습니다. 기대를 버리고 자신에게 너그러워지세요. 하루 종일 따스한 목소리로 자신을 응원하세요.

제안 친절, 연민, 용서, 사랑, 격려의 목소리를 내어 보세요. 이 목소리가 하루 종일 당신을 따라다니며 당신을 보살필 거예요. 그 목소리는 당신의 목소리처럼, 혹은 당신이 사랑하는 사람의 목소리처럼 들릴 거예요. 푸근하고 지혜로운 당신의 할머니가 무슨 말을 해 줄지 상상해 보아도 좋습니다. 때로는 좀 거칠고 매정한 목소리가 들릴 거예요. 그래도 괜찮습니다. 그 소리에 인사를 건네고 당신의 가장 열렬한 팬에게도 몇 마디 할 기회를 주세요. 그 따스한 목소리가 오늘 하루 당신을 보살피게 하세요. 혹시 모르잖아요. 두 목소리가 힘을 합칠지도.

3월 31일

* **삶의 불안을 정복하고 싶다면 매 순간, 매 호흡 속에 살아라.** —아미트 레이

우리가 살아 있는 한, 호흡은 언제나 자신과 다시 연결되는 중요한 도구가 될 수 있습니다. 호흡 명상이라고 하면 오랜 시간이 걸릴 거라고 생각하지만, 짧은 시간 호흡에 집중하는 것만으로도 긴장, 두려움, 회한, 자신에게 도움이 되지 않는 모든 생각들을 떨쳐 낼 수 있어요.

저는 이 명상법을 친구에게서 처음 배웠습니다. 그 친구에겐 큰 수술을 앞둔 어린 아들이 있었어요. 그녀는 하루에 몇 번씩 이 명상을 통해 자신이 통제할 수 없는 상황의 두려움과 불확실성을 다스렸다고 하더군요. 마음이 우리를 바닥으로 끌어낼 때마다 다시 호흡으로 돌아와야 합니다.

삶의 다양한 영역에서 호흡을 이용해 보세요. 지금 이 순간, 나의 호흡으로 돌아오니, 손끝에 닿는 자판, 나의 자세, 내 팔꿈치가 닿는 지점이 더욱 생생하게 느껴집니다. 오늘 밤엔 내 아이의 눈동자, 볶은 양파 냄새, 잠드는 순간 머리를 받쳐 주는 베개를 느껴볼까 합니다. 호흡으로 돌아가는 것은 삶으로 돌아가는 것입니다.

제안 타이머로 1분을 맞추세요. 1분 동안 천천히 호흡하면서 모든 들숨과 날숨을 세어 보세요. 1분이 지나면 당신이 센 숫자를 기억하세요. 오늘 걱정을 떨쳐 버리거나 현재로 돌아와야 할 때 당신이 센 숫자만큼의 호흡을 다시 해 보세요.

"정원을 가꾸는 일처럼
삶을 가꾸는 일에도 믿음이 필요합니다."

4월

4월 1일

*   **닥치는 대로 상황을 받아들여라.** —독일 속담

침대 가장자리에 앉았는데, 머리가 빙빙 돌았습니다. 알고 보니 제 침실이 아니더라고요! 소시지같이 생긴 닥스훈트 두 마리가 발치에 앉아 있더군요. 일어났더니 술에 취한 것처럼 어지러웠어요. 하지만 지난 5년 동안 술은 입에도 안 댔거든요. 이게 대체 어떻게 된 일일까요?
마지막 기억이 런던에서 참석한 요리 행사인데, 옆자리에 아주 재미있는 독일인 부부가 앉았어요. 몸에 좋다는 맛있는 허브 음료를 몇 병 가지고 왔더군요. '예거마이스터'◇라는 허브 음료를 네 병째 마시고, 어렴풋이 의료처치를 받으려고 기다렸던 기억이 있어요. 침실에서 나와 거실에 들어서니 벽난로 위에 어제 만난 독일인 부부와 세 아이들의 사진이 있었어요. 어찌나 안심이 되던지! 기억을 더듬어 그들의 이름을 생각해 보았습니다. 해리였던가? 아니, 헤겔? 아니, 한스? 맞아, 한스! 휴대폰을 들고 연락처를 훑어보았습니다. 그제야 한스의 전화번호가 목록에 없다는 사실을 기억했습니다. 만우절입니다! 영국식으로는 4월 바보의 날이지요. 이 괴상한 이야기가 바로 저의 만우절 거짓말이에요. 처음 생각했을 땐 아주 재미있을 것 같았다구요….

제안   만우절의 정신을 이어받아 가벼운 장난을 즐겨 보세요. 친구들과 한두 번의 장난으로 이 축일에 동참해 보세요. 즐거운 시간이 되길 바랍니다. 예거마이스터는 조심하세요.

◇   56가지의 허브와 향료를 섞어 만든 독일의 술로 알코올 도수는 35도이다.

4월 2일

* **과거에 저지른 실수의 폭압으로부터 벗어나기란 어려운 일이지만 그래도 노력해 볼 가치는 있다.** —스티브 구디어

잘못을 인정하되 자신을 책망하지 않기란 힘들죠. 어제 두 살배기 딸 페이를 데리고 볼일을 보러 나갔습니다. 예상했던 대로 딸이 카시트에 혼자 타겠다고 고집을 부렸어요. "셋 셀 때까지 못 하면 아빠가 도와줄 거야." 페이는 몸을 돌려서 혼자 카시트에 앉아 보려 했지만 잘 되지 않았고 그때 저는 이미 셋을 세고 있었습니다. 페이를 안아서 앉힌 다음 안전벨트를 채워 주었지요. 그러자 페이가 울기 시작했고, 저는 아빠가 허락할 때 혼자 타야 하는 거라고, 되지도 않는 설득을 하고 있었어요.

얼마 후 시간이 좀 걸리더라도 참아줄 걸 그랬다는 생각이 들더군요. 은행 일을 마치고 페이가 또다시 카시트에 혼자 타겠다고 했고, 이번에도 역시 성공하지 못했습니다. 하지만 저의 반응을 바꿔 보려 결정했고 이번에는 이렇게 말했습니다. "거의 성공이네! 다시 한 번 해 볼래?" 페이가 미소를 지으며 고개를 끄덕였습니다. 한 번 더 그 작은 몸을 움직여 시도했고, 이번엔 성공이었어요.

우리는 실패하고도 실패자가 되지 않을 수 있습니다. 남을 실망시키고도 실망스러운 사람이 되지 않을 수 있어요. 완벽하지 않아도 괜찮다는 걸 믿으세요. 스스로에게 정직해지기가, 기꺼이 다시 한 번 도전해 보기가 훨씬 쉬워집니다.

제안 오늘 자신이 부족하다 느껴질 때, 연민의 목소리로 말을 걸어 보세요. 자신에게 작은 친절을 베푼다면 기꺼이 다시 해 볼 수 있습니다.

4월 3일

* **삶이 말을 할 때면, 모든 바람이 글이 되고… 삶이 저만치 걸어올 때면, 앞 못 보는 이조차도 그를 목도하고 놀라며, 경외와 감탄 속에서 그를 따라나 선다.** ―칼릴 지브란

어젯밤 일을 마치고 집으로 걸어가다가 그림 같은 하늘을 보았습니다. 마치 화가가 분홍색, 빨간색, 파란색 물감을 캔버스에 뿌려 놓은 것 같더군요. 잠시 걸음을 멈추고, 그 자리에 서서 그저 하늘을 바라보았어요. 나를 둘러싼 찬란한 세상을 바라보면서 경외심과 겸허함을 느꼈습니다. 버클리 대학 연구원들이 인간이 경외심을 느끼는 순간에 대해 연구했습니다. 경외심을 느낀다는 것은 인간이 이해할 수 있는 범위를 초월한 거대한 존재를 느끼는 것이지요. 시스티나 성당을 처음 볼 때나 일상 속에서 아이가 웃는 모습을 바라볼 때, 밤하늘에 흩어진 별들을 볼 때처럼 특별한 순간에서 느낄 수 있는 감정입니다.

연구에 의하면 경외심을 느낄 때, 우리는 덜 자만하게 되고 더 겸손해집니다. 그리고 보다 큰 놀라움, 호기심, 행복을 느낍니다. 어려움에 처한 사람을 도울 확률도 높아집니다. 눈을 크게 뜨고 우리를 둘러싸고 있는 이 놀라운 세상에 주의를 기울이기만 하면 되는 일입니다.

제안 잠시라도 멈추어 서서 당신을 둘러싼 세상을 바라보세요. 삶을 받아들이세요. 육체를 벗어나 의식을 팽창시켜 보세요. 지금 이 순간에 머물며 우주의 거대한 그림 속에서 당신의 위치를 느껴 보세요.

4월 4일

감사는 평범한 날을 추수감사절로, 반복되는 일을 기쁨으로, 평범한 기회를 축복으로 바꾼다. ─윌리엄 아서 워드

속도를 늦추고 주의를 기울여 보면 우리가 가진 것에 감사하게 됩니다. 얼마 전에 만난 내담자는 건강상의 이유로 짧은 거리밖에 걷지 못하게 되어 일상이 크게 바뀌었습니다. 더 이상 가족들과 등산을 갈 수도 없고 식물원을 천천히 둘러볼 수도 없었어요. 계단은 말할 것도 없고 아무리 조심해도 갑자기 엘리베이터가 고장 나는 불쾌한 상황을 피할 수 없고요. 사람을 만나는 일정도 자신의 제약을 이해해 주기를 바라며 세심하게 잡아야 했습니다.

위층에서 필요한 물건을 가지러 올라갈 수 있고, 엘리베이터가 고장 나면 계단으로 올라갈 수 있고, 낯선 곳이라도 가까운 거리라면 걸어갈 수 있는 다리가 있다는 건 얼마나 큰 축복인가요. 심지어 걸을 수가 없다고 해도 우리에겐 다른 능력들이 있습니다. 당연하게 여기는 능력들이지요.

평소에 감사할 줄 모른다는 사실을 깨닫는 순간 그런 자신을 비난하곤 합니다. 그러나 좀 더 자신에게 다정하면 어떨까요? 평소 감사할 줄 모른다는 걸 인정한다고 해서 우리가 나쁜 사람이 되는 건 아니에요. 그저 "감사합니다"라고 말하면 됩니다.

제안 당신이 걸을 수 있다면, 오늘 두 다리로 할 수 있는 모든 일들을 의식하는 연습을 해 보세요. 걸을 수 없다면 보는 것, 손을 움직이는 것과 같은 다른 능력들을 의식해 보세요. 어쩌면 우리에게 육체가 있고 이 육체를 사용할 수 있다는 경외심에 가까운 감정을 느끼게 될 것입니다.

4월 5일

* **그 사람의 관점으로 생각해 보기 전에는, 그의 몸속에 들어가 그 속을 돌아다녀 보기 전에는, 결코 그를 제대로 이해할 수 없다.** —하퍼 리

친한 친구나 사랑하는 가족이 괴로워하면 그를 아끼는 마음에서 '지혜의 말'을 건네고픈 유혹을 느낍니다. 도움이 될 때도 있지만 때로 듣는 사람은 제대로 이해받지 못한다고 느낄 수도 있습니다.

대부분의 경우 우리가 할 수 있는 일 중에 가장 도움이 되는 일은 그저 들어 주는 것입니다. 누군가 내 말을 들어 주고 공감해 주는 그 자체에 엄청난 위력이 있습니다. 누군가 내 말을 들어 줄 때, 우리는 스스로를 가치 있는 존재, 소중한 존재, 이해받고 존중받는 존재라고 느낍니다. "네 의견을 듣고 싶어"라고 말해도 사실은 "그 어떤 판단도 하지 않고 내 얘기를 들어 주었으면 좋겠어"의 의미인 경우도 종종 있어요. 아내와 8년을 함께 살았는데도 그 사실을 자주 잊습니다. 아내의 이야기를 들어 주기만 했는데도 아내의 기분이 한결 나아진 경우가 수없이 많은데도 말이에요. 심각한 문제도 이해받고 공감받는다고 느껴지면 별것 아닌 일이 되기도 합니다. 내가 할 수 있는 일은 그저 해결사의 감투를 벗고 이야기를 들어 주는 것뿐이었습니다.

제안 오늘 다른 사람의 이야기에 귀를 기울여 보세요. 사랑하는 사람이어도 좋고 전화를 걸어 온 친구여도 좋습니다. 카페의 바리스타여도 좋고, 직장 동료여도 좋습니다. 당신이 만나는 사람 누구이건 그들에게 충분한 관심과 보살핌을 표현하세요. 몇 분이라도 그들의 눈으로 세상을 바라보세요.

4월 6일

* **자기애는 자신의 결함을 무시하는 것이 아니다. 자기애는 깨어 있음을 확장하여 자신의 장점과 단점을 모두 포용하는 것이다.** —버로니카 투가레바

대부분 사람들은 자신의 부족한 점에 집중하며 그것을 바꾸고 싶어 합니다. "5킬로그램만 살을 빼고 싶어.", "좀 더 인내심이 있었으면.", "운동을 꾸준히 다니고 싶은데." 저는 다른 사람들 얘기를 잘 들어 주지 못할 때마다 스스로를 질책합니다. 그런 저의 부족한 점이 사실 완전한 골칫거리가 되지는 않는다는 걸, 여섯 살짜리 딸을 유치원에 데려다주다 알게 되었습니다. 워낙 수다쟁이라 딸아이 얘기를 듣다 보면 어느 순간 딴생각을 하곤 해요. 그런데 아이의 의식의 흐름에 주의를 기울였더니, 아이가 무지개빛 그림자를 보고 싶다고 생각하는 것, 두 개의 작은 숲이 살랑살랑 부딪치면 큰 숲이 된다고 믿는 것을 알게 되었어요. 당신도 잘 들어 주는 사람일 수 있습니다. 주변 사람들과 깊이 교감하는 능력이 있는 사람일 수도 있고요.

긍정 심리학에서는 스물네 가지의 바람직한 성향을 규명했습니다. 바로, 심미안, 용기, 창의성, 호기심, 공정성, 용서, 감사, 정직, 희망, 겸손, 유머, 판단력, 친절, 리더십, 사랑, 학구열, 지혜, 인내심, 신중함, 절제력, 사회성, 영성, 협동심, 열정입니다. 자신이 지닌 장점에 맞게 살아간다면, 비록 결함이 있어도 완전할 수 있습니다.

제안 당신에게 해당되는 장점 서너 가지를 위에서 골라 보세요. 장점을 종이에 적어 오늘 하루 종일 들고 다녀 보세요. 당신이 지닌 가장 훌륭한 자질을 실천하는 즐거움을 누리세요.

4월 7일

* **많은 사람들이 두 십자가 사이에 자신을 매단다. 과거에 대한 후회와 미래에 대한 두려움 사이에.** —풀턴 아워슬러

'만약에'는 엄청난 고통을 유발할 수 있는 말입니다. 인간관계에서 실수를 저지르고 후회하는 경우가 많죠. 하지 말았어야 할 말들을 친구와 가족에게 했고, 용감하게 뛰어들지 못해 기회를 놓쳤어요. 실수를 통해 배우는 건 중요하지만, 자칫하면 지나치게 자신을 학대하게 될 수도 있습니다. 지금 우리가 지니고 있는 소중한 시간을 수치심이 앗아갈 수도 있어요. 그렇다면 후회하는 마음을 어떻게 떨쳐 내야 할까요?

자신을 용서해야 후회를 거둘 수 있어요. 비난이 살아 있으면 용서가 죽습니다. 용서는 오직 이해하는 마음속에서만 흐르니까요. 우리는 매 순간 최선을 다하며 살고 있어요. 끝난 인간관계를 되돌아보면서 이기적인 사람이라고 자신을 비난하는 대신, 그때는 감정을 다스리는 기술이 좀 부족하다고 생각할 수도 있지 않을까요?

자신을 받아들인다고 해서 책임이 사라지는 것은 아닙니다. 그러나 자신의 부족한 점을 성격이 아닌 기술로 여긴다면 자책하는 마음을 털어내기가 수월하겠지요. 향후에 더 나은 행동을 하기 위해 어떤 기술을 습득해야 하는지 생각해 보면 됩니다. 지금 이 순간에 두 발을 단단히 딛고 서야만 비로소 성장할 수 있습니다.

제안 자신에게 완전히 솔직해 보세요. 아직도 지난날의 후회를 붙잡고 있진 않나요? 자신을 용서할 수 있나요? 과거를 놓을 수 있나요? 자유롭게 현재를 살 수 있나요?

4월 8일

* **그러므로 여러분은 지금도 그렇게 하는 것과 같이, 서로 격려하고, 서로 덕을 세우십시오.** —데살로니가전서 5장 11절

　잠시 하던 일을 멈추고 당신이 깊이 사랑하는 사람을 생각해 보세요. 형제여도 좋고 연인이어도 좋고 자녀여도 좋습니다. 그 사람의 가장 훌륭한 점은 무엇인가요? (필요하다면 4월 6일 자의 장점 목록을 확인해도 좋습니다.) 그 사람이 최근에 자신의 장점을 발휘한 것이 언제인지 떠올려 보세요. 얼마 전에 딸 에이다를 유치원에 데려다 준 일이 떠오르네요. 축축하고 바람 부는 쌀쌀한 아침인데도 손을 잡고 걷는 동안 에이다의 활기찬 열정은 잦아들 줄 몰랐습니다.

자신의 장점에 부정적인 측면이 있듯이, 우리가 사랑하는 사람들의 장점도 마찬가지입니다. 내다 버린 봉제인형을 다시 달라고 떼를 쓸 때보다, 사랑한다고 표현할 때, 에이다의 솔직한 감정표현에 감사하게 됩니다. 당신이 좋아하는 바로 그 장점이 때로는 당신을 화나게 합니다. 그의 안정감이 좋아서 이끌렸지만 어느 순간 따분하게 느껴져요. 그의 자제력이 존경스러웠는데, 그래서 뻣뻣하게 느껴지고요. 유난히 창의적인 아이는 독창적이기에 규율을 지키는 것을 힘들어합니다. 우리가 불평하는 바로 그것이 그 사람을 멋지게 만들어요. 바로 그것이, 그들을 그들이게 합니다.

제안　사랑하는 사람이 장점을 발휘하는 순간을 알아차려 보세요. 그들의 가장 훌륭한 점을 부각시키고 그 점을 일깨워 주세요. 당신을 화나게 하는 면이 있다면, 혹시 그것이 동전의 양면은 아닌지 생각해 보세요. 한 사람을 알아가는 충만한 경험을 즐겨 보세요.

4월 9일

오늘 누구와 함께 잘 건가요? 이 정도 사적인 질문은 해도 무방할 정도로 우리가 오래 알고 지낸 사이인 거 맞죠?

왜 그걸 물었냐면요. 어젯밤 늘 그렇듯이 옆에 아내 엠마가 누워 있었습니다. 그런데 암센터 국장, 수술 관리부장, 상담 관리부장도 같이 있었어요. 세 사람은 곧 진행할 인터뷰 패널들입니다. 어젯밤 침대에 누워 있을 때 마음이 앞질러 가는 바람에 그 사람들을 잠자리로 끌어들였던 겁니다.

밤이 되면 우리의 정신은 거의 고갈됩니다. 긴 하루를 보낸 마음이 온갖 생각들에 휘둘립니다. 마음챙김은 그러한 휘둘림을 알아차리고 침착하게 그 휘둘림을 인정한 다음 다시 현재로 주의를 돌리는 것입니다. 마음챙김은 명상 중에 실천해 볼 수도 있고, 생활 속에서 자유롭게 실천해 볼 수도 있어요. 마음챙김은 집중력을 향상시킵니다. 운동을 하거나 새로운 악기를 배울 때와 마찬가지로 마음챙김도 시간이 필요한 일이에요.

제안 당신의 주의를 끌어 보려는 생각들을 다만 알아차려 보세요. 생각들을 쫓아갈 것인지, 현재로 당신의 주의를 돌려놓을 것인지 결정하세요. 호흡을 이용하여 지금 이 순간에 닻을 내려 보세요. 올라갔다 내려오는 복부에, 혹은 당신의 숨소리에 주의를 집중해 보세요.

4월 10일

* **세상의 빛 속으로 나아가,**
  자연이 너의 스승이 되게 하라. —윌리엄 워즈워스

과학자들은 감각기관을 통해 우리가 흡수하는 정보의 85퍼센트 정도가 시각을 통한 것이라고 보고 있습니다. 어제 아내와 아이들과 함께 근처 수목원의 언덕을 오를 때, 시각적 경험을 또렷하게 인지했습니다. 색상, 형태, 질감, 움직임을요. 빛이 없었다면 우리에겐 시각이라는 개념 자체가 없었겠지요.

빛의 영향력은 우리의 시각에 국한되지 않습니다. 기분에도 영향을 미칩니다. 밤과 낮의 기분이 다른 것이야말로 뚜렷한 증거라고 말할 수 있어요. 흐린 날에는 기분이 가라앉고, 화창한 날에는 기분이 들뜨지요. 동이 틀 때 햇살이 들판을 가로지르며 긴 그림자를 드리우는 광경은 특별한 감정을 불러일으킵니다. 하루가 저물어갈 무렵의 장밋빛 황혼도 그렇고요.

어둑어둑한 방 안은 조명이 켜지는 순간 완전히 바뀝니다. 하루를 시작하며 커튼을 열어젖힐 때도 그렇고요. 초의 불빛이나 포근한 램프의 불빛이 만드는 분위기를 백화점의 차가운 형광등과 비교해 보세요. 빛이 없으면 무지개도, 일몰도, 사랑하는 사람의 얼굴도 없습니다. 공기가 그렇듯이 우리에게 빛이 있다는 게 얼마나 축복인가요?

제안 이른 아침부터 잠자리에 들며 불을 끌 때까지, 다양한 빛에 관심을 가져 보세요. 태양의 빛을 포함하여 삶에 존재하는 다양한 빛의 원천 덕분에 당신은 무엇을 볼 수 있고, 무엇을 할 수 있나요? 빛의 향연을 만끽해 보세요!

4월 11일

* **나는 위로받고 치유되고자, 그리고 나의 감각들을 한 번 더 조율하고자 자연을 찾는다.** —존 버로스

유행성 독감의 위험은 때와 장소를 가리지 않네요. 수천 마일 떨어져 있는데도 세스와 나는 오늘 아침 둘 다 목이 아픈 상태로 피로감을 느끼며 잠에서 깼습니다. 침대에 누워 있는데 정원의 벚나무로 햇살이 쏟아졌어요.

문득 1980년도에 출간되어 엄청난 파장을 일으켰던 연구가 떠올랐습니다. 펜실베이니아 교외 병원 2층 병실은 조그만 숲이 보이거나 다른 건물의 갈색 벽이 보이거나 둘 중 하나였어요. 창밖으로 내다보이는 풍경을 제외하면 똑같은 병실이었지요. 숲 아니면 벽. 로저 울리히는 9년에 걸쳐 '나무 풍경' 혹은 '벽 풍경'을 바라본 환자들의 의료기록을 수집했습니다. 그 결과가 아주 놀라웠어요. 벽을 바라보던 환자들에 비해 나무를 바라보던 환자들이 수술 후 병원에 머무는 기간이 짧았고, 강력한 진통제 처방도 덜 받은 것으로 나타났습니다. 나무 풍경이 환자의 심리상태와 회복에 실제로 영향을 미친 것이었지요.

최근 연구를 통해서도 그 사실이 입증되고 있습니다. 자연을 보거나 체험하는 것은 우리의 정신적 육체적 건강에 이롭습니다.

제안 잠시 시간을 내어 우리를 둘러싼 자연을 바라보세요. 창밖을 내다보아도 좋고 화분을 바라보아도 좋습니다. 느긋하게 산책하거나 휴식 시간에 잠깐이라도 걸어 보세요. 감각을 활용하여 당신의 감정을 알아차려 보세요.

4월 12일

* **나의 육체는 부서지고, 나의 정신은 병들었다. 그리고 나의 영혼은 평화롭다.** —대니얼 고틀리브

바쁜 시기에 병이 나거나, 알레르기가 도지거나, 만성 질환이 속을 썩일 때가 있지요. 몸이 건강하지 못할 때 짜증이 나는 건 흔한 일입니다. 그럴 때면 마치 몸이 나를 저버리는 것만 같고, 실패자가 된 것 같은 기분마저 들어요. 저 역시 성대 문제로 한동안 말하는 게 힘들었을 때 스스로를 몰아세웠던 기억이 있습니다.

건강할 때나 아플 때나, 자신의 몸을 따뜻한 시선으로 바라보세요. 우리의 몸은 평생 우리가 책임져야 합니다. 우리의 모든 체험이, 심지어 이 글을 읽는 것조차도, 몸이라는 매개체를 통해 일어납니다. 몸의 못된 주인이 되기보다 몸의 친구이자 보호자가 되어야 합니다.

몸에 대해 짜증이 나거나 화가 난다고 해도 속상해할 필요는 없어요. 인간이라 그런 거니까요. 화가 나는 것을 인정하고, 그 감정과 함께 호흡해 보세요. 감정을 따뜻하게 받아 주세요. 육체적 고통에 시달릴 때는 더 어렵습니다. 폭풍이 지나가고 나면 당신과 당신의 몸은 여전히 그 자리에 있습니다. 죽음이 둘을 갈라놓을 때까지, 그렇게 꼭 붙어 있을 거예요.

제안 당신이 '전력 질주' 할 때 건강에 감사하세요. 당신을 위해 헌신하는 몸의 노고를 알아주세요. 당신의 몸이 고통을 겪고 있다면 힘겨운 시간을 견디는 소중한 친구 대하듯 하세요. 평생 친구에 대한 예의입니다.

4월 13일

* 취약성을 드러내는 것은 상처받는 것을 감수하는 것이다. 다른 사람들이 나에게서 무엇을 보고 어떤 생각을 할지 두려워한다면 하기 힘든 일이다.

—브레네 브라운

    살다 보면 예기치 못했던 일이 불시에 우리를 덮치곤 합니다. 결혼식 날 폭우가 쏟아질 수도 있고, 이미 늦은 출근길인데 교통체증에 걸릴 수도 있고, 중요한 인터뷰를 앞두고 병이 날 수도 있어요. 그런 상황에 처하면 긴장하고 초조해지고 무력감을 느끼게 됩니다. 어제 중요한 인터뷰를 앞두고 몸이 안 좋았어요. 제 목표는 단순했습니다. 그저 인터뷰 자리에 가서 최선을 다하는 것. 예전에 도움이 되었던 방법을 떠올렸습니다.
첫째, 머릿속에 떠오르는 말들을 생각해 보았습니다. 몸 상태가 엉망이어서 제대로 인터뷰를 할 수 없을까 봐 암울한 판단들이 줄을 이었습니다.
둘째, 잠시 멈추고 10초에서 20초 정도 호흡에 주의를 집중했습니다. 마음이 차분해졌고, 떠오르는 생각들에 휩쓸리지 않을 수 있었습니다.
셋째, 이 상황을 따뜻한 시선으로 바라보며 나에게 격려의 말을 걸었습니다. 몸에서 아프지 않은 모든 부위를 알아차렸습니다. 상태가 이것보다 더 나쁘지 않은 것에 감사했어요. 잘못된 것에 초점을 맞추기보다는 잘 돌아가고 있는 작은 것들을 알아차렸습니다.

제안 하루가 당신의 뜻대로 풀리지 않을 때 세 단계 전략을 실천해 보세요. 첫째, 당신의 생각을 알아차려 보세요. 둘째, 잠시 호흡에 집중해 보세요. 셋째, 어떤 태도로 이 상황에 임하고 싶은지 선택하고 현재 상황에서 당신을 지탱해 줄 힘을 끌어내세요.

4월 14일

* **멈추어라. 영혼의 속삭임에 귀를 기울여라.** — 낸시 랭크스톤

우리는 대체로 시간에 쫓기며 살고, 좀 더 자주 쉴 수 있기를 바랍니다. 그러다 마침내 휴가가 시작되면 휴가 계획을 세우느라 전보다 더 스트레스를 받지요. 우리가 어디에 있건 냉혹한 내면의 목소리가 항상 따라옵니다.

삶의 스트레스를 멈추기 위해 휴가를 기다릴 필요는 없어요. 긍정심리학에서는 '일상의 휴가'를 권합니다. 따듯한 목욕을 하거나, 일몰을 바라보거나, 일의 방해를 받지 않고 점심식사를 즐기는 것도 좋습니다. 점심시간에 야외 벤치에서 책을 읽는 것도 좋고요. 출퇴근 시간에 음악을 듣거나, 몇 분 동안 창밖을 내다보아도 좋습니다.

무엇을 하건 주의를 온통 그 일에 집중하고 모든 걱정을 내려놓아 보세요. 우리 몸에서 어떤 일이 일어나는지, 어떤 감각이 느껴지는지, 어떤 생각과 감정이 올라오는지 알아차려 보세요. 마음이 고요한가요? 영감이 떠오르나요? 감사하는 마음이 밀려드나요? 매 순간의 긍정적인 감정을 음미해 보세요. 걱정과 실망에 머무는 습관에 대항할 강력한 처방입니다.

제안 오늘 미니 휴가를 가져 보세요. 요가 수업, 마사지, 긴 산책, 친구와의 저녁 식사, 무엇이든 좋습니다. 휴가 시간에는 모든 걱정과 집착을 '꺼 두는' 것 잊지 마세요. 모든 의무를 벗어던지고 즐기는 당신만의 시간입니다.

* **너희는 세상의 빛이다. 산 위에 있는 동네는 숨길 수 없다. 또 사람이 등불을 켜서 됫박 아래에 두지 않고, 등경 위에 둔다. 그래야 등불이 집 안에 있는 모든 사람에게 환히 비친다. 이와 같이, 너희 빛을 사람들에게 비추어서, 그들이 너희의 착한 행실을 보고 하늘에 계신 아버지께 영광을 돌리게 하여라.** ―마태복음 5장 14절-16절

우리는 다양한 방식으로 '나타날' 수 있습니다. 물리적으로는 직장에, 회의에, 약속에, 사회적인 의무에, 혹은 아이들을 픽업하려고 특정 장소에 나타날 수 있겠지요. 반면 독특하고 특별한 개성을 지닌 인간 본연의 모습으로, 지금 이 순간에 나타날 수도 있어요.

살다 보면 어떤 방식이나 틀에 자신을 맞추어야 할 것 같은 압박감을 느끼곤 합니다. 사회나 가족으로부터의 압박일 수도 있고 배우자, 친구, 직장 동료로부터의 압박일 수도 있겠지요. 어쩌면 우리가 어떤 모습이어야 하는지 스스로 만든 압박일 수도 있습니다. 혹시 진정으로, 활기차게 자기 자신의 모습으로 살아가기를 망설이고 있나요? 그렇다면 그것은 비극입니다. 당신이 이 세상으로부터 당신 자신을 빼앗고 있는 셈이니까요. 세상 모두가 똑같은 사람뿐이라면 이 세계는 정말 따분할 거예요.

제안 오늘 자기 자신이 되어 보세요. 매 순간 자신의 모습으로 임하세요. 현재에 머물며 당신의 빛을 환히 밝히세요.

4월 16일

✱ **주의를 기울이는 것, 그것이야말로 우리의 영원하고도 합당한 과제이다.**

　　　—메리 올리버

　　인간이 집중할 수 있는 시간은 그다지 길지 않습니다. 한 가지 일에 몇 분 이상 집중하기 힘들지요. 장시간 일하다 보면 어느 순간 주의가 흐트러져요.

끝내야 할 일이 있을 땐 쉬지 않고 긴 시간 일만 하고 싶습니다. 할 일이 너무 많아서 쉴 틈이 나지 않는다고 생각하지요. 하지만 끝이 보이지 않는 일에 장시간 매달리는 것은 마치 형벌처럼 느껴집니다.

일하는 동안 짧은 휴식 시간을 갖는 것이 좋은 대안이 될 수 있습니다. 정신적으로 이로울 뿐 아니라 결과적으로 더 생산적이고 효율적이에요. 한 번에 일정 시간 동안만 일하기로 정해 놓는다면, 쓸데없는 일에 시간을 허비할 확률이 줄어듭니다. 휴식 시간 또한 제한되어 있고 휴식 시간이 끝나면 다시 일을 해야 하기 때문에 휴식을 충분히 즐길 수도 있겠지요.

우리에게 주어진 책임을 완수할 때, 삶에 대해 긍정적인 마음을 가질 수 있습니다. 편안하게 책임을 완수할 방법을 찾는 것이야말로 스스로를 사랑하는 행위입니다.

제안　오늘 할 일을 작게 쪼개어 그 사이에 휴식 시간을 배분해 보세요. 앱이나 온라인 프로그램으로 일하는 시간을 관리하는 것도 좋습니다. 이 글을 쓰는 저도 지금 그런 앱을 사용하고 있거든요. 즐겁게 일하세요! 그리고 즐겁게 쉬세요!

4월 17일

* **밧줄 끝에 다다랐을 땐 밧줄을 단단히 묶고 버텨라.** —프랭클린 루스벨트

새벽 4시 45분에 알람이 울렸습니다. 스누즈 버튼을 눌렀지만, 곧바로 긴장이 밀려들기 시작했지요. 남아프리카 투오션스 마라톤 경주가 있는 날입니다. 일어날 시간이었어요.

30킬로미터에 달하는 마라톤 코스에는 114개 산기슭 커브길이 있는 9킬로미터 정도의 구간이 있었어요. '채프먼스 피크'라고 불리는 무자비한 경사로이지요. 산길을 달릴 때 얼마 전 앓았던 감기의 여파를 느꼈습니다. 깊은 호흡을 할 때마다 폐가 경련을 일으켜서 기침이 났습니다. 문득 어젯밤 아내가 들려주었던 팀 노에이크스의 명언이 떠올랐습니다. "당신의 몸은 더 이상 지속해야 할 합리적인 사유가 없다고 우길 것이다. 당신이 의지할 곳은 정신력뿐이다. 다행히 정신력은 논리와 별개로 작동한다."

채프먼스 피크를 달릴 때, 저는 정신력에 의지했습니다. 앞에서 선수들이 쓰러져 의료 텐트로 실려 갈 때에도, 정신력에 의지했습니다. 힘을 끌어모아 버텨야 할 때마다, 정신력에 의지했습니다.

제안 고통을 견디어야 할 때, 모든 게 힘겹게 느껴질 때, 더 이상 버틸 수 없을 것 같을 때가 있습니다. 그럴 때면 정신력에 의지해 보세요. 마라톤을 달릴 필요는 없습니다. 시험과 시련의 순간에, 정신력에 도움을 청하고 의지해 보세요.

4월 18일

* 흐느껴 우는 것을 창피해하지 말라. 슬퍼해도 괜찮다. 눈물은 한낱 물일 뿐, 꽃과 나무, 열매는 물 없이 자라지 못한다. 그러나 햇빛도 있어야 한다. —프랭클린 루스벨트

얼마 전 화창한 봄날, 가족과 수목원에 다녀왔습니다. 따스한 바람이 불어왔고 흰색 목련, 노란 수선화, 분홍 벚꽃, 온갖 색의 향연이 펼쳐지고 있었어요. 조그만 정원에서 아이들이 햇살을 받으며 뛰어놀았지요. 저는 그날 오전에 지인의 부음을 받았고, 문득 그의 가족에게는 이 봄날이 어떻게 느껴질지 궁금했습니다. 삶은 아름다움과 고통으로 가득 차 있고, 때로 그 둘은 떼려야 뗄 수 없는 관계로 얽혀 있다는 생각이 들었어요.

물론 슬픔의 순간도 마법 같은 순간도 다 지나갑니다. 노랫소리는 언젠가 끝나게 마련이지요. 찬란하게 꽃핀 나무도 가을이 되면 잎을 떨구고 겨울 눈 속에 발가벗습니다. 얼음이 녹고 다시 꽃망울이 맺히고, 운이 따라 준다면 아이들은 태양의 주기를 여러 번 경험할 수 있을 거예요. 이 땅은 춤추는 아이들의 발을 한동안 느낄 수 있겠지요. 그 발이 피치 못할 이별을 고하게 될 때까지 말입니다.

이런 결말을 어떻게 받아들여야 할까요? 춤을 출 수 있을 땐 춤을 추는 게 최선이 아닐까요? 이 땅이 그렇듯이 표면에서 무슨 일이 일어나건, 좋은 일이건 나쁜 일이건, 아름다운 일이건 슬픈 일이건, 우리 마음은 고요하게 모든 일을 삶의 한 경험으로 받아들일 수 있습니다.

제안 고통과 함께 아름다움도 알아차려 보세요. 당신의 내면과 주변에서 일어나는 일들을 알아차려 보세요. 이 삶의 증인이 되어 보세요.

4월 19일

* **인생에서 가장 찬란한 영광은 결코 넘어지지 않는 데 있는 것이 아니라, 넘어질 때마다 다시 일어나는 데 있다.** ─넬슨 만델라

오늘 케이프타운에서 한때 6지구였던 거리를 걸었습니다. 1970년 대에 남아공 정부는 6지구를 '백인 전용' 구역으로 선포했습니다. 6만여 명에 가까운 주민들이 아파르트헤이트◆로 인해 강제 추방당했지요. 수많은 집들이 파괴되었고 사람들은 외곽으로 쫓겨났습니다. 납득하기 힘든 부조리와 불평등이 아닐 수 없어요.

질병, 상해, 사고, 자연재해, 실직, 인간관계의 해체, 죽음과 같은 삶의 우여곡절은 피할 수 없습니다. 남들보다 조금 더 안락한 삶을 누리는 이들도 있지만 누구에게나 언젠가는 시련이 찾아옵니다. 고통스러운 경험들과 불미스러운 사건의 한복판에서 슬픔, 서러움, 분노, 회한으로 반응하는 것은 자연스러운 일입니다. 그 어떤 논리로도 고통을 덜어낼 수는 없겠지만, 그 고통이 결국엔 지나가리라는 것을 알면 작은 위안이 됩니다. 엄청난 비극 속에도 희망은 있어요. 영국의 신학자이자 역사가인 토마스 풀러는 동이 트기 직전이 가장 어둡다고 말했습니다. 희망이 있으면 일어설 수 있습니다. 가장 힘겨운 시련 속에서도 일어설 수 있습니다.

제안 오늘 당신의 하루에 희망을 초대하세요. 고통, 괴로움, 불안, 걱정은 잠시 접어 두세요. 당신의 희망은 어떤 모습인가요? 어떤 느낌인가요? 오늘 하루, 그 희망을 키워 보세요.

◇ 남아프리카 공화국의 극단적인 인종차별정책과 제도.

4월 20일

당신의 손은 펴졌다가 접히고, 펴지고 접힌다. 그 모든 수축과 팽창 속에 당신의 모든 존재가 담겨 있다. 마치 새의 양 날개처럼, 아름답게 균형 잡히고 어우러진 그 두 개의 손안에. —루미

때로 우리는 너무도 강렬한 생각과 감정에 사로잡힙니다. 끓어오르는 분노, 얼음장 같은 두려움, 숨 막히는 슬픔. 걷잡을 수 없는 감정에 휩싸일 때면 최선의 결정을 하지 못해요. 화가 난 상태로 독한 말들을 내뱉는 것처럼 말이에요. 머리와 가슴의 포로가 되는 것을 완전히 피하기는 어렵지만, 그 둘의 힘을 느슨하게 할 수는 있습니다.

첫째, 우리가 휩쓸리는 순간을 인정해 보세요. 이를테면 "내일 받아야 하는 건강검진이 무서워"라고 본인의 감정을 명시해 보세요.

둘째, 신체 부위 중 감각이 느껴지는 곳을 살펴보세요. 배가 당기는 것이 느껴지나요? 목이나 어깨가 뻣뻣한가요? 육체의 감각을 탐험해 보세요.

셋째, 감각이 느껴지는 부위를 의식하며 호흡해 보세요. 당신의 배로, 어깨로, 턱으로, 그 외의 뻣뻣해진 곳으로 숨을 불어 넣는다고 상상해 보세요. 모든 호흡에 주의를 집중하세요.

마지막으로, 환영의 의미로 몸을 움직여 보세요. 손을 풀어도, 목을 늘려도, 어깨를 들썩여도 좋습니다. 몸을 움직이다 보면 마음도 움직입니다. 마음이 느슨해집니다. 이 모든 과정은 겨우 몇 초가 걸릴 뿐이에요.

제안 오늘 힘든 상황에 처할 때 위의 네 단계를 밟아 보세요. 인정하고, 느끼고, 호흡하고, 움직여 보세요. 그 전과 후가 어떻게 다른지 느껴 보세요. 어떤 상황이건 마음의 힘을 빼면 좀 더 잘 대처할 수 있습니다.

4월 21일

*   자유가 당신을 기다리고 있다.

　하늘의 산들바람 위에서 당신은 묻는다.

　"이러다가 내가 떨어지면?"

　하지만 그대여,

　그러다가 당신이 하늘을 난다면? —에린 핸슨

1994년 4월 27일 수백만 명의 남아공 국민들이 투표권을 행사하기 위해 줄을 섰습니다. 투표함이 개봉되고 넬슨 만델라가 대통령으로 선출되었지요. 남아공 최초의 흑인 대통령이었어요. 만델라는 서로를 두려워하고 서로에게 상처를 입힌 사람들을 하나로 통합해야 하는 막대한 임무를 떠안았습니다. 복수와 증오에 휩싸일 수 있는 상황이었지만, 그는 모두를 위한 연민과 자유를 선택했어요. 오늘 로벤 아일랜드에 갔다가 남아공 헌법을 읽어 보았습니다. 남아공 헌법에는 다음과 같은 시민의 권리가 포함되어 있더군요.

모든 국민은 생존의 권리를 가진다.

모든 국민은 인간으로서의 품위를 가지며 품위를 존중받고 보호받을 권리를 가진다.

모든 국민은 자유와 안전의 권리를 가진다.

모든 국민은 사생활의 권리를 가진다.

모든 국민은 양심, 종교, 생각, 믿음, 의견의 자유를 가진다.

모든 국민은 표현의 자유를 가진다.

모든 국민은 운동의 자유를 가진다.

모든 국민은 직업의 자유를 가진다.

모든 국민은 집을 소유할 권리를 가진다.

모든 국민은 기본교육을 받을 권리를 가진다.

모든 국민은 언어의 권리와 본인이 원하는 문화생활에 참여할 권리를 가진다.

우리가 현재 누리고 있는 권리는 너무 기본적인 것들이라 때로 얼마나 감사해야 하는 일인지를 잊고 당연하게 받아들입니다.

제안 시민의 권리 중에 특별히 소중하게 느껴지거나 감사한 마음이 드는 내용이 있나요? 오늘 당신이 누리는 자유를 깨닫고 인정해 보세요.

4월 22일

✳ **문명이 우리에게 주는 놀라운 선물에 마음을 열어라. 스위치를 켜면 전깃불이 들어온다. 수도꼭지를 틀면 따뜻한 물과 차가운 물, 더구나 마실 수 있는 물이 나온다.** ─데이비드 스타인들 라스트 수사

이번 주 초 태풍이 몰아치는 밤에 깨어나 아이를 다시 재워야 했습니다. 아이를 안고 달래는데 전기가 끊기더군요. 환풍기가 멈추고, 백색소음이 잦아들더니, 주위는 온통 칠흑 같은 어둠뿐이었어요. 페이가 반쯤 잠든 상태로 무슨 일이냐고 물었습니다. 전기가 끊겼으나 곧 다시 돌아올 거라고 말했고, 잠시 후 집 안의 소음이 되살아났습니다.

우리는 매일 인간이 만든 제품과 시스템에 의존합니다. 해마다 새로운 발명품이 등장하지요. 냉장고, 세탁기, 휴대폰 등 그것들을 사용할 수 없는 상황에 처하게 되기 전에는, 얼마나 기술에 의존하는지 의식하지 못하지요. 지금 이 글자를 입력하는 컴퓨터도 그렇고, 더운 날에는 시원하게, 추운 날에는 따뜻하게 수백 수천 마일까지 이동할 수 있게 해 주는 자동차도 그렇습니다. 이 모든 것을 만든 사람들을 떠올려 보세요. 우리를 둘러싼 무생물들을 통해서도 우리는 하나로 연결되어 있음을 느낄 수 있습니다.

제안 항상 그 자리에 있기에 간과하기 쉬운 인간의 발명품을 알아차려 보세요. 그것들을 누리는 것이 당신의 삶에서 어떤 의미인지 느껴 보세요.

4월 23일

발전의 속성상 실수는 필요할 뿐 아니라 피할 수 없는 부분입니다. 우리는 실수를 통해 발전하고, 향상되고, 진보하니까요. 그런데도 우리는 실수를 두려워합니다. 실수를 저지르면 실패자로 여겨요. 아이러니하게도 인간은 잘못을 저지를 수밖에 없는 동물입니다. 완벽하게 세운 기대를 맞추려다 보니 결국 실패할 수밖에요. 그런데도 실수를 저지르는 순간, 더 잘하고, 더 강하고, 더 지혜롭지 못한 자신을 책망합니다.

스스로에게 실수할 자유를 주는 건 어떨까요? 실수는 자연스럽고, 필요하고, 불가피한 것임을 인정하면 어떨까요?

실수를 다른 관점에서 바라보세요. 문제가 아닌 기회로, 막다른 골목이 아닌 가능성으로 여겨 보세요. 차갑게 자신을 매도하지 말고, 실수를 그리고 자기 자신을 따뜻하게 품어 보세요. 실수도 경험의 일부일 뿐입니다. 받아들이고, 돌아보고, 탐험해야 할 경험의 일부이지요. 속담에도 있듯이 우리 삶에 실패란 없습니다. 오직 배움만이 있을 뿐입니다.

제안 자신에게 실수할 자유를 허용하세요. 자신과 다른 사람들의 실수에 너그러워지세요. 실수를 두려워하지 않는다면, 오늘 어떤 도전을 해 볼 수 있을까요?

4월 24일

* **산다는 것은 하늘을 나는 것. 낮게 또 높이 나는 것. 그러니 날개의 먼지를 털어 내고 눈가의 졸음을 떨쳐 내라.** —타운스 밴잰트

기분을 끌어올리는 가장 확실한 방법 중 하나는 '행동 활성화'입니다. 행동 활성화는 즐거움 혹은 성취감을 주는 행동을 하는 것을 뜻하는 멋진 용어이지요. 우울증 치료법으로 사용되지만 우리의 기분에 상관없이 요긴한 말입니다.

저는 이 치료법에 여러 차례 도움을 받았어요. 그중 한 번이 유독 기억에 남습니다. 몇 주 동안 의욕저하, 과민성, 불면증으로 괴로워하고 있었어요. 집 밖으로 나가고 싶지 않았고 운동도 중단했습니다. 나의 기분이 아내와 아이들에게 어떤 영향을 미치는지 알게 되니 너무 괴로웠어요. 결국 내가 우울증이라는 사실을 인정하게 되었지요.

사실을 깨닫고 인정하고 나니 아내의 도움을 받아 일상을 회복할 계획을 세우게 되더군요. 인간관계, 일, 여가 같은 삶의 중요한 부분들을 점검했습니다. 즐거운 일에 보다 많은 시간을 투자하고 미루어 왔던 일을 할 수 있는 방법을 찾아보았어요. 물론 하룻밤 사이에 달라지진 않았습니다. 작은 것부터 시작해서 서서히 바꾸었어요. 결국 그러한 작은 변화들이 일상을 회복하는 데 중요한 역할을 하게 되었습니다.

제안 오늘 당신의 기분과 상관없이, 삶의 전반을 점검해 보세요. 좀 더 적극적으로 노력하고 싶은 영역이 있나요? 친구와 가족들과 더 많은 시간을 보내고 싶은가요? 자신을 돌볼 시간을 갖고 싶은가요? 미뤄 왔던 일을 끝내고 싶은가요? 그렇다면 결단을 내리세요.

4월 25일

＊   **오늘 다른 사람들이 정의하고 판단하는 범위 안에서 살기를 멈추라.**
　　─스티브 마라볼리

　　누구나 살다 보면 기분이 바닥을 치는 경험을 하게 됩니다. 열 명 중 한 명은 살면서 어느 때고 우울증의 의학적 기준에 부합되는 증상을 겪게 된다고 해요.

우울증은 나이, 성별, 환경, 교육, 인종, 재산을 가리지 않아요. 힘과 권력의 상징으로 여겨지는 유명 연예인들조차도 정신 건강 문제에서만큼은 예외가 아니지요. 레슬러이자 배우인 드웨인 존슨도 여러 차례 우울증을 앓았다고 밝혔습니다. 사회적인 낙인이 두려워 많은 사람들이 자신이 앓는 병을 숨기는 서글픈 현실입니다.

정신적인 문제와 상관없이 자신을 감추는 장막을 걷어내 보세요. 자신에게 그리고 다른 사람들에게 괜찮은 척하며 산다는 건 피곤한 일이니까요. 감정을 회피하고 억누를수록 상황은 더욱 악화될 뿐입니다.

괜찮은 척하는 가면을 벗어던지는 것은 용기가 필요한 일입니다. 우리의 본 모습과 화해하는 순간 자유가 찾아오지요. 상황을 받아들이는 순간 변화가 일어납니다. 상황을 받아들이면 우리에게 가장 소중한 것으로 돌아갈 수 있고 우리의 가치관에 맞는 행동을 취할 수 있습니다.

제안　당신이 쓰고 있는 가면을 벗어던지세요. 다른 사람에게 어떤 모습으로 비칠지 확인하는 일을 멈추세요. 있는 그대로의 모습이 될 자유를 누리세요. 당신의 장점과 단점까지 모두 받아들이세요. 당신의 자유로운 모습이 다른 사람들에게도 힘과 용기를 줄 것입니다.

4월 26일

보라, 친구들이여, 봄이 왔노라. 대지는 태양의 포옹을 기쁘게 받아들이고, 이제 곧 우리는 그 사랑의 결실을 보게 되리니! ─시팅 불

꽃이 피지 않는 봄은 상상하기 어렵겠지요? 정원 일을 하다 보면 곧바로 표시가 나고 흐뭇해지는 일들이 있습니다. 화단의 잡초를 뽑는 것처럼 말이에요. 그 외의 다른 일들은 좀 더 시간이 필요해요. 새로 뿌린 씨앗이 싹을 틔우려면 오래 기다려야 합니다. 그러나 흙을 고르고 씨를 뿌리고 어느 정도 시간이 흐르면 반드시 밝은 초록색 새순이나 떡잎이 돋아나고, 이내 푸른 잎으로 자랍니다. 계속 정성을 들이다 보면, 어느 순간 꽃을 피우고, 작은 열매를 맺고, 마침내 수확을 하게 되지요. 모든 게 다 때가 있어요.

우리의 노력에도 같은 원칙이 적용됩니다. 어떤 노력은 곧바로 결실을 맺지만, 또 어떤 일들은 오랜 시간이 지나야 알 수 있어요. 정원을 가꾸는 일처럼 삶을 가꾸는 일에도 믿음이 필요합니다. 둘 중 어느 쪽이건, 씨를 뿌리지 않으면 수확은 없겠지요. 그러니 지금 씨를 뿌리세요.

제안 당신의 삶에 관심이 필요한 영역이 있는지 생각해 보세요. 소중한 인간관계일 수도 있고, 일상 속 지켜야 할 의무일 수도 있습니다. 어쩌면 실제로 정원을 가꾸는 일일 수도 있어요. 그것이 무엇이건 잘 자라나게 하려면 무얼 해야 할지 생각해 보세요. 바로 결실을 볼 수 있는 방법이 있나요? 그 일의 씨를 뿌리는 것에 해당되는 일이 있나요? 오늘 그중 한두 가지를 실천해 보세요. 정원 가꾸기를 즐겨 보세요.

4월 27일

✳ **행복은 강도의 문제가 아니라, 균형과 질서와 리듬과 조화의 문제다.**
—토머스 머튼

삶의 균형을 유지한다는 것은 곧 조화로운 삶을 사는 것을 뜻합니다. 안정감을 느끼며 차분하게 삶의 다양한 영역을 잘 통제하고 있다는 뜻이지요. 누구에게나 저마다의 균형감이 있습니다. 삶의 각 영역에서 다음과 같은 것들 사이의 균형을 찾아보세요.

일 : 열심히 일하는 것과 쉬면서 재충전할 시간을 갖는 것.
관계 : 다른 사람들에게 베푸는 것과 필요할 때 도움을 청하는 것.
집중 : 세세한 것에 관심을 갖는 것과 보다 큰 그림을 그리는 것.
목표 : 중요한 목표를 향해 나아가는 것과 그 과정을 즐기는 것.

보다시피 상반되는 두 가지 측면 모두 긍정적인 효과가 있을 수 있습니다. 그러나 저울이 어느 한쪽으로 지나치게 기울어지면, 이롭지 않을 수도 있고 어쩌면 해로울 수도 있어요. 적절한 비율을 유지해야만 건강한 균형을 유지할 수 있습니다.

제안 당신의 노력을 지나치게 소모하는 삶의 영역이 있나요? 삶이 균형을 유지하고 있나요? 혹은 해소하고 싶은 불균형이 있나요? 조화로운 삶을 위해 오늘 당신은 무얼 할 수 있을까요? 한 번쯤 점검해 보세요.

4월 28일

* **충만한 삶을 살고자 하는 이에게 견고한 닻은 반드시 필요하다. 닻을 내린다는 것은 확고하게 중심을 잡는 것이다.** ─스티브 구디어

마음챙김을 생각할 때 우리는 종종 '중심을 잡다'라는 표현을 사용합니다. 균형감을 연상시키는 단어이지요. 뾰족한 끝부분으로 중심을 잡고 깔끔하게 회전하는 팽이처럼 말입니다.

중심을 잃게 만드는 것들은 항상 주변에 있어요. 병에 걸려 지치고 무기력해져서 언제 다시 건강을 회복할 수 있을지 초조할 때, 실제로 일어나지도 않을 일에 대한 걱정으로 두려움에 휩싸일 때, 일을 하면서 혹은 일을 하지 않으면서 너무 많은 시간을 보낼 때처럼 어느 한쪽으로 치우칠 때가 그렇습니다. 하지만 중심을 잡고 확실히 통제할 수 있는 것들도 있습니다. 예를 들면, TV를 보는 시간은 통제할 수 있어요.

실제로 생각하는 것보다 우리가 더 큰 통제력을 갖고 있는데도 균형감각을 잃기도 합니다. 저녁 퇴근길에 라디오 뉴스가 성가시게 들린다면, 마음을 가라앉히는 음악을 틀어 볼 수도 있겠지요. 최근에 저는 아이들이 잠자리에 들 준비를 해야 할 시간에 알람을 맞추어 놓았습니다. 부랴부랴 침실로 가지 않고 정해진 시간에 하루를 마무리하니 저녁시간이 한결 편안해졌어요. 때로는 단순한 변화가 중심을 잡는 데 도움을 줍니다.

제안 오늘 하루 중심을 잃을 것 같은 기분이 들 때가 있는지 알아차려 보세요. 균형을 잡는 데 도움이 될 만한 일들이 있을까요? 균형 잡힌 삶을 위해 한 걸음을 내디뎌 보세요.

4월 29일

＊ **삶의 균형을 유지하는 가장 훌륭하고도 가장 확실한 방법은, 우리 주위에 그리고 우리 안에 존재하는 위대한 힘을 인정하는 것이다.** —에우리피데스

시간, 책임감, 그리고 기대. 우리가 겪는 수많은 난관 중 가장 흔한 세 가지입니다. 그 난관을 헤쳐 나가기 위한 방법에는 다음과 같은 것들이 있습니다.

1. 시간 : 때로 하루라는 시간은 충분치 않습니다. 어떻게든 여분의 시간을 만들어야 하지요. 재충전을 위한 시간을 어떻게 '캐낼' 수 있을까요? 하루 혹은 한 주를 몽땅 비워 보세요. 더 많은 시간은 내가 만들어야 합니다.
2. 책임 : 일이 잘 안 풀릴 때면 남을 탓하거나 외부 환경을 탓하고 싶어집니다. 아이를 돌보는 일이나 무리하게 일할 때처럼 책임감을 요하는 일은 삶의 부담을 가중시키지요. 그러나 누구의 책임도 아닌 자신이 선택한 책임이라는 사실을 받아들여야만 균형 잡힌 삶으로 나아갈 수 있습니다.
3. 기대 : 완벽주의적 성향은 삶의 균형에 가장 큰 장애물입니다. 우리는 '죽기 아니면 살기' 식으로 운동을 미루고 잠을 줄이지요. 아이들이 학교에만 가면, 승진만 하면 그때부터 자신을 돌보겠다고 생각하지만, 다음 단계로 가면 또 다른 의무들이 생겨나기 마련입니다. "이 정도로도 충분해"라는 마음가짐이야말로 우리 삶을 구원합니다. 당신은 결코 완벽한 엄마, 완벽한 아빠, 완벽한 직장인이 될 수 없어요. 자신의 한계를 받아들이는 것은 곧 스스로를 해방시키는 일입니다. 그 정도면 충분합니다.

제안 시간, 책임, 기대 속에서 균형 잡힌 삶을 살 수 있는 방법을 고민해 보세요.

* **도전이 두려운 이유는 결과를 장담할 수 없기 때문이다.** —크리스 힐

두려움은 생존에 필수적인 요소입니다. 두려움이 없었다면 우리 조상들은 유전자 풀에서 제외되었을 것이고 우리는 지금 여기 없을 거예요. 두려운 상황에서 벗어나게 되면 안도감이 밀려듭니다. "하마터면 큰일 날 뻔했네!"라며 가슴을 쓸어내리지요. 이 안도감이 향후 나쁜 일을 더 잘 피할 수 있도록 돕는데, 학습 이론가들은 이 과정을 '부정적 강화'라고 부릅니다.

부정적 강화의 단점이 있다면 두려움 때문에, 삶에 가치를 더해 주는 일조차도 피하게 된다는 것이지요. 거절할까 봐 데이트 신청을 하지 않을 수도 있고요. 성공 여부가 불확실해서 사업을 미룰 수도 있습니다. 배우자와 갈등이 생기는 것이 두려워 중요하지만 곤란한 대화를 피할 수도 있습니다. 최근에 새로운 이웃에게 저를 소개하면서, 저의 사회적 불안감을 조금 떨쳐 버렸습니다. 우리는 즐거운 대화를 나누게 되었고, 하루 종일 기분이 좋았어요. 그와의 대화를 피할 수도 있었지만, 그랬다면 그 뒤로는 더 어색해져 대화를 나누기가 힘들었겠지요. 두려움의 경계를 넘어서는 순간, 우리는 두려움이 아닌 다른 것에 우선권을 주는 것입니다.

제안 오늘 적어도 한 번, 당신의 충만한 삶을 가로막는 두려움을 알아차려 보세요. 누군가를 외면하지 않고 먼저 인사를 건네는 것처럼 사소한 것일 수도 있습니다. 오늘 당신의 두려움을 대면한다면 무슨 일이 벌어질까요?

✦

"고통에서 출발한 한 가닥 실이
때로 삶이라는 찬란하고 아름다운
직물의 일부가 됩니다."

5월

5월 1일

✳ **보다 평화롭고 행복한 사회를 이루는 일은 개인 차원에서 시작되어야 하고, 그다음엔 가족, 이웃, 지역사회로 퍼져 나가야 한다.** —달라이 라마

당신은 이웃 중 몇 명이나 알고 있나요? 연구에 의하면 이웃과 자주 대화하는 사람일수록 더 행복하다고 합니다. 한동네 사람들을 더 많이 알수록, 더 안전하다고 느낍니다. 또 지역사회 참여와 기부 수준이 높을수록 주민의 행복도가 높아집니다. 행복한 국가 순위에서 높은 순위를 차지하는 노르웨이, 덴마크, 스웨덴, 핀란드에서는 지역사회에 대한 신뢰도가 높게 나타납니다. 신뢰는 강력한 사회적 유대에서 오는 것이지요. 이웃들과 강한 유대를 형성할 수 있는 방법은 어떤 것들이 있을까요?

- 이웃에게 미소를 짓고, 오늘 하루가 어땠는지 물어보세요!
- 다른 가족들과 아이의 등하굣길을 함께해 보세요.
- 노숙자를 보면 인사를 건네고 먹을 것과 마실 것을 건네 주세요. 무엇이 필요한지 묻고 그들을 돕기 위해 할 수 있는 일을 실천해 보세요.
- 독서클럽이나 스포츠클럽 같은 지역사회 활동에 동참해 보세요.

제안 자기만의 안전지대에서 벗어나 이웃과 교류해 보세요. 어색함을 떨쳐 버리고 당신의 가치관과 관심에 부합되는 일을 실천해 보세요. 모험적이고, 만족스럽고, 의미가 넘치는 미래가 펼쳐질 거예요. 마다할 이유가 있나요?

5월 2일

* **우리가 마음을 열 수만 있다면, 누구라도, 심지어 우리를 미치게 만드는 사람조차도, 우리의 스승이 될 수 있다.** —페마 초드론

힘겨운 인간관계를 통해 많은 것을 배울 수 있습니다. 제가 가장 존경했던 대학원 교수님이 말했습니다. 누구나 싫어하는 사람은 있다고. 그런 사람들을 도저히 못 참겠다는 사실에 집중할수록 그런 사람을 오히려 더 많이 만나게 된다고요.

교수님이 뒤이어 하신 말씀을 잊을 수가 없어요. 우리가 어떤 유형의 사람들에게 유독 강하게 반응한다는 사실을 알아차리는 순간, 자신의 반응을 조금은 통제할 수 있다고요. 우리 몸이 어떻게 반응하는지, 떨리는지, 답답한지, 또 어떤 생각과 감정들이 올라오는지 알아차려 보는 것도 좋습니다. 어쩌면 불편한 관계에 있는 사람들에게 자동적인 반응을 보이는 것일 수도 있거든요. 습관적으로 그들을 비난하거나, 정작 하고 싶은 말을 참는 거지요. 물론 자신의 반응을 알아차린다고 해도, 그런 사람들을 대하기가 수월해지는 건 아닙니다. 짜증이 덜 나는 것도 아니고요. 그러나 거북하고 어색한 상황을 성장할 기회로 삼아 볼 수는 있을 거예요.

제안 오늘 불편한 사람과 만나는 순간 그 사람과의 관계를 배움의 기회로 삼아 보세요. 그 사람의 어떤 점이 당신을 자극하나요? 그 사람을 대할 때 당신의 모습은 어떤가요? 다음번에 비슷한 상황에 처했을 때에는 어떤 반응을 보이고 싶은가요?

5월 3일

* 삶은 자연스럽고도 즉흥적인 일련의 변화이니, 그것을 거스르지 마라. 그래 봐야 슬픔만이 생성될 뿐이다. 진실을 진실이게 하라. 세상만사 모두 다 자연스럽게 제 갈 길을 가도록 내버려 두어라. —노자

삶이 항상 우리가 원하는 방향으로만 흘러가진 않아요. 면접에 떨어지기도 하고요, 평생을 함께하고 싶은 사람과 헤어지기도 하지요. 우리의 기대와 어긋나는 상황을 맞닥뜨리면 좌절하고 괴로워합니다. 힘겨운 시기에는, 다음과 같은 질문을 던져 보는 것도 좋습니다.

- 나의 몸이 어떻게 반응하는가?
- 어떤 감정들을 느끼는가?
- 이 상황이 나에게 무슨 말을 전하려 하는가?

우리가 느끼는 감정들, 생각들, 몸의 감각들이 가라앉기까지는 시간이 걸립니다. 자연스럽게 저절로 변할 수도 있고요. 생각에 휩쓸리거나 감정에 매달릴 필요가 없어요. 무시하거나 외면하지 말고 오랜 친구 대하듯 친절하고 다정하게 대해 보세요. 그들이 왔음을 알아차리고 스스로 떠나게 하세요. 자신에게 다정하세요. 사랑의 손길이 필요할 때 조금 더 자신을 보듬어 주세요.

제안 오늘 일이 뜻대로 풀리지 않을 때, 당신의 내면에서 무엇이 올라오는지 알아차려 보세요. 올라오는 생각과, 감정들을 열린 마음과 호기심으로 맞이하세요. 자신에게 연민을 베풀어 보세요.

5월 4일

* **명예롭고 노련하게 사용하기만 하면 어떤 무기든 좋은 무기가 될 수 있다.**
  —브라이언 자크

누구나 자신의 일을 잘하고 싶고 능력을 발휘할 기회를 충분히 누리길 원합니다. 능력을 발휘하는 것이야말로 가장 기본적인 심리적 욕구라고 말할 수 있어요. 일상 속에서 자신의 재능을 꾸준히 발휘할 수 있을 때, 자신감, 적극성, 자아 효능감이 향상됩니다. 학자들은 자신감의 척도를 측정하는 방법으로 다음과 같은 질문을 제시했습니다.

- 평상시 당신이 하는 일에서 어느 정도의 성취감을 느끼고 있나요?
- 당신이 유능한 사람임을 보여 줄 기회를 얼마나 누리고 있나요?
- 당신이 일을 잘하고 있다는 말을 얼마나 자주 듣나요?

유능함에 대한 욕구가 오래도록 충족되지 않으면 자기 의심, 절망, 심지어 우울감에 사로잡히기 쉽습니다. 반면, 자신이 유능하다는 확신이 들면 의욕이 솟아나지요. 노력이 헛되지 않다는 생각이 들면 더 노력하고 싶어집니다. 그렇게 자신감과 노력이 서로를 강화하는 선순환에 접어듭니다.

제안 당신이 하고 있는 일에 얼마나 유능하다고 느끼나요? 위에 제시된 질문에 어떤 대답을 했나요? 그 대답에 상관없이, 오늘 당신의 능력을 발휘할 기회입니다. 삶의 어떤 영역이건 상관없습니다. 직장에서, 주방에서, 체육관에서, 혹은 수영장에서, 당신의 능력을 발휘해 보세요. 당신이 잘하는 것을 드러낼 기회를 찾아보세요.

5월 5일

* **믿음은 당신에게 내면의 힘을 주고 균형감을 주고 삶의 관점을 제공한다.**
  —그레고리 펙

우리 모두 살아오면서 거절이라면 당할 만큼 당했겠지요. 그 시련을 딛고 성장하기 위해서는 믿음을 가져야 합니다. 언젠가 친구가 이런 말을 했어요. "나에게 일어날 일은 결코 나를 비켜가지 않는다." 삶에서 일어나게 되어 있는 일은 반드시 일어난다는 의미입니다. 어떤 사람들에게 믿음이란 신 혹은 종교와 연관된 것이지요. 또 어떤 사람들에게는 운명, 우주, 혹은 더 큰 존재와 연관되어 있습니다. 어떤 믿음이건 그 바탕에는 대상에 대한 신뢰가 있습니다. 그것이 존재한다는 증거가 있건 없건, 그저 신뢰하는 것이지요.

지난날의 좌절을 곱씹기보다는 한 발짝 물러나 큰 그림을 보세요. 좌절이 뜻밖에도 우리를 의미 있는 일로 이끌었던 때를 떠올려 보세요. 한 발짝 뒤로 물러나 점들을 서로 연결하려면 시간이 필요합니다. 고통에서 출발한 한 가닥 실이 때로 삶이라는 찬란하고 아름다운 직물의 일부가 됩니다.

제안 낙담하는 순간, 믿음을 갖는 것이 당신에게 어떤 의미인지 생각해 보세요. 당신을 위해 마련된, 알려지지 않은 길이 있다는 믿음을 가져 보세요. 그 믿음이 당신을 어디로 데려가는지 지켜보세요.

5월 6일

* **내가 어떤 고통을 겪고 있는지 아무도 모른다! 항상 그렇다. 불평하지 않으면 동정조차 받지 못한다.** ─제인 오스틴

당신의 삶에는 남들은 모르는 시련이 있었을 거예요. 고질적인 심리적 문제이거나 건강상의 문제일 수도 있겠지요. 여전히 당신을 괴롭히고 있는 어린 시절의 트라우마일 수도 있고요. 우리 주변의 거의 모든 이들에겐 우리가 알지 못하는 고통이 있습니다.

우리 부부의 경우에는, 아이를 갖는 과정이 얼마나 힘들었는지 알고 있는 사람이 거의 없어요. 첫 아이를 갖기까지 무척 힘들었고 그 과정에서 아이를 두 번이나 잃었습니다. 어느 일요일 오후, 두 번째 아이를 잃고 나서 우리는 소파에 축 늘어져 있다가 잠이 들었습니다. 너무 슬퍼서 말을 할 수도 없었지요. 참 힘들고 암울한 시기였어요.

그러다 마침내 첫아들 루카스가 크리스마스에 태어났습니다. 아이를 가지려고 다시 노력한 지 4년 만의 일이었어요. 그로부터 3년 뒤에 에이다가 태어났고, 그다음에 아이를 한 번 더 잃었고, 그다음에 페이가 태어났어요. 부모가 되기까지의 그 힘겨운 시간들이 없었다면 우린 결코 지금의 세 아이를 만날 수 없었을 거예요. 우리와 비슷한 시련을 겪는 사람들의 심정을 지금처럼 공감할 수도 없었을 거고요. 우리의 지난날을 절대 바꾸고 싶지 않아요. 고통의 나날들조차도 바꾸고 싶지 않습니다.

제안 오늘 사람들을 대할 때 그들에게 당신이 모르는 고통이 있다는 사실을 기억하세요. 그들 역시 당신의 사연을 전부 다 알지는 못하겠지요. 누구에게나 자기 몫의 고통이 있다는 강렬한 깨달음입니다.

5월 7일

* **나는 상처 입은 사람에게 기분이 어떤지 묻지 않는다. 그저 나 자신이 상처 입은 사람이 되어볼 뿐.** ─월트 휘트먼

    누구에게나 시련과 고통이 있습니다. 상황은 다를 수 있어도 느끼는 감정은 거의 비슷할 거예요.

오늘 런던에서 가장 상징적인 건물들 앞을 달려서 지나쳤어요. 국회의사당, 빅벤, 웅장한 버킹엄궁전. 세계적인 관광명소에서 사진을 찍는 관광객들로 북적이더군요. 처음엔 거리의 사람들이 걸리적거리더라고요. 나는 달리고 있는데, 다들 너무 굼뜨고 무심하게 느껴졌어요.

문득 내가 그들의 상황을 전혀 고려하지 않았다는 생각이 들더군요. 그 많은 사람들을 걸리적거리는 '물건'으로 전락시켰어요. 그들의 삶에도 저마다의 고통이 있으리라는 사실을 깨닫는 순간, 짜증이 잦아들더군요. 그들을 알지 못하는데도 그들과 연결되어 있다는 느낌이 들었어요. 주위 풍경에 감탄하며 사진을 찍는 사람들, 아이스크림을 손에 들고 천천히 걸어가는 사람들을 다시 즐거운 마음으로 바라보았습니다. 그들 곁을 지나칠 땐부디 그들이 좋은 하루를 보내길 기원했어요.

연민과 공감을 끌어내고 싶다면 자신에게 이렇게 묻는 것도 좋은 방법입니다. 나도 전에 저런 상황에 처했던 적이 있는가?

제안   오늘은 친구가 무슨 일이 있었는지 얘기할 때, 동료가 이야기를 들려줄 때, 사랑하는 사람과 논쟁을 벌일 때 그들의 입장이 되어 보세요. 같은 상황에 처했던 적이 있는지 자신에게 물어보세요. 당신의 감정적 경험을 당신 앞에 있는 사람이 느끼는 감정과 연결해 보세요.

5월 8일

* **진실을 말해야 사람들이 당신을 돕는다. 진정성이 있어야 한다.**

　—랜디 포시

　　진심으로 좋아하는 것을 솔직하게 털어놓으면 남들이 비웃을 거라 생각하는 사람들이 많은 것 같습니다. 자신의 가장 깊은 열정, 영감의 원천, 혹은 고통이나 두려움에 대해 얘기하는 사람은 많지 않아요. 너무 솔직해서 이상한 사람처럼 보일까 가장 깊은 진심은 숨기곤 합니다. 그런 태도는 결과적으로 사람들을 깊이 없이 얄팍하게 대하는 비극을 낳습니다. 저는 예전에 특정한 부류의 사람들은 깊은 감정적 체험이나 영적 체험이 없을 거라 단정하고 건조하게 대했습니다. 제가 감상적인 사람으로 보여서 무안을 당하고 싶지 않았거든요. 마음챙김을 주제로 강의할 때 유독 수강생 중 한 명의 반응에 신경이 쓰였어요. 그는 무척 심각하고 회의적인 표정이었고, 그가 강의 자체를 한심하다고 생각할까 봐 두려웠습니다. 그래서 과학적 증거를 강조하면서 논리적으로 설명하려 했습니다. 그런데 놀랍게도 강의 끝에 그가 자신의 삶에서 알아차림과 깨어 있음이 얼마나 유용했는지 이야기하더군요. 특히 어린 딸의 행동을 다룰 때에 유용했다고요. 그제야 그가 나와 다를 거라는 추측이 잘못되었음을 깨달았습니다.

제안　다른 사람과 나누고픈 당신의 일면이 있는지 생각해 보세요. 말하기가 조금 겸연쩍게 느껴지는 일생일대의 꿈 이야기도 좋습니다. 과거나 현재의 상처일 수도 있고 어떤 사람에 대한 솔직한 감정일 수도 있어요. 어쩌면 오늘이 누군가와 그 이야기를 나눌 수 있는 날은 아닐까요? 그래서 상대방과 보다 깊이 연결되는 날은 아닐까요?

5월 9일

* 친구 하나하나가 우리 내면의 하나의 세계를 상징한다. 그들이 오기 전에
는 없었던 세계다. 새로운 세계는 오직 만남을 통해서만 생성된다. —아나
이스 닌

    인간관계 초기에는 상대를 알기 위해 많은 시간을 들입니다. 가족,
어린 시절, 취미, 연인 등등 그 사람의 삶에 관한 것들을 묻게 되지요. 그
시기가 지나가면 대화의 주제가 일상적인 것들로 바뀝니다. 하루를 어떻
게 보냈는지, 주말엔 뭘 할 건지, 청구서가 얼마나 나왔는지를 묻고 가족
의 안부를 물어요. 자연스러운 현상입니다. 그러나 서로를 알아가는 관계
에서 친밀한 관계로 바뀐 뒤에도, 그 사람의 역사, 체험, 가치관, 생각의
복잡성과 아름다움을 심층적으로 탐험해야 합니다. 다음과 같은 질문들
이 그 흥미진진한 세계의 문을 여는 열쇠가 될 수 있어요.

- 과거의 어느 한 시점으로 돌아갈 수 있다면 언제로 돌아가고 싶은가요?
- 어린 시절 가장 좋아한 놀이는 무엇이고 즐겨 찾은 장소는 어디인가요?
- 지금껏 살아오면서 누린 가장 큰 축복은 무엇인가요?
- 어린 시절 어느 한 시기의 당신을 다시 만날 수 있다면, 언제로 돌아가 무
  슨 말을 해 주고 싶은가요?
- 당신 삶에서 가장 큰 영향을 준 사람은 누구인가요?
- 당신이 생각하는 완벽한 하루는 어떤 모습인가요?

제안 당신이 아는 사람 중 세 명의 이름과, 그들에게 묻고 싶은 질문을 적어 보
세요. 당신 곁에 있는 특별한 사람의 새로운 면을 배워 보세요.

5월 10일

* **법, 즉 올바른 삶의 방식을 듣고자 한다면, 다양한 장소에서 들을 수 있지만, 당신의 가슴을 울리는 특별한 법을 만나 그 법을 따르고자 마음먹기 전에는 제대로 들은 것이라고 말할 수 없다.** ―페마 초드론

대부분의 사람들은 종교나 믿음에 회의를 느끼는 위기를 한 번쯤 경험합니다. 특히 모태신앙을 저버려야 하는 상황에 처하면 더더욱 그렇습니다. 저 역시 청소년기에 어린 시절의 종교를 떠나며 위기를 겪었어요. 부모님이 두 분 다 독실한 기독교 신자였고 아버지는 목사였어요. 성장기에는 교리에 충실했지만 어느 순간 잘못된 길로 들어선 것 같은 기분에 비참해졌지요. 결국 청년기에 접어들면서 신앙을 버리기에 이르렀습니다.

그런데 지난 몇 년간, 놀랍게도 기독교의 다양한 가르침에 다시 마음이 끌리는 것을 느꼈습니다. 지금도 찬송가처럼 제게 큰 울림을 주는 건 없어요. 지치고 힘들 때, 교회에서 배운 성경구절만큼 큰 위로를 주는 것도 없고요.

사람들은 저마다 다른 곳에서 충만감을 느낍니다. 다양한 종교와 혹은 영적 수행을 통해서일 수도 있고, 과학적 진리에 헌신하거나 사랑 혹은 아름다움에 심취하는 것일 수도 있습니다. 누구나 때가 되면 어디에서 가장 큰 소속감과 유대감을 느낄 것인지 결정하게 됩니다.

제안 삶의 의미와 목적에 견고하게 연결되기 위해 오늘 당신이 할 수 있는 일은 무엇인가요? 다른 사람들이 어떻게 생각하건, 당신이 옳다고 믿는 것을 포용하세요. 당신의 길을 가세요.

5월 11일

* **충만함과 행복을 찾는 길은 저마다 다르다. 당신과 같은 길을 걷지 않는다고 해서 그들이 길을 잃은 건 아니다.** ─H. 잭슨 브라운 주니어

믿음은 어디에서 올까요? 어떤 것들의 영향으로 우리가 진리라고 믿는 것들이 만들어질까요? 부모님, 선생님, 종교 지도자, 친구, 사회, 문화, 집과 학교에서의 경험들, 그 외의 수많은 것들이 우리가 알고 또 믿는 것에 지문을 남깁니다.

우리가 통제할 수 없는 요인들은 강한 영향력을 미칩니다. 북아일랜드의 가톨릭 혹은 기독교 집안에서 태어날 수도 있고, 이스라엘의 유대인 집안에서 태어날 수도 있어요. 팔레스타인의 이슬람 집안에서 태어날 수도 있고, 인도의 힌두교 집안에서 태어날 수도 있고, 티베트의 불교 집안에서 태어날 수도 있습니다. 그렇게 우리는 '진리'로 여겨지는 것들을 믿으며 자랍니다. 성장하면서 믿음은 우리의 정체성에 스며듭니다. 그것은 우리의 자아와도 연결됩니다. 따라서 핵심적인 믿음을 위협하는 모든 상황은 극도의 불편과 불안을 일으키지요.

당신의 믿음에 의문을 갖거나 의심을 품은 적이 있나요? 세상을 바라보는 다른 방식은 불편하게 느껴지나요? 당신 자신의 믿음이라기보다는 다른 누군가의 믿음을 고수하고 있지는 않은가요?

제안 오늘은 '또 다른 진리'에 대해 생각해 보세요. 당신의 믿음 체계의 울타리 너머를 바라보세요. 마음을 열고 새로운 방식으로 세상을 바라보세요.

5월 12일

* **당신의 믿음을 가볍게 대하라. 그러나 믿는 동안에는 그것을 진리로 여기고 최대한 깊이 탐구하라.** —존 베케트

믿음은 종종 우리와 다른 사람들을 가르는 벽이 되곤 합니다. 대학 기숙사 시절 기독교 신자였던 저는 종교를 이유로 같은 층을 쓰던 친구 여럿과 거리를 두었어요. 지금 생각하면 지나친 태도였습니다.

결국엔 변화하기 마련인 믿음에 그토록 강하게 집착했다는 게 역설적이라는 생각이 듭니다. 대학을 졸업하고 나서 몇 년 후 기숙사 시절의 친구를 다시 만나게 되었어요. 예전에 그는 무신론자였고, 저는 기독교를 떠난 지 얼마 안 된 상태였지요. 이제야 그와 얘기가 통하겠다 싶었어요. 그런데 놀랍게도 무신론자였던 그는 가톨릭 신자가 되어 있더군요.

현재의 자아에 지나치게 몰입하다 보면 자신의 입장을 옹호하는 데 급급한 나머지 인간관계를 훼손하게 되곤 합니다. 그러나 우리의 믿음은 변합니다. 믿음이 변할 수 있는 것이라면, 그것도 극단적으로 변할 수 있는 것이라면, 우리와 다른 사람들 간의 의견 불일치에 너무 몰입할 필요는 없지 않을까요? 아무것도 믿지 말라는 의미가 아니에요. 오히려 거친 질문에 당당히 맞서며 당신의 가장 심오한 믿음을 용기 있게 따르라는 뜻입니다.

제안 종교적인 것이건, 정치적인 것이건, 철학적인 것이건 당신의 믿음이 위협 당할 때, 자만에 빠지는 것을 경계하세요. 방어심리가 작동하는 것이 느껴지나요? 당신의 믿음이 상충할 때 몸과 마음이 어떻게 반응하는지 알아차려 보세요. 어쩌면, 믿음을 조금 가볍게 대할 수 있을지도 모릅니다.

5월 13일

* **피레네 산맥의 이편에서 진실인 것이 저편에서는 거짓일 수도 있다.**

　　—블레즈 파스칼

　　우리의 믿음은 삶의 행로를 거치며 수정되고 변화합니다. 이해의 폭을 넓히며 성장하고 싶다면 대화를 통해 성장하는 것이 한 가지 방법이에요.

나와 다른 견해를 가진 사람을 만날 때까지 기다렸다가 대화를 나눌 필요는 없어요. 콜롬비아 대학의 연구원들은 참가자들에게 한 가지 문제에 대해 서로 다른 견해를 가진 두 사람의 대화를 상상하게 했습니다. 아무런 상상을 하지 않은 통제집단과 비교했을 때, 상상 속에서 대화를 주고받은 실험집단의 참가자들은 특정한 주제에 관해 한층 세세한 부분까지 이해하고 있었고, 문제점들을 더 많이 파악하고 있었으며, 해결책을 더 많이 제시했습니다. 반면 통제집단의 참가자들은 근거 없는 주장을 할 확률이 높았습니다. 가상의 상황을 상상 속에서 재연해 보는 것도 심도 있게 주제를 탐구할 수 있고, 효율적으로 문제를 해결할 수 있습니다.

제안　오늘 상상 속의 대화를 나누어 보세요. 당신에게 중요한 주제를 선정하세요. 현재 진행하고 있는 프로젝트도 좋고, 가족, 혹은 친구와의 토론도 좋습니다. 그다음엔 양측의 대화를 상상해 보세요. 대화를 주도하고, 두 가지 관점으로 대화를 주고받아 보세요. 전문 토론가들처럼 상대의 얘기를 듣고 반박해 보세요. 다양한 역할을 맡아 보고 다양한 관점을 제시하면서 깊이 있고 정밀하게 사안을 이해해 보세요.

5월 14일

* **무엇을 보느냐는 종종 무엇을 찾느냐에 달려 있다.** —존 러벅

이삿짐을 나를 때나 새로운 사업을 시작할 때처럼 유난히 바쁠 때면, 해야 할 일에만 몰두하며 안으로 침잠하기 쉽습니다. 잘 풀리는 긍정적인 상황들을 간과하게 되고 해결해야 할 일들만 눈에 잔뜩 보이지요.

바쁘거나 부담을 느끼는 상황일수록 잠시 멈추고 장미향을 맡아 보는 것이 좋습니다. 잠시 멈추고 감사해야 할 삶의 일면을 보라는 은유적 표현일수도 있지만, 오늘만큼은 문자 그대로 하는 말이에요.

최근 한 연구에서 400명 가까운 사람들에게 주위의 자연이나 조형물을 보면 어떤 기분이 드는지 물었습니다. 예상했던 대로 주위의 자연을 알아차리는 사람들이 높은 수준의 행복감을 느꼈고 인류와 자연, 전반적으로 삶에 밀착되어 있다고 느꼈어요. 나아가, 자신이 친사회적이며 보탬이 되는 사람이라는 생각이 들었다고 답했습니다. 자연이 제공하는 이로움을 누리기 위해 무조건 시골 언덕길을 산책하거나 초원을 거닐 필요는 없습니다. 창가의 화분, 지붕에 앉아 있는 새, 보도의 균열에서 피어난 꽃, 직장 근처의 나무를 알아차리는 것만으로도 충분합니다.

잠시라도 멈춰 서서, 일상 속의 자연을 바라보는 것만으로도 충분합니다.

제안 오늘 자연 속의 생명체들을 알아차리고 그것들이 불러일으키는 모든 감정과 느낌을 의식해 보세요.

5월 15일

* 나는 이 삶을 오직 꼭 한 번 지나칠 뿐이다. 따라서 만약 내가 베풀 수 있는 친절이 있다면, 내가 행할 수 있는 선이 있다면, 미루거나 외면하지 않고 지금 바로 할 것이다. 다시는 이 길을 지나가지 않을 것이므로.

—윌리엄 펜

우리가 이 행성에 머무는 시간은 짧습니다. 시간은 모래시계의 모래알처럼 빠져나가요. 앞으로 얼마의 시간이 남았을까요? 대부분은 알지 못합니다. 몇 년 혹은 몇십 년일 거라고 짐작하지만, 사실 우리에게 주어지는 매일매일이 선물입니다. 우리는 시간을 벌 수도 없고 당연히 누릴 자격이 있는 것도 아니에요. 시간은 비축하거나 저장할 수 없지요. 그 어떤 권력, 재력, 지식으로도 시간은 살 수 없습니다.

우리는 이 세상을 꼭 한 번 지나갑니다. 하루가 지나면 그 하루는 영영 사라져요. 기억 속에서만 존재할 뿐 다시 찾을 수 없습니다. 그렇다면 매일을 진실, 성실함, 연민, 그리고 사랑으로 살아야 하지 않을까요?

제안 오늘 무엇이건 당신이 행할 수 있는 선을 행하세요. 당신이 베풀 수 있는 친절을 당신 자신에게, 그리고 남에게 베푸세요. 다른 사람을 위해 문을 잡아 주거나, 자리를 양보하세요. 당신만의 단순하고 창의적인 방법으로 친절을 베푸세요. 그것을 시작할 장소는 오직 하나, 바로 이 행성입니다. 시작해야 할 시간도 오직 하나, 바로 지금입니다.

5월 16일

* **고향에 대한 사무치는 그리움은 우리 모두의 내면에 존재한다.** ―마야 엔젤루

　　우리는 종종 사람들에게 "고향이 어디세요?"라고 묻습니다. 저에겐 딱히 고향이라고 여길 만한 곳이 없어요. 열여덟 살이 되기도 전에 주소지가 아홉 번 바뀌었고, 이후 약 20년 동안 또 아홉 번 바뀌었으니까요. 고향은 그저 나의 가족, 내가 평생 알았던 사람들이 사는 곳이었습니다.

고향으로 돌아간다는 말에는 어딘가 순수함이 배어납니다. 고향이란 온갖 가식과 형식을 벗어던지고, 편안하게 스며들 수 있는 장소입니다. 원하는 것을 눈치보지 않고 얘기할 수 있는 곳, 먹고 싶은 음식을 먹을 수 있는 곳, 입고 싶은 옷을 입을 수 있는 곳이지요. 물론 아무것도 입지 않을 수도 있고요.

마음이 중심을 되찾으면 우리의 고향을 만들 수 있습니다. 세상은 고향을 떠나게 만드는 것들, 중심에서 멀어지게 만드는 것들로 가득합니다. 이메일을 확인하고, 소셜 미디어를 사용하고, 뉴스를 읽는 것이 나쁘다고 말할 수는 없어요. 그러나 우리를 균형 잡힌 삶으로 이끌지 않는 것들, 우리를 고향으로 이끌지 않는 것들의 시간을 제한할 필요는 분명히 있습니다.

제안　마음의 고향으로 돌아가는 것이 어떤 의미인지 생각해 보세요. 문을 열고 내 집으로 들어서는 순간, 당신은 무얼 내려놓나요? 집으로 돌아오는 것이 당신에게는 어떤 느낌인가요? 생각하는 방식이 달라지나요? 특정한 행동을 하게 되나요? 오늘 하루 잠시 시간을 내어 '집으로' 돌아가 보세요. 당신의 가장 진실한 모습으로 돌아가세요.

5월 17일

* **가진 것에 만족하라. 있는 그대로 즐겨라. 아무것도 부족함이 없음을 깨달을 때 온 세상이 너의 것이다.**—노자

현대 사회는 새 옷, 최신형 기기, 더 빠른 차, 반짝이는 보석, 멋진 뷰의 큰 집, 더할 나위 없는 완벽한 휴가를 권합니다. 이것만 더 가지면 행복할 거라고 조건을 다는 것은 위험한 생각입니다.

우리는 행복을 특정한 사건이나 경험에 달려 있다고 여깁니다. 이번에 승진하지 못한다면, 주문한 디저트가 맛이 없다면 등등. 무언가를 얻지 못해서 불만이 올라올 때 이런 질문을 던져 보는 것도 좋겠습니다. "나의 행복에 과연 이것이 꼭 필요한가?"

삶의 어떤 요소들은 당연히 안락한 삶에 연결되어 있습니다. 의미 있는 일, 친밀한 인간관계, 영양분 섭취처럼 인간에게는 여러 단계의 욕구가 있어요. 그러나 그 나머지 것들, 승진, 케이크 한 조각이 우리의 행복에 과연 꼭 필요한 요소인지는 찬찬히 살펴볼 필요가 있어요. 그것을 갖기 전에는 한 번도 행복을 느낀 적이 없었나요? 물론 있겠지요. 그러니 기운 내세요. 그것이 없어도 여러분은 행복할 수 있으니까요.

제안 오늘 운전하다가 파란 신호를 놓치거나 맞는 사이즈의 옷을 살 수가 없을 때, 그보다 큰 삶의 기회를 놓칠 때, 행복을 위해 그게 정말 필요했는지 자신에게 물어보세요. 기대, 갈망, 집착을 버리세요. 행복이 불쑥 찾아와 인사를 건넬지도 모르니까요.

5월 18일

*   강 같은 평화가 밀려들 때나, 파도처럼 슬픔이 포효할 때나, 주께서 이렇게 말하라 가르치셨네. "내 영혼 편안하도다, 내 영혼 편안하도다." —호레이쇼 스패포드

외부적인 일들에 마음의 평화가 흔들리곤 합니다. 저는 종종 시간과 관련하여 이런저런 조건을 붙이곤 합니다. "7시 40분까지 샤워를 할 수 있으면 좋을 텐데", "8시 20분에는 책상 앞에 앉을 수 있으면 좋을 텐데", "오늘 중으로 블로그에 글을 올리면 참 뿌듯할 텐데" 계획대로 일을 처리하는 건 좋은 일이지만 우리의 행복을 계획에 의존하는 건 좋지 않습니다.

오늘 명언에 쓴 호레이쇼 스패포드의 찬송가 가사는 마음의 평화가 주변 환경에 의존하지 않음을 일깨워 줍니다. 그의 아내와 네 딸은 배를 타고 대서양을 건너고 있었어요. 그런데 그들이 탄 배가 다른 배와 충돌하고 말았지요. 딸들은 그 사고로 목숨을 잃었습니다. 홀로 구조된 아내를 만나러 영국으로 가는 길에, 그가 쓴 시가 '내 영혼 편안하도다'라는 찬송가가 되었습니다. 호레이쇼 스패포드의 가사 대로라면, 표현할 수 없는 슬픔 속에서도, 강물이 고요하건 파도가 우릴 덮치건, 우리는 평온할 수 있습니다.

제안 행복의 조건으로 여기고 집착하는 것들이 있나요? 평화로운 저녁시간을 보내는 것처럼 작은 것일 수도 있고, 평생의 동반자를 찾는 것처럼 중대한 결정일 수도 있겠지요. 불확실한 결과에 당신의 행복을 걸지 마세요. 일이 뜻대로 풀리지 않아도 괜찮습니다. 다시 행복이 돌아오게 하세요.

5월 19일

* **시간은 쏜살같이 날아가고, 초파리는 바나나를 좋아한다.**◆ —앤서니 외팅거

시간에 대한 경험은 상대적입니다. 아인슈타인이 말한 것처럼 시간은 하나의 환상이에요. 이론적으로는 우리가 서 있을 때, 발보다 얼굴에서 시간이 더 빨리 흐릅니다. 아인슈타인의 상대성 이론에 의하면, 지구의 중심에 가까울수록 시간이 더 느리게 흐르기 때문이지요.

물리학에서는 시간과 공간의 개념을 중력과 속도의 영향을 받는 유동적인 것으로 보고 있어요. 그러나 일상 속에서 우리는 시간을 고정된 것으로 여기지요. 우리는 어떤 일을 하는 데 어느 정도의 시간이 걸려야 하는지, 일정한 시간 내에 어느 정도의 일을 해야 하는지 스스로 고정관념을 만듭니다. 시간이 부족해지면 자신을 질책하지요. 시간에 대한 우리의 개념은 하루를 정리하는 유용한 도구라기보다는, 어깨를 짓누르는 무겁고, 크고, 다루기 힘든 기계에 가까워요.

당신은 시간과 사이가 좋은가요? 시간이라는 일정표에 지배당하는 대신 일정표의 안내를 받으려면 어떻게 해야 할까요?

제안 시간과의 관계를 돌아보세요. 시간에 대한 기대가 도움이 되었을 때, 혹은 방해가 되었을 때를 떠올려 보세요. 더욱 즐겁고 생산적인 하루를 보내려면 시간을 어떻게 다뤄야 할까요? 시간을 주도적으로 활용해 보세요.

◆ 'Time flies like an arrow, fruit files like a banana.' fly가 '날다' 와 '파리', 두 가지 의미로 쓰이는 것을 이용한 재치 있는 문장. 번역문에서 살리기 어려워 직역했다.

5월 20일

* **즐겁게 보낸 시간은 낭비한 시간이 아니다.** —마르트 트롤리 커틴

행복은 성취와 소유에 달려 있지 않습니다. 중요한 것은 경험 자체입니다. 얼마 전 금요일 오후, 엄청난 교통체증에 시달릴 때 일어난 일입니다. 경적 소리가 요란하게 울리고 운전자들이 창문을 내리고 서로 소리를 지르더군요. 저는 빨리 주말이 시작되기만을 바라고 있었어요. 바로 그게 아이러니였습니다. 모두가 그저 빨리 집에 가서 쉬고 싶은 생각뿐일 텐데, 조급함과 조바심 때문에 단순히 불쾌하고 말 상황을 비참한 상황으로 만들고 있었으니까요.

지금 이 순간 일어나는 일을 편안하게 받아들일 때, 심지어 우리가 소중한 시간을 낭비하고 있는 것 같을 때조차도 다 괜찮다는 걸 깨닫게 됩니다. 생각해 보면 금요일 오후, 차 안에 있는 것은 그리 나쁘지 않았어요. 에어컨을 틀어 놓고 뉴스에 나오는 흥미로운 이야기를 듣고 있었으니까요.

우리가 이룬 것의 많고 적음은 어느 순간 아무 상관이 없어져요. 우리 모두 언젠가는 이 지구에서 사라지고, 또 잊힙니다. 시간 안에서 우리가 무엇을 성취하느냐보다는 그저 우리에게 주어진 이 시간이 소중한 건 아닐까요?

제안 오늘 한 시간 동안 시간과 친구가 되어 보세요. 한 시간만큼은 앞으로 해야 할 일에 대한 모든 부담을 내려놓으세요. 한 시간 만큼은 당신이 해낸 일로 시간의 가치를 정의하지 마세요. 당신의 경험 자체가 중요하다는 사실을 기억하세요.

5월 21일

* 살아 있는 것은 여리고 잘 구부러지며, 죽은 것은 딱딱하고 뻣뻣하다. 딱
   딱하고 뻣뻣한 것은 부러지고, 여리고 구부러지는 것은 살아남는다.

—노자

친구가 된다는 것은 어떤 의미일까요? 당신의 친한 친구를 떠올려
보세요. 그에게 어떤 감정을 갖고 있나요? 당신은 아마도 그의 과거에 대
해 잘 알고 있겠지요. 그와 함께했던 추억이 있을 거고요.

그 친구와 함께 어떤 일들을 겪었나요? 아마 재미있고 기억에 남을 만한
시간을 보냈을 거예요. 좋을 때도 있고 나쁠 때도 있었겠지요. 말다툼도
있었고 오해도 있었을 거고요. 함께했던 시간은 두 사람의 우정 속에서 시
간이 흐를수록 더 견고해졌을 거예요.

당신은 그 친구를 어떻게 대하고 있나요? 건강하고 견고한 관계라면, 아
마도 당신은 친구를 사랑, 존경, 연민, 이해로 대하겠지요. 그의 모습을 있
는 그대로 받아들이고, 그를 바꾸려 하거나 통제하려 애쓰지 않겠지요. 어
쩌다 그가 당신에게 상처를 주었다 해도, 아마 그를 용서하겠지요.

제안 오늘 가장 친한 친구 대하듯 스스로를 연민과 애정으로 대해 보세요. 매 순
간을 사랑과 존경으로 대하되 통제하려 하지 마세요. 오늘 하루가 당신 뜻
대로 풀리지 않는다면, 용서하는 마음을 꺼내어 보세요. 여려지고 구부러
져서, 현실의 흐름에 몸을 맡겨 보세요.

5월 22일

*   **당신은 불완전하며, 영구적인, 그리고 불가피한 결함을 지니고 있다. 그리고 당신은 아름답다.** —에이미 블룸

　내가 가진 모습 중에 마음에 들지 않는 부분이 있나요? 부족한 모습으로 오랫동안 괴로워한 경험이 있나요? 부족한 자신을 인정하고 또 받아들이고, 나아가서 포용하는 것이야말로 스스로에게 베풀 수 있는 가장 큰 친절입니다. 비록 우리에게 약하고 미흡한 부분이 있긴 하지만 그게 나의 전부는 아님을 이해하는 것이지요.

평생에 걸쳐 나의 부족함을 개선하기 위해 노력했는데도 고쳐야 할 점이 아직도 얼마나 많은지 놀라울 뿐입니다. 인내심 부족과 시간 관리 능력 부족도 그중 하나예요. 두려움, 질투, 수시로 나타나는 강박증세도 그렇고, 남들에게 인정받고자 하는 경향도 있습니다.

무거운 배낭을 내려놓듯이 괴로움을 벗어던지고 싶었고, 실제로 몇 번은 그것들을 내려놓기도 했어요. 어쨌든 전반적으로는 점점 나아지고 있다고 믿고 싶습니다. 그저 과거의 결함을 버리고 새로운 결함으로 갈아탄 것인지 의구심이 들 때도 있어요. 그러나 오래전에 아주 총명한 학생이 나에게 말했듯이, 나아지려 노력하는 그 순간에도 우리는 이미 완벽합니다.

제안　당신이 해결하고자 노력하는 문제가 있다면, 마치 친구를 반기듯 그 문제를 반겨 보세요. 장점과 단점을 지닌 있는 그대로 자신을 포용해 보세요.

5월 23일

* 우리는 습관적으로 '탓'이라는 장벽을 세우곤 한다. 그 장벽이 타인과의 진정한 교감을 가로막는다. 옳고 그름에 대한 자신의 생각으로 그 벽을 공고히 한다. 가장 가까운 사람을, 정치 조직을, 자신이 속한 사회에서 마음에 들지 않는 모든 것들에 벽을 세운다. 남을 탓하는 것. 그것은 기분이 나아지기 위해 인간이 사용하는 상투적이고 오래된, 절묘한 도구다. 남 탓은 우리의 마음을 보호하기 위한 방편이고, 우리 내면의 연약한 부분을 보호하기 위한 방편이다. 우리는 고통을 감수하기보다는 그런 식으로라도 마음이 편안해질 수 있는 방법을 찾고야 만다. —페마 초드론

우리는 종종 무언가를 탓합니다. 자신을 보호하려고 외적인 환경을 비난합니다. 남에게 책임을 전가하면 일시적으로는 기분이 편해질 수도 있겠지만 그 안에는 죄책감이 자리 잡고 있어요. 나의 잘못과 실수를 받아들이는 것은 고통스럽기 때문에 사실로부터 숨으려 합니다. 자신이 지닌 결함 때문에 스스로를 완전한 실패자로 여길 때 고통이 밀려듭니다. 그러나 오늘은 새로운 날입니다. 남 탓하기를 멈추고 연민과 이해로 살아갈 새날입니다.

제안 오늘 자신을, 혹은 남을 탓하는 순간 알아차려 보세요. 탓하기를 멈추고 자신을, 그리고 남을, 주변 상황을 좀 더 이해하려 노력해 보세요.

5월 24일

* **이성, 관찰, 그리고 경험. 과학의 삼위일체는 우리에게 행복만이 유일한 선이며, 행복해야 할 시간은 바로 지금이며, 행복해지기 위한 방법은 다른 사람을 행복하게 하는 것임을 가르쳐 주었다.** ─로버트 잉거솔

　　때로는 시련의 한복판에서, 예기치 못한 성스러운 순간들이 찾아옵니다. 어젯밤, 머리와 가슴이 익숙한 긴장에 휩싸이는 것을 느꼈고, 아이들을 재울 준비를 하면서 불필요하게 화를 내게 되었습니다. 좀 더 잘 대처하고 싶었지만, 어딘가에 갇힌 기분이 들었고 어떻게 수습해야 할지 난감했어요.

　　잠시 후 아들이 이를 닦아 달라고 했고 아이의 입안을 더 잘 보려고 아이 앞에 무릎을 꿇고 앉았습니다. 무릎을 꿇고 앉으니, 비로소 내가 아이를 존중하는 기분이 들었어요. 이를 닦아 준 다음 아들을 안아 주었습니다. 아이가 내 품에 안긴 채로 "고마워요, 아빠"라고 말하더군요. 감정표현을 잘 하지 않는 아이가 주는 값진 선물이었습니다.

　　돌보아야 할 아이들이 있다 보니 일상에서의 휴식이 여의치 않네요. 이러한 구속이 힘들게 느껴지기도 하지만, 덕분에 항상 아이들 곁에 머물며 배우고 있습니다.

제안　오늘 당신이 고개를 수이거나 무릎을 꿇을 사람을 선택해 보세요. 곁에 있는 사람이어도 좋고 만날 수 없지만 마음에 두고 있는 사람이어도 좋습니다. 고개를 숙이기 쉬운 상대여도 좋고, 혹시 힘든 도전을 원한다면 좋아하기 힘든 상대여도 좋습니다.

5월 25일

* 한 계절, 또 한 계절을 보내며, 어느덧 황혼기에 접어든다. 세상에 나와 첫 울음을 터뜨릴 때부터 머리가 백발이 될 때까지, 삶은 슬픔과 행복과 좋은 일과 힘든 일로 가득 차 있다. 황혼기에 얼마나 멀리 걸을 수 있느냐는 우리의 육체와 정신, 영혼의 상태에 달려 있다. 이 시기에는 평정을 유지하고, 덜 기대하며, 포용하고 용서하되, 관심받을 때나 외면당할 때나 과함이 없어야 한다. 머물고 떠나는 것은 더 이상 중요하지 않다. 날마다 미소를 머금고 친절을 베풀어라. 베푼 것의 대가를 바라지 마라. 결국엔 다른 사람을 행복하게 하는 것이야말로 가장 위대한 삶의 성취다. —양 지앙

어젯밤 어머니와 저녁식사를 했습니다. 어머니는 병원 예약 때문에 런던에 와 있었고 유방암 항암치료를 받은 이후 최선의 치료가 무엇인지 고민하고 있었어요. 우리는 중동 레스토랑에 앉아 음식을 먹으며 이야기를 나누었습니다. 어머니의 손을 잡고 따스한 눈을 바라보며 이야기에 귀를 기울였어요. 방사선 치료를 받고 나서 스스로 많이 늙은 것 같다고 하더군요. 어머니는 여전히 아름답다고 말해 주었습니다. 어머니는 103세의 작가가 쓴 글이라며 양 지앙의 글을 읽어 주었습니다. 우리는 이런 순간을 함께할 수 있는 게 얼마나 행운인지 이야기했습니다.

제안 황혼기에 접어든 사람에게 손을 내밀어 보세요. 가족도 좋고, 친구, 이웃, 혹은 낯선 사람이어도 좋습니다. 그들이 살아온 삶에 대해 물어보세요. 삶의 각 단계에서 그들이 배운 것이 무엇인지 질문하세요. 그들의 눈을 쳐다보세요. 그 순간에 머물러 보세요.

5월 26일

✳ **가장 이상적인 평온함은 몸과 마음과 정신이 일치되는 경험에서 비롯된다.** —초걈 트룽파

격한 감정이 머리와 가슴을 점령하면 나중에 후회할 일을 하게 됩니다. 그러나 항상 깨어 있다면, 시련의 시기에도 품위 있게 대처할 수 있습니다.

요즘 부모로서 인내심을 유지하기란 얼마나 힘이 드는지 새삼 깨닫습니다. 아이들을 재우면서 갑자기 이런 생각이 들었습니다. "지금 나는 짜증이 난 상태야. 하지만 내 기분과 상관없이 아이들에게 자상할 수 있어. 아이들에겐 항상 자상하고 싶으니까."

마치 누군가가 나에게 선물을 건넨 것 같더군요. 솔직히 매번 그런 식으로 대처하지는 못했어요. 하지만 아이들을 잠자리에 들도록 준비시키는 시간이 더 즐거워졌고, 아이들에게 괜히 화를 내고 나서 후회하는 일도 피할 수 있었습니다.

사실 삶은 우리가 생각하는 것보다 훨씬 더 많은 면죄부를 주는데, 마음속의 잡동사니들 때문에 그것들을 못 보고 지나치는 게 아닌가 하는 생각이 듭니다. 완벽한 사람은 될 수 없겠지만, 삶이 우리에게 시원한 물 한잔을 건네어 줄 때, 좀 더 자주 그 물을 받아 마실 수는 있지 않을까요?

제안 당신이 괴로워하는 상황을 떠올려 보세요. 그 상황에 어떻게 대처하고 싶은지 결정하세요. 다루기 힘든 상황이 닥치면 몸과 호흡에 집중하세요. 당신의 위치를 의식하며 굳건히 현실에 머물러 보세요.

5월 27일

* **지금 이 순간은 기쁨과 행복으로 가득 차 있다. 주의를 기울이면 보일 것이다.** —틱낫한

우리가 완전히 긴장을 풀고 휴식을 취하는 순간들이 있습니다. 휴가 중에 수영복을 입고 따스한 햇살을 받으며 앉아 있을 때면, 모든 것을 놓아 버리지요. 저 멀리 푸른 바다 위로 새들이 날아다닙니다. 백사장에 펼쳐 놓은 타월 위로, 지금 이 순간 속으로 스며듭니다. 어떤 아이스크림을 먹을지, 백사장이 너무 뜨거워서 돌아누울지 말지를 결정하는 것이 가장 중요한 일이지요.

그렇다고 완전히 긴장을 풀기 위해 휴가만 기다리지 마세요. 해외여행을 위해 우리가 누릴 수 있는 모든 축복을 아껴 둘 필요가 없습니다. 행복은 지금 이 순간, 바로 여기에 있습니다. 잠시 시간을 내기만 하면 되는 일이에요. 우리의 생각들, 걱정들, 기대들, 계획들을 다 내려놓고 오직 지금 이 순간에 머물면 되는 일입니다.

제안 열두 시간에는 4만 3천 2백 초가 들어 있습니다. 우리가 스며들 수 있는 순간, 모든 것을 놓아 버릴 수 있는 순간입니다. 몇 초여도 좋고, 5분, 30분, 혹은 그보다 긴 시간이어도 좋습니다. 오늘 적어도 어느 한 가지 일에서, 긴장의 나사를 풀 기회를 만들어 보세요. 그 일이 무엇이건, 천천히 깊은숨을 내쉬며 지금 이 순간과 연결되어 보세요. 당신의 몸에 배어 있는 긴장과 스트레스를 날려 보세요.

5월 28일

*   나에게 가장 흥미로운 질문은, 우리는 왜 따분한 것을 싫어하느냐 것이다. 어쩌면 따분함이 본질적으로 고통스러운 것이어서 "따분해 죽겠다" 혹은 "견딜 수 없을 정도로 따분한" 같은 표현이 있는 건지도 모른다. 그러나 그 이상의 의미가 있는 건 아닐까? 따분함은 심리적 고통과 관계가 있을지도 모른다. 따분하거나 모호한 상태일 때, 늘 우리 곁에 머무는 고통, 저 바닥에서 은은하게 흐르는 깊은 내면의 고통을 느끼지 않으려고, 주의를 분산시키는 데 모든 시간과 에너지를 쏟아붓는다. ─데이비드 포스터 월리스

고요한 상태에 접어들 때, 두려워하는 감정이 올라오는 것을 피하기 위해 스스로 주의를 분산시키곤 합니다. 그러나 고요함 속에 스며들고 따분해질 위험을 감수한다면 놀라운 일이 벌어질 수도 있어요.
어제 일출 직전에 아침 산책을 나갔습니다. 다른 오락거리 없이 걷기만 한다는 게 꼭 벌칙처럼 느껴졌어요. 음악을 들을까도 생각했지만, 그러지 않기를 잘했죠. 그랬다면 아마 내가 들어본 가장 큰 새소리를 놓쳤을 테니까요. 사방에 피어 있는 아름다운 꽃들도, 바람을 타고 날아온 풀 향기도, 땅에 닿는 발의 느낌도, 머리를 스치는 서늘한 바람도 놓쳤겠지요. 모든 근심 걱정이 다 날아가는 것만 같았습니다.

제안   오늘 밖으로 나가 '감각의 산책'을 즐겨 보세요. 단 5분이라도 감각이 가져다주는 것들을 음미해 보세요. 풍경, 소리, 냄새, 촉감을 느껴 보세요. 당신의 몸과 마음, 영혼이 어떤 경험을 하는지 세심하게 알아차려 보세요.

5월 29일

* 목적이 있는 삶을 살아라. 끝까지 걸어라. 열심히 들어라. 건강한 삶을 살아라. 닥치는 대로 놀아라. 웃어라. 선택을 후회하지 마라. 친구들에게 감사하라. 계속 배워라. 좋아하는 일을 하라. 내일이 없는 것처럼 살아라.

—마리 앤 래드마허

'왜'라는 질문은 우리를 표면 아래로 데려갑니다. 내면 깊은 곳에서 흐르는 열정, 욕망, 의도, 이성, 역할, 목표로 우리를 데려갑니다. 당신은 왜 지금 그 일을 하고 있나요? 왜 그 친구, 그 배우자를 두었으며, 왜 그런 주말을 보내고, 왜 누군가가 어떤 말을 할 때면 유독 방어적인 태도를 취하나요?

예를 들면, 임금 인상을 원한다는 이유로 새 직장에 지원했지만, 사람들이 좋다는 이유로 현재 직장에 남아 있을 수도 있어요. 처음에는 당신에게 영감을 주어서 어떤 일을 시작했지만, 어느 순간 그 일에 갇힌 기분이 들 수도 있겠지요. 어쩌면 지금 왜 이 일을 하고 있는지를 잊었는지도 모릅니다. 스스로 끊임없이 묻지 않는다면 고립되는 느낌을 받게 됩니다.

'왜'와 단절될 때 무력함과 허탈감이 밀려들지요. 한때 우리를 움직이게 했던 '왜'는 유효기간을 넘겼을지도 모릅니다. 더 이상 우리의 가치관과 열망에 부합되지 않을 수도 있어요.

제안 행동을 취하게 만드는 '왜'를 찾아보세요. 설거지할 때나, 친구와 대화할 때, 배우자와 얘기를 나눌 때, 누군가에게 도움을 줄 때, 식당에서 메뉴를 선택할 때, 특정 프로젝트를 위해 일할 때, 질문을 던져 보세요. 당신에게 숨겨진 가치나 열망이 있는지 살펴보세요. 자신에 대해 계속 배우세요.

5월 30일

* **나는 영원히 끝나지 않는 삶을 원치 않는다. 다만 내가 여기 있는 동안 진정으로 살아 있기를 원한다.** ─더 스트럼벨라스

우리 주변엔 의미 있는 소통을 방해하는 것들로 가득합니다. 그중 어떤 것은 통제권 밖에 있는 것이고, 또 어떤 것은 우리가 하는 결정에서 비롯되지요. 때로 우리는 사색에 잠기거나 긴장을 풀 시간, 가장 가까운 사람들과 보낼 시간조차 낼 수 없을 정도로 과한 일정을 잡습니다. 적정량 이상의 술을 마시고, 건강에 해로울 정도로 휴대폰에 매달려 있거나, 친밀감을 가로막는 정서적 갑옷을 두르기도 합니다.

저 역시 영적인 삶과 자신을 돌보는 일을 희생시키고 '생산성'을 선택하곤 해요. 이번 주만 해도 일을 빨리 시작하려고 아침 운동과 명상을 걸렀어요. 그 여파를 바로 몸과 마음에서 느낄 수 있었습니다.

왜 영혼을 채워 주는 일들을 마다하는 걸까요? 우리의 중심에 연결되는 것이 그토록 좋은 일이라면, 왜 자꾸만 중심에서 이탈하는 걸까요? 무엇보다도 우리가 자주 잊기 때문인 것 같습니다. 즉각적인 보상이라는 환상에 이끌려 궁극적인 결과를 잊는 것이지요.

제안 중심에서 벗어나는 행동을 할 때, 스스로에게 하는 변명을 알아차려 보세요. 오늘 당장 당신의 행동을 바꿀 수 없더라도, 조금 더 깨어 있을 수 있을 거예요. 나아가서 조금 더 선택의 자유를 누릴 수 있을 거예요.

5월 31일

* **지도하는 것도 중요하지만, 격려하는 것이야말로 가장 중요하다.** —요한 볼프강 폰 괴테

　　대단한 노력을 들이지 않고도 우리는 누군가를 감동시킬 수 있습니다. 최근 오랜 친구로부터 이메일을 받았습니다. 우리의 우정이 자신의 삶을 어떻게 변화시켰는지에 관한 감동적인 글이었어요. 그 메일을 열어보기 전에 마음이 무거웠고 몹시 지친 상태였습니다. 몇 분 뒤 무거웠던 마음은 온데간데없고 피로감이 있던 자리를 감사와 교감이 가득 채웠어요. 격려는 다양한 형태로 찾아옵니다. 작은 선물, 가벼운 토닥임, 미소 같은 행동으로요. 격려야말로 우리의 삶을 밝혀 줍니다. 우리의 가슴을 따뜻하게 하고 영혼을 끌어올립니다.

노력을 인정해 주고 진심 어린 칭찬을 해 주는 상사를 두는 게 얼마나 큰 힘이 되는지 모두가 알고 있어요. 우리 모두 부모의 인정과 승인을 갈구하는 어린아이였습니다. 우리 모두 다른 누군가가 자신을 믿어 줄 때의 안정감과 뿌듯함을 알고 있습니다.

제안 누군가에게 격려의 말을 해 주세요. 가족 중 한 명이어도 좋고, 직장 동료여도 좋고, 친구여도 좋습니다. 지하철 안내원도 좋고, 슈퍼마켓 계산원도 좋습니다. 전화로, 문자로, 이메일로, 혹은 직접 격려의 말을 전해 보세요. 당신의 말 한마디가 상대방의 하루를 환하게 밝힙니다. 어쩌면 마침 꼭 필요한 순간에, 당신이 격려의 말을 건넸을 수도 있습니다.

◇

"일단 시작해 보면 방법은 저절로 떠오르기 마련입니다.
시작하세요. 열정이 따라옵니다."

6월

6월 1일

* **너무도 많은 사람들이 비 내리는 오후에 무얼 해야 할지도 모르면서 불멸을 꿈꾼다.** —수잔 헤르츠

따분한 상황이 오면 불편하신가요? 저는 예전에는 술로, 최근에는 음식으로, 재미없고 지루한 상황에서 벗어나려 했습니다. 한때 매일 밤 저녁식사 후 막연한 불안감을 달래기 위해 폭식하는 습관이 있었어요. 군것질에 대한 갈망을 참을 수 없었습니다. 당장 초콜릿과 아이스크림을 더 먹지 않으면 불편할 뿐 아니라 아주 끔찍할 거라고 생각했지요.

그러던 어느 날, 그 갈망을 참으며 냉장고로 가지 않았습니다. 갈망이 잦아들기까지 생각보다 긴 시간이 걸리진 않더군요. 그다음에 놀라운 일이 벌어졌어요. 저는 아주 깊은 슬픔을 느꼈습니다. 당시 힘겨운 시간을 보내고 있던 친구를 떠올렸어요. 냉장고에서 먹을거리를 찾는 대신 오랜 전화 목록을 뒤져 그녀에게 연락을 했습니다.

만약 그날 밤 디저트를 향한 집착 수준의 갈망에 굴복했다면, 굴복하지 않았을 때 무슨 일이 벌어질지 영원히 알지 못했을 거라는 생각이 들더군요. 갈망에서 서서히 빠져나오면서, 그동안 놓치고 있던 것들을 알게 되었습니다.

제안 따분함을 느끼는 순간을 알아차려 보세요. 신호를 기다리거나, 식탁에서 식사를 할 때 따분한가요? 당신의 첫 반응은 무엇인가요? 따분함을 떨쳐버리거나 해소하고 싶은가요? 따분함의 이면에 무엇이 있는지 알아볼 기회를 스스로에게 허락하세요.

6월 2일

* **안락함과 평온함 속에서는 강인함이 계발될 수 없다. 도전과 고통만이 인간의 영혼을 강인하게 만들고, 야망을 갖게 만들며, 성공을 이루게 만든다.**
  —헬렌 켈러

좌절이 훗날 무엇으로 바뀔지 누구도 알지 못합니다. 아내와 나는 아기를 가지려 애쓰는 과정에서 큰 좌절을 겪었어요. 첫 임신은 임신 중반기에 유산되었고 몇 달 뒤 또 한 차례 유산을 겪었습니다. 그로부터 1년이 지난 후 임신에 성공했지만, 흥분과 함께 두려움이 밀려들었어요. 이번 임신이 또 한 번의 고통을 줄지 알 수 없었으니까요.

첫아이를 맞이했던 순간이야말로 삶에서 가장 긴장되면서도 기쁜 순간이었습니다. 루커스를 안고 그 신기한 파란 눈을 들여다보고 있는데 마치 별나라로 가는 문이 열린 것 같은 기분이 들더군요. 신비의 문은 이후로 두 번 더 열렸고, 소중한 두 딸 에이다와 페이가 태어났어요.

우리가 겪어낸 고통은 예측하지 못한 방식으로 우리를 변화시키기도 합니다. 고통으로 인해 여러 번 가슴이 찢어졌지만, 한편으로 마음이 온화해졌어요. 타인의 고통을 더 잘 이해하게 되었습니다. 아이를 갖는 것과 관련된 고통뿐 아니라 온갖 종류의 고통에 대해서도요. "우리에게 일어나는 모든 일에는 다 이유가 있다"는 말을 별로 좋아하진 않지만, 고통이 지금의 나를 만든 것만은 분명합니다.

제안 10년 전 당신은 어떤 희망과 계획을 가지고 있었나요? 모든 일이 계획대로 풀렸나요? 계획대로 풀리지 않았던 일은 무엇인가요? 지금까지 삶에 어떤 굴곡과 반전이 있었는지 되돌아보세요.

6월 3일

✳ **어떤 아름다운 길은 길을 잃어야만 만날 수 있다.** —에롤 오잔

살다 보면 뜻밖의 시련을 겪습니다. 그 시련이 지금의 나를 만든 것이지요. 선택했던 길이 알고 보니 실망스러웠던 때도 있었고, 거절당한 뒤로 더 좋은 기회를 만나기도 했어요. 험난한 길을 걸을 때 가장 소중한 친구를 만나기도 했습니다.

대학원 졸업 이후를 되돌아보면, 모든 게 순리대로 풀렸지만 실제로 일이 일어나는 동안에는 아무것도 예측할 수가 없었습니다. 10여 년 전 저는 진료실을 개업할 계획이었어요. 하지만 막판에 계획을 틀어서 의학대학 교수직을 맡기로 결정했고, 거기서 아리아 캠벨 다네시를 만났습니다.

그리고 바로 그 시기, 내가 교수직에 영원히 머물 수 없다는 사실을 분명히 깨닫게 되었어요. 다시 인문과학대학 전임교수로 자리를 옮긴 다음 인근에 진료실을 개업하고, 3년 뒤 대학을 떠나면서 진료실에만 전념했습니다. 사실 익숙한 환경에서 벗어나 새로운 길로 들어서기가 두려웠어요. 내가 선택한 결정이 나를 어디로 이끌지 알 수 없었으니까요.

앞으로 일이 어떻게 풀릴지 모르는 지금을 10년 뒤에 돌아본다면, 그래도 무사히 지나왔다고 생각하겠지요. 그렇다면, 미래를 조금 더 가볍게 바라볼 수도 있지 않을까요?

제안 상실의 고통 혹은 불확실성의 두려움이 있었던 과거의 어느 한 시기를 돌아보세요. 해결할 수 없을 거라고 생각했지만 해결되었던 적이 있나요? 현재의 삶에 불확실한 상황이 있다면 그때의 경험을 대입해 보세요. 앞으로 펼쳐질 모험을 환영해 보세요.

6월 4일

* **진보의 관건은 많이 가진 자에게 더 많이 주느냐가 아니다. 적게 가진 자에게 충분히 주고 있느냐다.** ─프랭클린 루스벨트

최근 미국 극빈층에 관한 기사를 읽었습니다. 그들이 사는 곳에서 수돗물은 엄청난 호사이고, 겨울에 난방시설도 없고, 먹을 것으로 가득 찬 냉장고는 상상조차 할 수 없다고 합니다. 방 세 칸짜리 집에서 스무 명이 모여 살고 침대 하나를 아이들 여섯 명이 나누어 쓴다고 합니다. 한 달에 며칠은 아이들이 끼니를 걸렀고, 상당수가 영양 결핍으로 또래보다 키가 작습니다.

거실에서 그 기사를 읽으며 저의 '아담한' 집을 둘러보았습니다. 더우면 에어컨을 틀 수 있고, 따뜻한 물로 설거지를 할 수 있고, 상하기 전에 먹어야 할 샐러드가 냉장고에 있습니다. 여러분은 자신이 가진 것에 얼마나 감사하며 살고 있나요?

제안 아담한 집에 살건 큰 집에 살건, 당신이 가진 것들을 적어 보세요. 언젠가부터 너무도 익숙하게 느껴지는 삶의 기본조건들을 생각해 보세요. 휴대폰 타이머로 1분을 맞추고 그동안 눈을 감아 보세요. 숨을 내쉴 때마다 당신 삶에서 매일 누리고 있는 것들을 떠올려 보세요. 들이쉬고… 내쉬고… 보송보송한 잠자리… 들이쉬고 내쉬고… 세탁기와 건조기… 알람이 울리면 멈추어 보세요. 원한다면 계속해도 좋습니다.

6월 5일

사람들이 보는 나의 모습과 실제 나의 모습이 너무나 다르다는 생각에, 나는 쓸쓸함과 고통 속에서 웃었다. ―너새니얼 호손

사진은 그 이면에 숨겨진 진실과 상당히 다를 수 있습니다. 사람들 눈에 완벽한 커플로 보이지만 헤어지기 직전의 모습을 포착한 것일 수도 있어요. 이러한 부조화는 소셜 미디어에도 적용됩니다. SNS를 중단한 사람들의 행복감이 증가하는 것도 그런 이유일 거예요. 세심하게 다듬어진 사진들을 보면서 다른 사람들은 늘 사진 속 모습처럼 행복할 거라고 상상하지요.

사진 속뿐만 아니라, 우리가 바라보는 세상에도 적용되는 것 같습니다. 세상 밖에 나가면 사람들은 가장 좋은 모습을 보이려 애씁니다. 대체로 가족들만이 있는 그대로 나의 모습을 보게 되지요. 누구에게나 괴로움은 있어요. 누구에게나 너그러운 순간, 옹졸한 순간, 친절한 순간, 이기적인 순간이 있어요. 모두가 지극히 인간적인 삶을 살고 있습니다.

제안 당신이 존경하거나 롤모델로 여기는 사람을 한 명 떠올려 보세요. 그 역시 버럭 짜증을 내기도 하고, 코를 파기도 할 거예요. 그들 역시 나름의 결함을 지닌 한 사람입니다. 오늘 하루 기억하세요. 존경해 마지않는 그들조차도 우리와 똑같은 일들로 괴로워하는 평범한 인간이라는 사실을.

6월 6일

　　우리는 자신이 존경하는 사람이 평범한 사람보다 훨씬 더 높은 경지에 도달한 초인적 존재라고 상상하곤 합니다. 그러나 그건 환상이에요. 마음챙김이라는 개념을 처음 접했을 때, 우연히 집 책장에 꽂혀 있는 책 한 권을 발견했습니다. 초걈 트룽파가 쓴 《샴발라 : 전사의 성스러운 길》이라는 책이었는데, 작가의 말에 그토록 깊은 감명을 받아 보긴 처음이었습니다.

그로부터 몇 달 뒤 트룽파가 마흔여덟의 나이에 알코올 중독으로 사망했음을 알게 되었어요. 몹시 충격을 받았고 환상은 깨어졌습니다. 그의 글에서 내가 배운 건 과연 무엇이었을까요? 그의 초월적인 글은 실제 삶과 너무도 달랐습니다. 그의 통찰은 그가 겪은 고통에서 얻은 것일까요?

인간의 삶이 유독 고통스러울 수밖에 없는 이유는, 트룽파가 말했듯이 우리의 발은 지상에, 머리는 천상에 있기 때문입니다. 인간은 육체의 만족과 고매한 영혼의 열망 사이에서 갈등합니다. 어쩌면 트룽파의 삶과 글이 전혀 다르다는 생각조차도 또 하나의 환상일지 모르겠습니다.

제안　오늘의 제안은 트룽파의 책에서 인용하겠습니다. 바닥에 앉아 보세요. 숨을 들이쉬며, 자세를 유지한 채 몸을 한껏 부풀려 보세요. 숨을 내쉴 때 내쉬는 호흡을 느껴 보세요. 들이쉬고, 자세 유지, 내쉬며 호흡에 집중. 천상과 지상, 영혼과 육체의 이원적 존재인 당신의 본질을 느껴 보세요.

6월 7일

* **장애물을 헤쳐 나가는 것이 삶의 여정이다. 전사는 언제나 용과 맞서 싸운다. 전사는 전투 직전에 당연히 공포와 두려움을 느낀다. 전사는 떨리는 마음으로, 이제 막 미지의 세계로 들어설 참이라는 사실을 깨닫고, 그다음에 용을 만나러 가는 것이다.** —페마 초드론

누구에게나 저마다의 고통이 있습니다. 눈과 귀를 열고, 보고 또 들어 보면 알 수 있어요. 어제 엄청난 통증에 시달리는 것처럼 보이는 정원사를 보았습니다. 그럼에도 그는 최선을 다해 일하고 있었어요. 다리 통증 때문에 절뚝이는 청소부가 사무실을 청소하는 것을 본 적도 있어요. 그는 쉬지 않고 쓰레기를 주우면서도 저에게 따스한 인사를 건넸습니다.

어른이 된다는 것은 결국 스스로를 책임져야 한다는 사실을 완전하게 받아들이는 것이 아닐까요. 주위 사람들이 다양한 방식으로 우리를 도울 수는 있지만 그들이 할 수 있는 일은 한계가 있기 마련이니까요.

산다는 것은, 진정으로 산다는 것은, 온갖 난관과 두려움에도 불구하고 기꺼이 앞으로 나아가는 것입니다.

제안 한동안 생각만 했던 크고 작은 일의 첫발을 내디뎌 보세요. 새로운 직장을 찾는 일도 좋고, 새로운 조리법을 시도해 보는 것도 좋습니다. 운동을 시작해 보는 것도 좋고, 호감을 품게 된 사람에게 데이트 신청을 해 보는 것도 좋아요. 오래도록 벼르기만 했던 책 쓰는 일을 시작해 볼 수도 있겠지요. 결단을 내리세요. 어떤 결과가 나올지 모르지만, 그래도 한번 도전해 볼 용기가 있나요?

6월 8일

* **사랑에는 두려움이 없습니다. 완전한 사랑은 두려움을 내쫓습니다.**

—요한1서 4장 18절

두려움은 삶 곳곳에서 나타납니다. 우리는 자꾸만 무엇이 잘못될지, 무엇을 잃게 될지에만 자주 초점을 맞춰요. 나쁜 일이 일어나는 것을 막으려 애쓰며 매일을 살아갑니다. 늦지 않으려 애쓰고, 일을 망치지 않으려 애쓰고, 사람들을 실망시키지 않으려 애씁니다. 무언가 잃지 않으려 애쓸 때 두려움이 우리를 장악하지요. 두려움이 장악하는 순간 우리가 할 수 있는 최선의 선택은 '본전치기'입니다.

반면, 오늘 아주 잘 풀릴 수 있는 일들, 우리가 얻을 수 있는 것들을 상상해 볼 수도 있겠지요. 무얼 기대할 수 있을까요? 어떤 좋은 일을 성취할 수 있을까요? 당신이 아끼는 사람들에게 어떤 도움을 줄 수 있을까요? 좋은 일이 일어날 가능성을 상기하다 보면 두려움에서 사랑으로 갈아탈 수 있습니다. 사랑으로 옮겨 가면 불안이 잦아들어요. 사랑과 두려움은 양극단에 있기 때문입니다. 하나가 커지면, 다른 하나가 줄어듭니다.

제안 오늘 잘 풀릴 수 있는 일을 생각해 보세요. 기대되는 일은 무엇인가요? 내가 할 수 있는 가장 긍정적인 일은 무엇인가요? 오늘 나는 누구의 하루를 환하게 밝혀 줄 수 있나요? 걱정과 두려움을 다스리는 훌륭한 처방제인 사랑 쪽으로 움직여 보세요.

6월 9일

비범한 것의 위험을 감수하지 않으면 평범한 것에 만족할 수밖에 없다.
　　—짐 론

　　우리는 종종 튀지 않으려 애쓰며 삽니다. 사람들이 내 모습을 이상하다고 생각할까 봐 걱정해요. 저는 사람들이 보는 데서 신발을 벗는 것이 어쩐지 쑥스러워 신발에 들어간 돌멩이를 참고 걸었던 적도 있어요. 사실 지나가는 사람들은 전혀 신경도 쓰지 않았을 텐데 말이죠.

평범해 보이기 위해 우리는 어떤 희생을 감수하고 있을까요? 평소 존경하는 사람들을 생각해 보면, 그들의 독특한 면모들은 저를 밀어내기보다는 오히려 끌어당겼습니다. 사실 삶에서 가장 멋진 순간은 '평범'하지 않을 때 찾아와요.

어느 저녁, 퇴근하고 집에 들어서자마자 폭우가 쏟아졌습니다. 아이들과 함께 빗줄기를 바라보다 문득 밖으로 뛰쳐나가고픈 충동을 느꼈지만, 문 앞에서 멈칫했습니다. 이웃 사람들이 미쳤다고 생각하면 어쩌지?

하지만 이내 생각을 고쳤습니다. 하고 싶은 대로 해. 네 인생이잖아! 신발과 양말을 벗고 현관 밖으로 뛰어나가서 앞마당의 나무를 한 바퀴 돌고 들어왔습니다. 흠뻑 젖었어요. 아이들이 깜짝 놀라더니, 자기들도 비를 맞고 싶다며 야단이 났습니다. 아이들을 한 명씩 데리고 차례로 나무를 한 바퀴 돌고 왔습니다. 짜릿한 경험이었어요. 그 경험 자체가 짜릿했다기보다, 내가 '평범'을 거부했다는 사실이 짜릿했습니다.

제안　오늘 진정 당신이 원하는 일을 해 보세요. 평범함의 틀에서 살짝 벗어나 보세요. 이상한 사람이 되는 위험을 감수해 보세요.

6월 10일

* 자신의 생각을 드러내는 것은 체스의 말을 앞으로 움직이는 것과 같다. 공격을 당할 수도 있지만 이기는 게임의 시작이 될 수도 있다. —요한 볼프강 폰 괴테

야구에서 스트라이크 아웃을 당하는 방법에는 두 가지가 있습니다. 방망이를 휘둘렀는데 공에 안 맞았거나, 공이 제대로 들어왔는데 가만히 있어서 심판이 스트라이크를 외치는 겁니다. 방망이를 휘두르고 스트라이크 아웃을 당하는 것도 허무하지만, 넋 놓고 서 있다가 스트라이크를 당하는 건 모두가 끔찍이 싫어합니다. 선수들, 코치들, 팬들 모두 타자가 공을 때리려고조차 하지 않았을 때 씁쓸한 실망감을 느끼지요.

우리는 왜 위험을 감수하길 주저하는 걸까요? 내담자 중 한 분이 이런 말을 하더군요. "시도하지 않으면 성공했을 거라고 생각하며 살 수 있으니까요. 시도했는데 실패하면, 성공의 가능성 자체가 없어지는 거잖아요." 마치 복권을 긁어 보기 전에 천만 달러가 당첨될 수도 있다고 생각하는 것처럼요. 확인하는 것을 미룰수록 당첨될 거라는 희망을 품을 수 있습니다. 삶에는 딜레마가 존재합니다. 안전을 기하고 어떤 위험도 감수하지 않을 것인지, 최선을 다해 보고 실패할 위험을 감수할 것인지. 넋 놓고 있다가 스트라이크 아웃을 당하고 싶은가요? 방망이라도 한번 휘둘러 보고 싶은가요? 세 번째 선택을 추가하고 싶네요. 바로, 스트라이크 아웃을 당하지 않고 공을 담장 밖으로 날려 버리는 것입니다.

제안 하고 싶었지만 하지 못했던 일들이 있을 거예요. 무얼 망설이나요? 공을 똑바로 쳐다보고 방망이로 공을 때리세요.

6월 11일

* **우리는 우리의 기대 수준에 맞게 높아지지 않는다. 훈련 수준에 맞게 낮아질 뿐이다.** —아르킬로코스

    말 그대로, 사람들과 부딪칠 때 내가 쏟아내는 것을 보면 내가 무엇으로 가득 찬 사람인지 알게 됩니다. 얼마 전 식료품 매장에서 올리브를 고르느라 몸을 숙이고 있는데, 엉덩이에 쿵 하고 부딪힌 느낌이 들었어요. 돌아보니 어떤 여자가 카트를 끌고 뒤로 걸어오다가 부딪친 것이었어요. 기분이 좋지 않았습니다. 여자가 통화 중이었거든요. 그녀가 사과했습니다. "괜찮아요." 올리브 쪽으로 돌아서며 저는 웅얼거렸습니다. 제 목소리가 퉁명스럽게 들리길 바랐어요. "왜 이런 데서 통화를 하냐고!" 제 짜증을 정당화시키려 중얼거렸습니다.

계산을 마치고 주차장으로 가는데, 좀 더 품위 있게 대처할 걸 그랬다는 후회가 들더군요. 사정을 잘 알지도 못하면서 그녀가 자기중심적이고 배려가 부족하다고 생각했습니다. 어쩌면 통화하고 싶지 않은 상대와 억지로 통화하던 중이었을지도 모르죠. 그녀가 가장 원치 않는 일이 식료품 매장에서 성질 고약한 남자와 부딪치는 것일지도 모르고요. 미소를 머금고 진심을 담아 "괜찮습니다!"라고 말했다면 좋았을 것을.

좀 더 타인을 이해할 줄 아는 사람이었다면, 다른 반응을 보일 수 있었을까요? 좀 더 이해심을 가질 순 없을까요? 서로를 품위 있게 대하는 것이야말로 이 세상을 좀 더 살 만한 곳으로 만드는 일이니까요.

제안   주변 사람들과 부딪칠 때 어떻게 반응하고 싶은지 미리 생각해 두세요. 당신 입에서 튀어나오는 말이 품위 있고 너그럽다면 어떨까요?

6월 12일

우리는 많은 시간을 밖에서 보낸다. 너무 오랜 시간 방구석에 틀어박혀 있으면 사람들이 수군거리기 때문이다. ─그렉 브라운

여름은 사람들을 활기차게 만듭니다. 여름의 열기가 밖으로 나오라고 우리를 유혹하죠. 야외로 나가면 치유되는 기분이 든다는 걸 알면서도, 밖으로 나가기까지 준비하는 과정이 번거롭게 느껴져 그저 집에 머무르고 싶어질 때도 있습니다.

집 안에 있는 시간이 '진짜'인 것 같고, 밖으로 나가는 건 불필요한 일처럼 느껴져요. 집에서도 쉽게 즐거움을 찾을 수 있습니다. 냉방이 되는 실내, 꽉 찬 냉장고, 손안에 있는 무궁무진한 놀잇거리. 필요한 건 전부 다 집에 있는데, 왜 굳이 밖으로 나가야 할까요.

그러다 문을 나서는 순간, 비로소 깨닫습니다. 하늘, 나무, 서로를 부르는 새소리, 구름, 얼굴에 닿는 바람, 피부에 닿는 햇살. 비로소 살아 있음을 느낍니다.

제안 오늘 밖에서 시간을 보낼 구실을 찾아보세요. 야외에서 식사를 하는 것도 좋고, 차에서 내려 회사까지 조금 더 걷는 것도 좋습니다. 잠시 밖으로 나가 하늘을 보고 바람 소리를 들어 보세요. 휴대폰을 놓고 나가세요. 살아 있는 것이, 지금 이 순간 바로 여기 있는 것이 어떤 기분인지 느껴 보세요.

6월 13일

* **건강을 얻는 열쇠는 문제의 원인을 파악하고, 육체와 정신이 번창할 수 있는 적절한 여건을 제공하는 것이다.** —마크 하이먼

삶의 많은 것들이 자신의 통제권 밖으로 치닫는 깃 같을 때, 우리는 덜 행복해지고, 불안정해지고, 위축됩니다. 그럴 때 작고 사소한 것들을 정리하는 루틴이 저에게 큰 도움이 되었어요. 예를 들면, 사무실을 깨끗이 정리해 보는 거예요. 사무실에 대한 통제권을 발휘하여 깨끗한 공간을 확보하면, 우선순위를 정하고 일을 처리하기가 한결 수월해집니다. 좋은 여건을 시각적으로 구현하는 것이라고 말할 수 있어요.

오늘 만난 내담자 두 명도 비슷한 생각을 하고 있었어요. 그 둘은 전혀 다른 상황과 전혀 다른 문제를 안고 있었는데, 두 사람 모두 삶의 위기에 대처하는 가장 유용한 전략이 "멈추어서 생각하는 것"이라고 말했습니다. 떠오르는 생각과 감정에 휩쓸리기보다는, 잠시 멈추는 게 중요하다고요. 하던 일과 하던 생각을 멈추고, 그 순간 중요한 것이 무엇인지, 상황을 균형 잡힌 시각으로 바라보고 있는지, 다른 방식으로 바라볼 순 없는지, 지금 이 순간 감사할 일은 없는지 스스로에게 묻는 것입니다.

제안 잠시 멈추고 당신의 건강에 도움이 되는 일이 무엇인지 생각해 보세요. 다음과 같은 것들이 있을 거예요.

- 매일 밤 잠을 충분히 자는 것.
- 좋은 식습관을 유지하는 것.
- 취미 활동을 위해 시간을 할애하는 것.

- 사랑하는 사람과 시간을 보내는 것.
- 그저 '존재'하는 시간을 스스로에게 허락하는 것.

오늘 이 중 한 가지를 할 수 있는 여건을 만들어 보세요. 당신의 몸과 마음이 풍요로워지는 여건을 직접 만들어 보세요. 나만의 루틴을 만들어 자신의 행복을 지키세요.

6월 14일

* **젊은이에게 다정하고, 노인에게 공감하고, 분투하는 이에게 연민을 갖고, 약한 자와 그릇된 자에게 인내심을 가져라. 살다 보면 당신도 다 거쳐 갈 모습들이다.** —로이드 시어러

살다 보면 누구나 시련을 겪게 됩니다. 도움을 주는 사람들도 있고 그렇지 않은 사람들도 있겠지요. 도움을 준 사람은 오래 기억에 남습니다. 저는 10대 후반 심한 우울증에 시달렸는데, 그때 곁에 있어 주었던 가족들에게 큰 빚을 졌습니다. 아버지는 당신이 곁에 있을 테니, 도움이 필요하면 언제든지 말하라고 했어요. 어머니는 도시락을 싸들고 대학으로 날 만나러 와서 같이 산책을 하곤 했지요. 형은 일관성 없는 나의 생각들에 귀를 기울여 주었어요. 당시 아홉 살이던 동생은 나를 볼 때마다 안아 주었습니다. 동생은 당시 상황을 정확히 이해하진 못했지만 제가 평소와 다르다고 생각했던 것 같아요.

우리가 겪는 시련은 결코 다 똑같을 순 없어요. 그러나 타인의 고통을 이해하려 노력해 볼 수는 있겠지요. 그 사람 입장이라면 어떨지 상상력을 발휘해 볼 수 있어요. 어떤 심정인지 직접 물어볼 수도 있습니다. 다른 사람의 고통을 기꺼이 느껴 보고자 할 때 관계는 더욱 견고해집니다.

제안 주위에 크고 작은 고통을 겪는 사람이 있나요? 오늘 그에게 연락해서 내가 당신을 생각하고 있다고 말해 보세요. 문자나 전화를 주어도 좋고 직접 만나도 좋습니다. 그들을 이해하기 위해 오늘 당신이 할 수 있는 일은 무엇인가요?

6월 15일

* 정신과 의사로서 내담자와의 상담 중에 집 안을 정리하는 게 여러모로 도움이 되리라 여러 차례 조언했다. 장기적인 관점에서 보았을 때, 그 결과는 실로 놀랍다. —버니 웨이츠만

때로는 소소한 집안일을 끝내는 것만으로도 엄청난 성취감을 느낄 수 있습니다. 저는 제습기 물통을 바로 비우면 상당히 뿌듯하더라고요. 그 일을 해치워서 기쁘고, 계속 물통에 신경을 쓰지 않아도 되기 때문이지요. 설거지든, 빨래든, 화분에 물 주기든, 일단 해치우고 나면 마음이 홀가분해요.

대부분의 사람들은 해야 할 일을 미루곤 합니다. 나중에 시간이 나면 하겠다고 생각하고 일단 미루고 봐요. 저 역시 창고 문을 수리하기까지 몇 달을 끌었어요. 그 외에 수리가 필요한 여러 가지 일들도 눈에 보였거든요. 해야 할 일 하나하나가, 집을 관리하는 일이 얼마나 흐뭇한 일인지 느껴볼 기회였는데도 말이에요.

어느 정리 전문가의 조언은 정리가 얼마나 중요한지를 다시 한번 일깨워 줍니다. 그의 말에 따르면, 사는 공간을 정리하는 것은 우리가 좋은 공간에서 살 자격이 있는 존재임을 되새기는 일입니다. 우리는 편리하고 깨끗한 집에서 사는 즐거움을 누릴 자격이 있습니다. 주변이 잘 정돈되어 있으면 마음도 한결 편안해집니다.

제안 그동안 하려고 생각만 했던 집안일이 있나요? 전구를 갈아 끼우는 것처럼 단순한 일도 좋고, 창고를 청소하는 것처럼 큰일도 좋습니다. 내키지 않더라도 일단 시작하세요. 일을 마쳤을 때 어떤 기분이 드는지 살펴보세요.

6월 16일

* **내일을 준비하는 가장 훌륭한 방법은 당신이 가진 모든 지성과 열정으로 오늘 할 일을 멋지게 해내는 데 집중하는 것이다. 그것이야말로 미래를 준비하는 유일한 방법이다.** —데일 카네기

우리는 왜 할 일을 미루는 걸까요? 연구에 의하면 대체로 두 가지 중 한 가지라고 합니다. 하고자 하는 일이 힘들 거라고 예상될 때, 혹은 어떻게 해야 할지 막막할 때 그렇습니다. 물론 둘 다일 수도 있겠지요. 그러다 막상 그 일을 시작해 보면, 생각했던 것만큼 끔찍하지 않다는 것을 깨닫곤 합니다.

의욕이 생기면 시작하겠다고 생각하고 일을 미루기 쉽지만, 사실은 그 반대예요. 일단 시작하고 나면 의욕이 생깁니다. 일에 몰입하다 보면 어떻게 해야 할지 실마리를 찾게 되지요. 열정이 끓어오를 때까지, 혹은 방법을 정확히 알 때까지 기다리다가는 영원히 일을 시작할 수 없을지도 몰라요. 일단 시작해 보면 방법은 저절로 떠오르기 마련입니다. 시작하세요. 열정이 따라옵니다.

제안 내키지 않아서, 혹은 어떻게 해야 할지 몰라서 미루었던 일을 생각해 보세요. 오늘 그 일을 시작하는 건 어떨까요? 일단 움직이세요. 나머지는 저절로 따라옵니다.

6월 17일

* **당신이 너무도 뿌듯했던 어느 하루를 돌아보라. 그날은 아무것도 안 하고 빈둥거렸던 날이 아니다. 할 일이 너무도 많았지만 그 일을 다 해낸 날이다.** —마거릿 대처

할 일을 끝내는 것은 만족감을 주지만, 불행히도 그 일을 미루는 것 역시 만족감을 줍니다. 힘들고 짜증 나는 일을 피할 때마다, 두뇌는 안도감을 느끼고, 계속 그 일을 미루게 되지요. 결국 일을 끝내는 것과 그로 인한 만족감의 연결고리를 강화할 기회를 놓칩니다.

목록에서 할 일을 하나 지울 확률을 높이려면, 우선 목록을 작성해야겠지요! 너무 뻔한 얘기라는 거, 저도 알아요. 하지만 할 일을 적어 보는 것만으로도 실천하게 될 확률이 높아집니다. 할 일을 기억하고 우선순위를 정하기도 한결 수월해지지요.

비록 우리가 스스로에게 부여하는 책임감이지만, 목록을 작성하면 책임감이 커집니다. 하나하나 목록을 지워 나가면서 느끼는 만족감 또한 늘어나지요. 때로는 커다란 일을 잘게 쪼개어 보는 것도 도움이 됩니다. 작은 항목을 지워 가면서 성취감을 느낄 수 있으니까요.

제안 당신의 목록에 무엇이 있나요? 목록을 만들어서 눈에 띄는 곳에 두세요. 오늘 당장 시작할 수 있는 일은 무엇인가요? 시작하기가 어려운가요? 일단 일을 저지르고 나면 방법을 알게 된다는 사실을 기억하세요.

6월 18일

* 자세는 중요하다. 앉아서 수행할 때는 물론이고, 무슨 일을 하건, 자세는 중
  요하다. 고객과 얘기하거나 친구와 얘기하거나 반려동물과 얘기하거나 혼
  잣말을 할 때에도 자세는 중요하다. 때로는 머리와 어깨를 반듯하게 펴는
  것만으로도 당신이 누에고치에서 나왔음을 표현할 수 있다. —초감 트룽파

외상 후 스트레스 증후군PTSD 진단을 받은 내담자들이 저를 찾아
옵니다. 치료 과정에서 가장 강력한 대목은 바로 그들이 겪은 끔찍한 사건
을 다시 얘기하게 하는 것입니다. 그 과정에서 기억을 둘러싼 자신의 감정
을 되짚어 볼 기회가 주어집니다. 많은 이들이 의자에 축 늘어진 상태로,
두 손으로 얼굴을 가린 채 이야기를 시작해요. 끔찍한 기억에 수치심을 느
끼는 경우가 많고, 그들이 앉아 있는 방식이 그 수치심을 표현합니다.
시간이 지나면 두 손을 얼굴에서 떼어 보라고 제안하고 기분이 어떤지 묻
습니다. 그 제안은 회복에 중요한 역할을 합니다. 자세를 다잡는 작은 변
화가 마음을 조금 열게 하고, 세상과 마주 서는 것을 스스로에게 허용하도
록 두뇌에 전달하기 때문이지요.
품위 있는 자세를 취함으로써 스스로를 향한 존경을 끌어낼 수 있습니다.
앉아 있을 때나 서 있을 때나, 머리를 바로 세우고, 어깨를 반듯하게 하고,
허리를 꼿꼿이 펴 보세요. 품위 있는 자세가 당신의 마음에 어떤 영향을
미치는지 알아차려 보세요.

제안 운전할 때나, 책상 앞에서 일할 때나, TV를 볼 때나, 머리와 어깨를 반듯
하게 유지해 보세요. 의식적으로 자세를 반듯하게 유지하세요. 포스트잇
에 써서 자주 눈에 띄는 곳에 붙여 놓으세요.

6월 19일

＊ **잔혹한 세상에서 여린 마음을 갖는 것은 나약함이 아니라 용기이다.**

―캐서린 헨슨

심장이 딱딱해지는 것 같은 경험을 해 본 적 있나요? 부당한 대접을 받거나 사람들에게 실망했을 때, 우리는 심장을 보호하기 위해 단단한 껍데기를 만들지요. 그 껍데기가 한편으로는 감각을 무디게 합니다.

심장이 여려진다는 것은 반가운 일일 수도 있습니다. 한때 가족 중 한 명에게 앙심을 품은 적이 있었습니다. 영원히 극복하지 못할 것 같았어요. 그러다 우연히 요가를 시작하게 되었는데, 첫 수업에서 사랑과 친절의 명상을 가르쳐 주더군요. 명상을 하면서 분노가 잦아드는 것을 느꼈습니다. 오랫동안 품어 왔던 분노를 내려놓을 수 있었어요.

때로 마음은 전혀 예상하지 못했던 순간에 녹아내립니다. 2년 전 아버지의 날, 저녁을 준비하고 있는데, 지하 창고에서 놀고 있던 아이들의 목소리가 들렸어요. 갑자기 눈물이 핑 돌았습니다. 내 삶에 아름다운 것들이 더 많이 있었으면 좋겠다고 말했던 기억이 떠올랐어요. 바로 그 순간, 아이들이 내 삶을 아름다움으로 가득 채우고 있다는 걸 깨달았습니다. 딱딱했던 심장이 연약해지는 순간이 오더라도 당황하지 마세요. 약해지는 게 아닌 감정에 솔직해질 수 있는 기회입니다.

제안 편안히 앉아서 한 손은 배에, 한 손은 가슴에 얹어 보세요. 눈을 감고 배로 들어왔다가 나가는 숨을 느껴 보세요. 당신의 심장은 어떤 상태인가요? 연약하고, 열려 있나요? 딱딱하고, 닫혀 있나요? 어느 쪽인지 판단하기 어려운가요? 당신이 알게 된 사실과 함께 숨 쉬어 보세요.

6월 20일

커플들을 위해 마음챙김을 중심으로 치료하는 연구가 있었습니다. 커플들은 호흡 명상법과 같은 개인 훈련을 한 다음, 함께 마음챙김 훈련을 받았습니다. 첫 단계인 마음챙김 손잡기가 정말 감동적이었어요. 그 외에도 상대의 말을 주의 깊게 듣는 훈련도 있었고, 연민으로 반응하는 능력을 향상시키기 위해 말을 하기 전에 호흡에 집중하는 훈련도 있었습니다. 그 치료법의 나머지는 자신이 가장 소중히 여기는 가치들을 들여다보는 시간이었습니다. 참가자들은 10년 뒤 결혼기념일에 자신의 배우자로부터 듣고 싶은 말을 생각해 보았어요. 그리고 현재 자신의 행동 중에 그 가치에 부합되지 않는 것들을 찾아보았습니다. 배우자를 배려하는 사람이 되고 싶지만 짜증을 내는 자신의 모습을 돌아보았어요. 그다음엔 자신의 가치와 행동을 일치시키기 위한 방법들을 생각해 보았습니다. 마음챙김 훈련은 모든 인간관계에서 유용합니다.

제안 당신이 소중히 여기는 관계를 생각해 보세요. 배우자, 자녀, 부모, 친구 누구라도 좋습니다. 다음 중 한 가지를 실천해 보세요. 첫째, 마음챙김 접촉입니다. 깨어 있는 상태로 상대를 안아 보세요. 둘째, 상대의 말을 집중해서 듣습니다. 몸짓 언어, 상호 교감에 최대한 주의를 집중해 보세요. 셋째, 가치 규명입니다. 10년 뒤 상대가 당신에게 무슨 말을 해 주면 좋을지 생각해 보세요. 그 말을 듣기 위해 현재 삶의 방식을 어떻게 바꿔야 할까요?

6월 21일

* **장미의 그림자가 말했다. 그들은 태양을 사랑했지만, 어둠 또한 사랑했다**
   고. 그들의 뿌리는 빛이 없는 어두운 땅속에서 자랐다고. 그러자 장미가
   말했다. 둘 중 하나를 고를 필요는 없다고. ─로빈 매킨리

시련이 닥쳤을 때 두 개의 상반되는 힘 사이의 균형점을 찾으면 편안함을 느낄 수 있습니다. 저는 요가를 할 때 균형 상태를 체험했어요. 긴장과 편안함의 결합을 몸으로 형상화한 것이었지요. 쪼그려 앉는 요가 자세인 '말라아사나'를 하고 있었는데, 엉덩이를 낮게 유지하면서 양손을 가슴 앞에 모은 다음 양 팔꿈치로 무릎 안쪽을 누르고 있었어요. 그 상태가 너무 불편해서 당장 자세를 풀고 싶었어요. 바로 그때 강사가 "지금 무척 불편하실 거예요"라고 말하더군요. 그 순간 곧바로 불편한 자세 속에서 편안해지는 것을 느꼈습니다. 그 상태에서 벗어나지 않고 내 몸이 긴장을 체험하게 했어요. 두 가지 극단, 즉 긴장과 편안함의 결합을 체험하는 동안, 마음이 평온해졌고 몸은 계속 힘을 주고 지탱하고 있었습니다.

바닥에 앉는 단순한 자세에서도 우리는 상반되는 힘과 균형을 체험할 수 있습니다. 척추가 위로 향하는 동안 몸의 무게는 아래로 향합니다. 긴장과 이완 사이에서 균형을 잡으며, 무너져 내리지도 않고 똑바로 앉으려 너무 애쓰지도 않는 상태에서, 육체와 영혼의 균형을 유지할 수 있습니다.

제안 양극단 사이에서 균형을 유지하며 편안함을 느껴 보세요. 머리와 어깨가 하늘을 향하게 걸으며 땅에 닿는 발의 감각을 느끼는 것처럼 단순한 것이어도 좋습니다. 양극단 사이의 조화 속에서 편안함을 찾아보세요.

6월 22일

* **학교생활을 하면서, 혹은 대학 전공을 정할 때, 무얼 하며 살아야 할지 결정할 때, 단언컨대 수많은 사람들이 당신에게 '기댈 곳'이 있어야 한다고 말했을 것이다. 그러나 나는 그 개념을 이해할 수가 없다. 기댈 곳이 있어야 한다니. 설령 내가 넘어진다 해도, 나는 앞으로 넘어지고 싶다. 앞으로 넘어지면, 적어도 내가 무엇에 부딪치는지 알 수 있을 테니까.** —덴젤 워싱턴

제가 펜실베이니아 대학에 있을 때, 영화배우 덴젤 워싱턴이 졸업 연설을 했는데, 오늘의 인용문은 그 연설문에서 따왔습니다. 그는 안전을 기하고 기댈 곳을 만들어 두는 대신, 행동하고 앞으로 넘어질 위험을 감수하라고 말했습니다.

삶에서 가장 훌륭하고 만족스러운 순간들은 모험하고 기꺼이 넘어질 각오가 되어 있을 때 찾아옵니다. 앞으로 넘어지는 건 분명히 위험한 일이지만, 어쩌면 그로 인해 의미 있고 충만한 삶의 문이 열릴 수도 있습니다.

제안 넘어질 위험이 있더라도 도전해 볼 만한 일이 분명히 있을 거예요. 직업적 변화일 수도, 관계의 문제일 수도, 스포츠 대회에 참가하는 것일 수도 있습니다. 오늘 위험을 감수하고 한 발짝 내디뎌 보는 건 어떨까요?

6월 23일

* 비록 젊은이들이 피곤하여 지치고, 장정들이 맥없이 비틀거려도, 오직 주를 소망으로 삼는 사람은 새 힘을 얻으리니, 독수리가 날개를 치며 솟아오르듯 올라갈 것이요, 뛰어도 지치지 않으며, 걸어도 피곤하지 않을 것이다. —이사야서 40장 30절-31절

　어려운 일을 해내야 하는 상황에 처하면 힘을 끌어내기 위해 자신보다 큰 무언가가 필요합니다. 예언자 이사야는 하나님에 대한 믿음에서 힘을 얻을 수 있다고 말했습니다. 전설에 의하면, 아테네의 사자使者 페이디피데스는 페르시아 군대를 물리쳤다는 소식을 시민들에게 전하기 위해 2백 6십 마일을 달렸습니다. 오직 조국에 대한 사랑 때문이었어요. 그는 소식을 전하고 나서 죽었습니다.

남북 전쟁 당시의 지도자 마틴 루터 킹이나 메드거 에버스 같은 사람들은 아프리카계 미국인의 법적 평등을 쟁취하기 위해 자신의 삶을 바쳤습니다. 세스의 조상은 스코틀랜드의 윌리엄 윌리스 경처럼, 영국으로부터의 독립을 쟁취하기 위한 치열한 전투에서 싸웠습니다. 이 외에도 수많은 사람들을 통해 알 수 있듯이, 우리는 우리 자신보다 큰 명분을 위해 기꺼이 행동합니다.

제안　당신 자신보다 큰 무언가를 위해 노력하고 있나요? 포기하고 싶을 때에도 그것이 앞으로 나아갈 힘을 주나요? 오늘은 당신을 움직이게 하는 힘, 당신 자신보다 큰 힘에 대해 생각해 보세요.

6월 24일

* **모든 일의 끝에는 시작이 있다.** ―리바 브레이

끝이 주는 만족감이 있습니다. 경주를 끝내거나, 운동을 마치거나, 중대한 프로젝트를 끝낼 때 그렇지요. 끝에 이르렀을 때 우리는 한 발짝 물러나 우리가 해낸 일을 바라보고 그 일에 얼마나 많은 노력을 쏟아부었는지를 생각합니다. 긴 시간의 노고 끝에 비로소 긴장을 풀고 휴식을 취합니다. 그러나 끝에는 슬픔도 있어요. 심리치료를 '졸업'한 환자를 보며 느끼는 기쁨에는 서운함도 있습니다. 다시는 그들을 보지 못하는 허전함이고, 삶의 나머지 이야기들을 듣지 못하는 아쉬움입니다.

세상 모든 일에는 끝이 있습니다. 최고의 낮과 최악의 밤도 결국엔 끝이 납니다. 아들 루카스가 태어나기 직전, 별이 반짝이던 그 추운 크리스마스이브, 마르시아는 하루 이상 진통을 했지만, 병원에서 받아 줄 정도로 진행되지는 않은 상태였어요. 이틀 밤 거의 잠을 이루지 못한 상태였고, 대체 어쩌자고 아이를 가지려고 했을까 의문이 든 순간도 있었지요.

새벽이 밝았고, 해가 뜨는 게 그렇게 반가울 수가 없더군요. 아내가 "이제 병원에 갈 시간이야"라고 말했습니다. 저는 준비해 놓은 가방을 들었고, 우리는 차가운 12월의 바람을 맞으며 차 쪽으로 걸었습니다. 열네 시간 뒤, 루카스가 첫 숨을 내쉬는 순간, 아내의 진통은 끝났습니다.

제안 오늘 당신은 무엇을 끝낼 계획인가요? 한동안 공들였던 프로젝트일 수도 있고, 힘든 운동일 수도 있고, 식사 혹은 샤워일 수도 있겠지요. 그 끝이 어떤 느낌인지 생각해 보세요. 그 끝의 반대편에는 무엇이 있을까요? 그 끝은 무엇의 시작일까요?

6월 25일

✳ **너희의 재물이 있는 곳에, 너희의 마음도 있다.** ─마태복음 6장 21절

우리의 생각, 감정, 행동은 서로 긴밀하게 연결되어 있습니다. 여러 변수 중 한 가지만 바꾸어도 다른 것들까지 바꿀 수 있어요. 하고 싶은 일이 있을 때, 우리는 그 일을 할 준비가 될 때까지 기다립니다. 마음이 여유로워질 때까지 기다렸다가 베풀고, 운동을 하고 싶은 생각이 들 때까지 운동을 미룹니다. 그러나 기분이 바뀔 때까지 기다리다 보면 너무 오래 기다리게 될 수도 있어요. 일단 행동하고, 시간과 자원을 한 방향으로 집중하다 보면 감정은 따라오게 마련입니다.

박사 과정을 밟던 시절, 조사원을 채용하기 위해 기차역에 나가곤 했어요. 사람들에게 다가가 말을 거는 게 끔찍이도 싫어서 연구실에 앉아서 갈지 말지 한참을 고민했습니다. 그러나 막상 연구실을 나서는 순간, 거부감이 한결 덜해졌어요. 생각보다 끔찍하지 않았고, 북적이는 사람들 사이에서 즐겁게 말을 걸 수 있었습니다.

때로는 행동을 통해 우리가 원하는 감정으로 마음을 채울 수 있습니다. 베풀면 마음이 너그러워져요. 운동을 하면 생각이 건강해집니다. 안으면 더 사랑받는 느낌이 들어요. 미소를 지으면 인내심이 생깁니다. 사랑하는 사람들과 시간을 보내는 것을 우선하면 그 시간이 얼마나 소중한지 느낄 수 있습니다. 봉사의 행위를 통해 봉사의 마음을 기를 수 있습니다.

제안 당신이 하고 싶지만 도무지 내키지 않는 일이 있나요? 마음의 준비가 되기를 기다리고 있나요? 오늘 그쪽으로 단호하게 한 발 내디뎌 보세요. 당신의 발길을 믿으세요. 당신의 마음도 따라옵니다.

6월 26일

* **살아야 할 이유가 있는 사람은 거의 모든 일을 견딜 수 있다.** —프리드리히 니체

얼마 전 69마일 울트라 마라톤에 도전했습니다. 어느 암 자선 단체를 알리고 기금 모금에 동참하는 마라톤이었어요. 그 재단은 크리스 스미스를 추모하기 위해 설립되었는데, 크리스 스미스는 10대 중반에 암으로 목숨을 잃었습니다. 크리스와 제 동생 사이러스는 가까운 친구였어요. 어렸을 때 그 둘이 장난을 치며 놀던 추억이 여전히 생생합니다. 추수감사절에는 제가 동생들을 데리고 집집마다 사탕을 얻으러 다니고는 그들이 모은 사탕의 4분의 1을 대가로 받은 적도 있어요.

이번 마라톤 코스는 제가 달렸던 코스 중에 가장 아름다웠습니다. 몇 시간 동안 언덕을 가로지르며 달리다가, 저무는 태양과 함께 끝나는 코스였습니다. 도중에 수많은 참가자들이 탈수증세로 경주를 포기했고 부상도 많아 남은 코스가 더 위압적으로 느껴졌어요.

가장 힘겨운 순간, 저는 내면으로 깊이 파고들었습니다. 크리스를 떠올렸어요. 그의 영혼이 함께 달리며 저를 격려한다고 상상했어요. 이 힘겨운 시간을 견디고 나면, 뿌듯한 마음으로 아름답고 기쁜 순간들을 되뇌리란 걸 알았어요. 60마일에서 68마일 구간이 가장 힘들었고, 놀랍게도 마지막 1마일은 가장 수월하고 기운이 났습니다. 저녁 늦게 결승선을 밟았습니다. 크리스도 함께 결승선을 밟았습니다.

제안 무슨 일을 하건, 그 일을 하는 이유를 떠올리세요. 소중한 가치에 자신을 연결해 보세요. 과거 혹은 현재의 가족이나 친구의 격려를 끌어내 보세요.

6월 27일

*   **기도할 땐 발을 움직여라.** ―아프리카 속담

"자신의 길을 스스로 개척하라" 혹은 "꿈을 좇아라" 같은 격언이 있는가 하면, "바라는 것이 당신을 찾아오게 하라", "상황을 통제하려는 마음을 버려라" 같은 격언도 있습니다. 두려움 없이 앞으로 나아가는 것과, 자신이 원하는 결과를 얻고자 하는 자아의 욕망을 어떻게 구분해야 할까요? 목표를 이루기 위해 정진하는 과정에서 계속 싸워야 할 때는 언제이고, 다른 길로 방향을 트는 것을 받아들여야 할 때는 언제일까요?
제 삶을 돌아보면, 심리학과 교수라는 꿈을 수정해야 했습니다. 주말에도 밤늦도록 지원금 신청서와 연구 논문을 썼는데, 그 논문들이 별로 의미 있는 것처럼 느껴지지 않았고, 논문 심사관들은 연구 지원금 신청에 전부 퇴짜를 놓았어요. 결국 제 노력이 헛수고라는 사실을 받아들일 수밖에 없었어요. 방향을 틀어야 할 때가 된 것이었지요.
최선을 다해 지원금 신청서를 쓸 뿐이고, 결정은 심사위원들이 합니다. 취업 인터뷰를 열심히 준비할 뿐이고, 누구를 채용할지는 인사 담당자가 합니다. 경주에 참가하기 위해 열심히 훈련을 하지만, 궁극적으로 완주를 하느냐 마느냐는 우리 자신에게만 달려 있지 않아요. 노력과 결과를 구분한다면, 계속 노력해야 할 때와 방향을 수정해야 할 때를 알 수 있습니다.

제안 기억하세요. 개인적인, 혹은 직업적인 목표를 위해 당신이 쏟아붓는 노력은 전적으로 당신에게 달려 있습니다. 또한 당신의 권한은 제한되어 있다는 사실도 기억하세요. 당신이 하고자 하는 일을 위해 앞으로 나아갈 때 저항이 느껴지더라도 담담히 받아들이세요.

6월 28일

* **세상의 거대한 슬픔에 주눅 들지 마라. 지금 겸허히 견디어라. 지금 정의를 행하라. 지금 자비를 베풀어라. 이 임무를 반드시 완수해야 할 책임은 없다. 그러나 포기할 자유도 없다.** —서피로

영국에서 몇 주 간격으로 나라를 뒤흔드는 끔찍한 사고가 일어났습니다. 2주 전, 제가 일하는 곳 부근의 24층짜리 건물에서 불이 났는데 수많은 사람들이 대피하지 못했어요. 3주 전에는, 한 승용차가 런던 대교 보도로 돌진했습니다. 대교를 들이받고 행인을 덮쳤어요. 승용차에 타고 있던 이들은 가짜 방탄 조끼를 입고 행인들을 공격했습니다.

생명을 앗아가는 폭력에 관한 뉴스가 끊이지 않습니다. 세상의 커다란 슬픔이 때로는 너무도 위압적으로 느껴져요. 세상이 곧 파멸할 것 같은 암울한 생각에 사로잡혀 절망에 빠져들기 쉽습니다. 하지만 모든 비극 속에 영웅이 있습니다. 낯선 사람들이 서로를 돕습니다. 행인들이 다른 행인을 보호하기 위해 자신의 목숨을 걸어요. 사상자들과 사망자의 가족들을 위해 여러 단체에서 수백만 달러의 성금을 모금합니다.

비극적인 사건이 발생하면, 그 사건에 어떻게 반응할 것인지가 가장 중요합니다. 내면으로 침잠하며 세상을 등질 수도 있고, 이 세상을 보다 나은 곳으로 만들기 위해 우리가 할 수 있는 일을 찾아볼 수도 있겠지요.

제안 오늘 두려움, 걱정, 비관의 감정을 알아차려 보세요. 그 감정들 속에서도 행동을 취해 보세요. 지금 겸허히 견디세요. 지금 정의를 행하세요. 지금 자비를 사랑하세요.

6월 29일

* **아직 곁에 남아 있는 모든 아름다움을 생각하며 행복하세요.** —안네 프랑크

전쟁, 테러 공격, 광범위한 환경 파괴 등 세계 곳곳에서 비극적인 일들이 벌어지고 있습니다. 두려움과 불확실성 앞에서도 우리는 이 세상에 조금의 아름다움을 보탤 수 있습니다. 힘든 시기인 것은 사실이지만 세상은 여전히 활기와 가능성으로 가득 차 있어요. 세상에는 여전히 사랑이 있고, 평화가 있어요. 오래전에 나치 수용소의 생존자 엘리 위젤에게 편지를 쓴 적이 있어요. 그가 쓴 작품에 감사의 마음을 표현하고 싶었거든요. 답장에서 그는, 자신에게 절망은 결코 선택지에 없었다고 적었습니다. 끔찍한 경험 이후에도 희망을 선택했고, 세상에 평화와 아름다움을 보탤 방법들을 찾았다고 했습니다.

세상에 아름다움을 보태는 것이 반드시 대단하고 복잡한 일일 필요는 없어요. 꽃을 한 송이 꺾어 꽃병에 꽂아 두는 것도 좋고요, 운전하다가 실수한 사람을 너그럽게 대하는 것도 좋아요. 최근에 저는 부서진 울타리를 수리하고 잡초가 우거진 정원 한구석을 깔끔하게 손질했는데, 이런 사소한 일도 괜찮습니다. 단순한 행동일지라도 이 세상을 좀 더 아름답게 만들 수 있습니다.

제안 오늘 이 세상에 아름다움을 보탤 두 가지 행동을 계획해 보세요. 어떤 감각을 충족시키는 일이건 상관없습니다. 꽃의 아름다움과 향기도 좋고, 사랑으로 만든 음식의 맛도 좋습니다. 나와 타인을 위해 세상을 환하게 만들 방법들을 찾아보세요.

6월 30일

* 침묵. 그것에는 소리가 있고, 충만함이 있다. 그것은 나무의 한숨과 그 숨 사이의 여백으로 묵직하다. 그것은 새소리와 파도가 철썩이는 소리 사이에서 정적으로 영글었다. 침묵이 금이라고 사람들은 말한다. 그러나 침묵에 중독성이 있다고는 그 누구도 말하지 않았다. —안젤라 롱

일상 속에서 소음을 완벽하게 차단한다는 건 불가능합니다. 우리는 불청객처럼 찾아오는 시끄러운 소음 속에서 살고 있어요. 식당에서 어린 아이가 떼쓰는 소리, 오토바이가 지나가는 소리. 적극적으로 소리를 찾는 사람들도 있습니다. 그들은 주의를 분산시키려고 음악을 틀어요. 혼잣말 같은 내면의 소음도 있어요. 내면의 소음이 외적인 소음을 만들기도 합니다. 브루스 스프링스틴의 노래가 라디오에서 흘러나올 때 갑자기 가슴이 벅차올라 노래를 따라 부르게 되는 경우가 그렇습니다.

일상 속에서 정적의 시간을 갖는 것은 지금 이 순간에 조금 더 스며들 기회입니다. 그런 순간들을 통해 내면과, 주변에 존재하는 고요함과 평온함에 연결될 수 있으니까요. 어느 연구에 의하면 2분간의 정적은 혈압과 심장박동수를 낮춘다고 합니다. 일상 속의 작은 노력으로 조용하고 평화로운 시간을 가져 보는 건 어떨까요? 휴대폰 알람을 차단하는 것도 좋고, TV를 끄는 것도 좋고, 가만히 앉아 호흡에 집중해 보는 것도 좋습니다.

제안 침묵의 시간을 초대해 보세요. 소음을 완벽하게 차단하는 것은 현실적으로 불가능합니다. 그러나 소리와 소리 사이, 머릿속에 떠오르는 생각과 생각 사이, 들숨과 날숨 사이, 한밤중에 지나가는 차들의 소음 사이에 공백이 있습니다. 소음 사이의 공백을 찾아 정적과 휴식을 느껴 보세요.

◆

"우리의 하루는 빈 도화지입니다.
붓을 들고 있는 사람은 누구인가요?"

7월

7월 1일

* **현실이 현실이게 하라.** —노자

　　우리의 마음은 일어나지 않을 일들을 미리 상상하며 두려워합니다. 제가 가장 두려워하는 환영은 주로 아이들의 안전에 관한 것이에요. 퇴근하고 집으로 걸어가는데, 도로 맞은편에서 우리 아이들이 놀고 있었어요. 이제 두 살이 된 페이가 날 보고 달려오기 시작했고 공원과 도로를 구분하는 공원 울타리 문이 열려 있었죠. 페이가 혹시 찻길로 잘못 뛰어들까 봐 걱정이 되었어요. 페이가 찻길로 뛰어들기 전에 내가 아무리 빨리 달린다 해도 페이에게 도달할 방법은 없었습니다. 고통스러운 몇 초가 흐르는 동안 페이가 울타리 문으로 다가왔어요. 하나님, 제발, 페이가 멈추어 서게 해 주세요! 문 앞에 다다르자 페이는 멈추어 섰습니다.

때로 우리는 상상을 현실로 착각합니다. 심지어 그 일이 일어날 때의 감정을 앞서 느끼기도 하지요. 그럴 땐 악몽 같은 장면들이 상상임을 스스로에게 일깨워야 해요. 현실에 존재하지 않는 일들입니다. 현실로, 지금 이 순간으로, 우리가 보고 듣고 만질 수 있는 곳으로 돌아와야 합니다. 다행히 이 지상은, 대체로 괜찮습니다.

제안　오늘 이 세상을 이루는 견고한 물질 속에 머물 기회를 찾아보세요. 마음이 가상의 재앙으로 당신을 끌어들일 때, 담장의 벽돌에 손을 얹어도 좋고 문틀에 기대어 보아도 좋습니다. 차고 단단한 화강암 조리대에 두 손을 얹어 보아도 좋고, 두 발에 닿는 딱딱한 마룻바닥의 감촉을 느껴 보아도 좋습니다. 다시 현실로 돌아오세요.

7월 2일

경탄할 만한 어떤 것으로 바꿀 수 없는 것들을, 나는 놓아 버린다.
—아나이스 닌

고통은 변화의 기점이 될 수도 있습니다. 시련을 겪은 사람은 깨어 있으려 노력하고, 긍정적인 변화를 이루며, 미래에 일어날 수 있는 사건들을 미연에 방지하고, 상실감에 스스로 대처합니다.

살다 보면 때로는 긍정적으로 바꿀 수 없을 것 같은 일도 겪게 됩니다. 그런 고통은 어떻게 다스려야 할까요? 놓아 버리는 것도 하나의 선택이 될 수 있습니다. 어떻게 놓아 버리느냐고요? 사실 마법의 공식 따위는 없습니다. 그러나 한 가지 도움이 되는 접근 방식이 있습니다.

고통을 일으키는 이야기를 알아차려 보세요. 비극적인 사건은 이미 지나갔지만, 우리의 마음은 여전히 그 사건들을 재생합니다. 바로 그 생각들이 지금 우리에게 상처, 분노 혹은 슬픔을 일으킵니다.

이야기의 이면을 바라보세요. 모든 이야기의 이면에는 적어도 한 가지 이상의 소중한 가치가 있습니다. 분노의 이면에는 침범당했다고 느꼈던 공정성, 정의, 혹은 자율성이 있습니다. 이야기를 놓아 버리기로 결심하세요. 때로 우리는 마음이 재생하는 이야기에 우리가 쏟아붓는 감정의 양을 통제할 수 없다고 믿곤 합니다. 의식적으로 놓아야 합니다. 지나간 일을 돌이킬 수는 없어요. 그러나 현재에 최선을 다할 수는 있습니다.

제안 오늘 마음속에 떠오르는 모든 고통과 힘겨운 감정들을 알아차려 보세요. 그 이야기가 당신에게 도움이 되나요? 아니면 해로운가요? 이제 놓아 버릴 때가 된 건 아닐까요?

7월 3일

단순화되기를 거부하며, 삶의 복잡성과 함께 살아가는 것이야말로 가장 숭고하고 이상적인 예술이다. ─조이스 캐럴 오츠

때로 우리는 실망으로 경험 전체를 물들이곤 합니다. 최근에 아이들을 데리고 주립 공원으로 나들이를 갔어요. 화창한 날이었고 모두 한껏 들떠 있었지요. 그런데 하이킹을 시작하기 전에 간식을 먹다가 두 살배기 딸 페이가 피크닉 테이블 벤치에서 미끄러지는 바람에 바닥에 머리를 찧고 말았어요. 불길한 시작이었지요. 그로부터 한 시간 반 뒤 하이킹이 끝날 무렵, 모두 덥고 탈진한 상태였어요. 저는 페이를 안고 걸어야 했고, 여섯 살 에이다는 신발에 진흙이 들어왔다며 칭얼거렸습니다. 모기들을 보는 순간, 모기 퇴치약을 가져오지 않은 게 후회가 되었고, 그 순간 페이의 기저귀도 못 챙겨왔다는 사실을 깨달았지요. 젠장, 오늘 괜히 나왔네! 하는 생각이 들더군요.

하지만 좋은 순간들도 떠올랐습니다. 아이들과 함께 숲길을 걸었던 것도 좋았고, 두꺼비도 본 것도 좋았고, 투명한 호수에서 헤엄치는 피라미들을 관찰한 것도 좋았고, 수면에 반짝이는 햇살을 본 것도 좋았습니다.

때로 우리 마음은 풍요롭고 다채로운 경험을 놓고 손가락 하나로 판결을 내립니다. 좋은 여행이었나? 나쁜 여행이었나? 좋은 사람인가? 나쁜 사람인가? 나는 과연 쓸모 있는 인간인가, 아닌가? 단순하게 분류할 수 없는 삶의 복잡성을 인식하고 인정해야 합니다.

제안 오늘 당신이 하는 일의 복잡성을 알아차려 보세요. 자잘한 실수들이 당신의 모든 것을 물들일 수는 없어요. 당신이라는 존재의 그림 전체를 보세요.

7월 4일

오늘은 미국의 독립기념일입니다! 이날은 퍼레이드, 축제, 불꽃놀이로 도시 곳곳이 들썩입니다.

1년 내내 공적으로 또 사적으로 축하할 날들이 많지요. 생일, 결혼, 명절, 그 외에도 여러 종교적 축일과 세속적인 행사들이 있어요. 그런 날들은 우리를 잠시 멈추게 합니다. 지난날을 돌아보며 우리가 얼마나 멀리 왔는지 생각해 보고 다가올 미래를 점쳐 볼 좋은 기회입니다. 주변 사람들의 노고, 관계, 성취를 축하할 기회이기도 하지요.

축하하기 위해 정해진 특별한 날을 기다릴 필요는 없어요. 저희 어머니는 가족들이 모이면 특별한 행사가 있건 없건, 그날을 '삶과 사랑을 축하하는 날'이라고 부릅니다. 그 말은 어느덧 우리 가족의 우스갯소리가 되었지만, 어머니가 지혜로운 분이라는 생각이 들어요. 암 진단을 받은 이후, 어머니는 가족이 함께 모여 보내는 시간의 기쁨과 의미를 더 소중히 여기게 되었습니다. 어머니는 당신에게 가장 소중한 것이 무엇인지 정확히 알고 있습니다.

제안 다른 사람의 성공을 축하하듯 당신의 작은 성공을 축하해 보세요. 회의 시간에 늦지 않고 참석한 것도 좋고, 운동에 익숙해지기 시작한 것도 좋습니다. 인내심을 발휘하거나 친절을 베푸는 것처럼 작은 일을 축하하는 것도 좋겠지요. 당신과 주변 사람들이 이룬 성공을 되새겨 볼 때의 느낌을 알아차리고 즐겨 보세요.

7월 5일

* **오, 인간사 너무 힘들어. 삶의 활기를 되찾고 싶네. 산으로 가세, 협곡으로 가세, 침묵이 당신을 어루만지는 그곳으로. 그곳에선 다친 마음 고칠 수 있으리.** —밴 모리슨

우리는 화면을 바라보며 많은 시간을 보냅니다. 일과 소셜 미디어와 게임을 오가면서요. 전 세계 모든 이들과 편안하게 소통할 수 있습니다. 하지만 휴대폰, 컴퓨터, TV에 붙어 있다시피 하면, 우리가 바라보는 풍경은 좀처럼 달라지지 않아요. 전자기기에 너무 많은 시간을 할애하다 보면 기분이 가라앉고 의욕이 저하됩니다.

우울증을 앓던 시절, 화면을 바라보며 많은 시간을 보내는 것이 얼마나 해로운지 분명히 알게 되었습니다. 때때로 밖으로 나가서 손을 쓰는 일을 하고 싶다는 생각이 들더군요. 나의 정신과 육체는 내게 진정 필요한 게 무엇인지 알고 있는 것 같았어요. 정원 일이라든가, 등산, 식사를 준비하고 싶었어요. 정원에 모닥불을 피울 벽돌 단을 쌓기로 결심했습니다. 흙을 파내고, 바닥을 평평하게 다진 다음, 잡초 방지 매트를 깔고, 그 위에 자갈을 붓고, 벽돌을 두 단 쌓았습니다. 기분과 상관없이 입체적인 활동으로 시간을 보내는 것은 다양한 감촉, 풍요로움, 놀라움으로 영혼에 양분을 공급하는 일입니다.

제안 당신이 좋아하지만 원하는 만큼 즐기지 못하는 일이 있나요? 음악 듣기, 운전, 걷기, 요리, 가만히 앉아 있기, 새 관찰하기, 등산, 무엇이든 좋습니다. 당신의 영혼에 양분을 공급하는 일을 실천에 옮겨 보세요.

7월 6일

* **우리는 계속 앞으로 나아갑니다. 새로운 문을 열고, 새로운 일에 도전합니다. 우리에겐 호기심이 있고, 호기심이 우리를 끊임없이 새로운 길로 이끌기 때문입니다.** —월트 디즈니

런던에 있는 대영 박물관 입구는 그리스 사원을 연상케 합니다. 문명의 진보를 상징하는 마흔 개의 거대한 기둥들과 조각들로 이루어져 있어요. 박물관 정원에 앉아서 20년 만에 처음으로 스케치북을 펴고 연필을 들었습니다. 친구가 같이 스케치를 하자고 했을 때, 가장 먼저 떠오른 생각은, "대체 왜? 내가 화가도 아닌데. 스케치할 줄도 모르고, 보나 마나 형편없을 텐데. 창피할 거야"였어요. 그림에 영 소질이 없거든요. 그러나 스케치북을 펴고 연필을 든 순간 부끄럽지 않았어요. 우리는 웃고 떠들고, 스케치는 엉망이었고, 그런데도 참 좋았어요.

새로운 일, 혹은 오랫동안 해 본 적 없는 일에 도전할 때 새로운 기회의 문이 열립니다. 즐거운 시간을 보낼 기회이고, 다른 사람을 통해 배울 기회입니다. 자신을 놀라게 할 기회이고, 창의력을 계발할 기회이지요. 낯선 사람과 교감할 기회입니다. 우정이 돈독해질 기회이고, 자기효능감을 고취할 기회이고요. 자신감을 기를 기회이고, 정체성을 새로이 확장해 볼 기회입니다.

제안 새로운 일이나 오랫동안 해 본 적 없는 일에 도전해 보세요. 완전히 엉뚱한 일이어도 좋고 오랫동안 생각해 왔던 일이어도 좋습니다. 호기심에 따라 행동해 보세요. 즉흥적인 모험을 즐기며 살아 보세요. 결과는 걱정하지 마세요. 중요한 건 과정입니다.

7월 7일

* 사랑하는 사람의 죽음은 기이한 일이다. 이 세상에 우리가 머무는 시간 은 제한되어 있으며 우리 모두 언젠가는 흰 시트를 덮은 채 다시는 깨어나 지 않으리라는 것을 알고 있다. 그런데도 우리가 아는 사람에게 그런 일이 일어나면 매번 놀란다. 마치 어둠 속에서 침실로 이어진 계단을 올라가다 가, 한 칸이 더 있다고 생각하고 발을 헛디딜 때처럼. 발이 허공을 가르고 바닥에 닿을 때, 그 암울한 충격에 휩싸이는 끔찍한 순간 당신은 그간의 사고방식을 수정하려 애쓴다. —레모니 스니켓

죽음으로 누군가를 잃었을 때만큼 삶에서 진정 소중한 것이 무엇인 지 생각하게 되는 때가 없습니다. 최근에 가까운 친구가 세상을 떠났을 때 저 역시 그랬어요. 그와 많은 시간을 함께했습니다. 지난 몇 년 동안에는 비록 1년에 한두 번밖에 보지 못했지만요. 몇 주 전 주고받은 문자가 마지 막 대화가 되었습니다.

가까운 누군가의 죽음은 우리에게 혼란을 줍니다. 대체 어떻게 그들이 더 이상 존재하지 않을 수 있는 걸까요? 친구의 얼굴이 자꾸만 떠오르고, 오 랫동안 묻어 두었던 추억들이 밀려들었습니다. 수영장에서 그의 가족에 게 우리가 첫아이를 임신했다고 말하던 일, 그의 새 오토바이를 구경하던 일, 말할 때 친구가 손을 움직이는 방식…. 소중한 이를 잃은 슬픔이 우리 가 누리고, 당연히 여기는 것들을 선명하게 드러내 줍니다. 삶, 친구들, 가 족, 그리고 사랑.

제안　소중한 이에게 손을 내밀어 보세요. 매일 보는 사람이어도, 가끔 만나는 이 어도 좋습니다. 당신의 삶에서 그들이 소중한 존재임을 일깨워 주세요.

7월 8일

✳ 매일 아침 눈을 뜨면 오늘 살아 있는 것이 얼마나 행운인지 생각하라. 소중한 하루가 주어졌으니 헛되이 쓰지 않겠노라고. 나의 모든 에너지를 나 자신을 계발하는 데 쓰겠노라고. 나의 마음을 다른 사람에게로 확장하겠노라고. 살아 있는 모든 것을 이롭게 하는 깨달음을 이루겠노라고. ―달라이 라마

큰일을 겪고 나면 삶의 우선순위가 바뀌곤 합니다. 결혼, 출산, 이별, 질병, 부상, 사망과 같은 사건들을 통해 가장 소중한 것이 무엇인지 깨닫거나 기억하게 됩니다. 그러다 시간이 흐르면 또다시 무뎌지고, 정신이 번쩍 나는 엄청난 통찰을 잊어갑니다. 그리고 어느 순간 다시 정신을 차리지요.

꼭 비극을 마주해야만 삶의 불안정성을 깨닫고, 지금 이 순간을 소중히 여길 수 있는 건 아닙니다. 일상 속에서 매일 가장 중요한 것들을 자신에게 일깨워 보세요. 호흡에 집중하는 것도 한 가지 방법입니다. 호흡이야말로 생명이라는 선물이 여전히 우리에게 존재함을 일깨워 주니까요.

제안 깨달음을 얻는 과정은 저마다 다릅니다. 오늘은 어떤 방식으로 삶의 소중함을 일깨울 수 있을까요? 살아 있음의 행운을 다양한 상황에서 기억해 보세요. 그 깨달음이 가장 자연스러운 방식으로 당신에게 스며들게 하세요. 그 깨달음에 따라 행동하세요.

7월 9일

✱ **물리학은 등호로 무한 수렴되는 우주의 섭리에 의존한다.** ─마크 Z. 다니엘 예프스키

　행복은 균형을 유지하는 것에 달려 있습니다. 사람들과 소통하되 매몰되지 않는 것, 규칙적인 일상을 유지하되 얽매이지 않는 것, 열심히 일하되 휴식과 재충전에 적절한 시간을 안배하는 것. 어떤 영역이건 균형을 유지하는 것은 놓아 버리는 것과 밀접한 관련이 있습니다. 물리적 균형은 말 그대로 놓아 버릴 때 오히려 향상됩니다. 자전거를 배울 때나 한 발로 설 때, 스케이트를 탈 때에 그렇지요. 놓아 버리는 순간 몸은 어느 한쪽으로 쓰러지지 않기 위해 미세한 조절감각을 발휘합니다.

저 역시 균형 잡힌 삶을 유지하기 위해 많은 시행착오를 겪었습니다. 주로 건강과 관련한 고질적인 문제들 때문이었지요. 다양한 식이요법을 시도했고, 여러 치료법을 접했습니다. 그 과정에서 권위자의 말에 지나치게 집착하고 있다는 걸 알아차렸어요. '지침을 따르는' 것에서 오는 위안이 있었으니까요. 결국 저의 직관을 따르기로 결심했습니다. 혹시 내가 틀렸으면 어쩌나 두렵긴 했지만, 내가 틀렸으면 나 자신 말고는 탓할 사람이 아무도 없는데, 하는 생각이 들어 오히려 홀가분해졌어요.

놓아 버리는 순간, 넘어질 수도 있습니다. 때로는 아주 아프게 넘어지겠지요. 그러나 넘어질 때마다 우린 무언가를 배웁니다. 넘어지면 바로 일어나 다시 중심을 잡겠다고 미리 결심해 보세요.

제안 오늘 균형 잡힌 삶을 위해 무엇을 놓아 버릴 수 있을까요? 직장에서, 인간관계에서 스스로를 신뢰하며 삶의 균형을 유지할 기회를 찾아보세요.

7월 10일

* **받아들여라. 그리고 행동하라. 지금 이 순간에 무엇이 담겨 있건, 그것을 받아들여라…. 거스르지 말고 함께 가라. 주어진 상황을 적이 아닌 친구이자 동지로 만들어라. 기적처럼 너의 삶 전체가 달라질 것이다.** —에크하르트 톨러

살다 보면 예고 없이 큰일이 닥칠 때가 있습니다. 경제적 위기가 찾아올 수도 있고, 배우자의 부정을 알게 될 수도 있겠지요. 직장을 잃을 수도 있고, 친구 혹은 가족에게서 뜻밖의 사실을 듣게 될 수도 있어요. 가까운 사람을 잃을 수도 있습니다. 삶은 우리가 원치 않는 방식으로 변화를 강요해요. 그럴 때면, 세상이 불공평하고 부당하다는 생각이 듭니다.

그럴 때 생각과 감정에 휩쓸리기보다는, 잠시 멈추고 천천히 심호흡을 하며 자신을 점검해 보세요. 자신에게 솔직해지면 지혜로워지고 자유로워집니다. 자신에게 물어보세요. 지금 나는 어떤 감정을 느끼는가? 지금 이 순간 나를 점령한 생각은 무엇인가? 나의 몸은 어떤 느낌인가? 멀미, 긴장, 혹은 통증처럼 몸의 불편함을 느낄 수도 있습니다. 그런 불편을 가만히 느껴 보세요. 어느 순간 육체적 불편이 불쾌하지만 견딜 만해지고, 모든 감정은 변한다는 사실을 깨닫게 됩니다. 자신이 나약한 존재인 것처럼 느껴질 때, 자신에게 다정하세요.

제안 상황이 예상과 다르게 흘러갈 때 알아차리세요. 잠시 멈추고 한 걸음 뒤로 물러나 자신을 점검해 보세요. 용기를 내어 정직해지세요. 자신의 감정을 지켜보세요. 새로운 마음가짐으로 현재 상황을 해결할 당신 자신의 직관에 귀를 기울이세요. 그리고 행동을 취하세요.

7월 11일

* **건강을 해쳐도 좋을 만큼 가치 있는 일은 없다. 스트레스, 불안, 공포로 자신을 오염시켜도 좋을 만큼 가치 있는 일은 없다.** —스티브 마라볼리

누구에게나 꽉 조인 태엽을 풀어 주는 시간이 필요합니다. 종종 사람들에게 스트레스 관리에 관한 조언을 하면서도 정작 저 자신을 돌보는 일에는 여전히 소홀합니다. 처음 이 일을 시작했을 땐 정신적, 육체적 건강을 당연한 것으로 여겼어요. 밤에도 일했고 주말에도 일했지요. 일하는 시간을 늘리려고 운동마저 포기했습니다. 하루 일과가 끝나면 술로 스트레스를 풀었고요. 그땐 깨닫지 못했지만, 서서히, 그리고 꾸준히 저의 에너지를 고갈시켰어요. 그러던 어느 날 자전거를 타고 가다가 차와 하마터면 부딪칠 뻔한 일이 생겼어요. 그때 처음으로, "이번에 죽을 수도 있었는데 아깝네" 하는 생각이 들더군요. 마침내 전부 다 끝낼 수도 있었다는 마음이 하는 말이 들렸습니다.

그 사건을 곰곰이 생각해 보았습니다. 나는 대체 어쩌다가, 나의 죽음이 별로 나쁜 일이 아닌 것처럼 느껴지는 지경에 이르렀을까? 그때서야 저에게 재충전의 시간이 필요하다는 걸 알게 되었습니다. 그 사실을 깨닫기까지 40년이 걸렸다니 창피한 노릇입니다.

건강이 위협받는 상황이 될 때까지 내버려 두지 마세요. 적극적으로 자신을 돌보세요. 매일의 삶을 즐기며 육체와 정신과 영혼을 돌볼 수 있는 방법을 찾아보세요.

제안 오늘 하루를 설계할 때 건강을 우선으로 고려해 보세요. 스트레스를 줄이고 건강한 삶을 가꾸기 위해 당신이 할 수 있는 일은 무엇인가요?

7월 12일

자신이 정신적으로 건강할 땐, 정신 질환을 나약함의 신호로 여기거나 자기관리를 못 하는 사람들이나 걸리는 병으로 여기기 쉽습니다. 정신 건강은 물동이와 같아요. 일, 가족, 삶의 다양한 영역에서 오는 압박감과 스트레스는 물동이로 들어가는 물과 같고요. 삶에서 일어나는 일들이 물동이를 채우는 물의 강도와 양에 영향을 미칩니다. 물동이가 넘치면 정신 건강에 문제가 생겨요. 이를테면 우울 혹은 불안과 같은 증세이지요. 자신을 돌보는 것은 물동이에서 물을 한 컵씩 떠내는 것과 같습니다. 영양, 운동, 휴식을 통해 자신의 몸을 잘 돌볼수록 정신 건강이 나빠질 확률은 줄어듭니다. 그러나 정신건강이 악화되는 것이 반드시 자기관리를 잘 못했다는 의미는 아니에요. 사람들이 각자 가지고 태어난 물동이의 크기는 제각각이니까요. 물동이의 크기는 유전적인 요소와 어린 시절의 경험에 따라 달라지는데, 우리가 통제할 수 없는 영역입니다.

일을 할 때면 주로 생산성과 효율성, 결과에 집중하게 되고, 이윤을 극대화하려다 보면 자신을 돌볼 틈이 없어집니다. 행복하고 건강한 근무환경이 더 생산적이고 효율적이며 큰 이윤을 창출한다고 합니다. 우리의 목표와 의도가 무엇이건, 정신 건강 문제도 통상적인 건강의 범주로 인식하고 공감하며 대처한다면, 일하는 사람 모두에게 이로울 것입니다.

제안 오늘 직장에서나 친구들을 만날 때, 혹은 집에서 공감을 실천해 보세요. 다른 사람의 견해와 경험에 호기심을 가지고 귀 기울이고 이해해 보세요.

7월 13일

＊ **그림자를 드리우지 않는다면 어찌 실체가 있는 존재일 수 있는가? 온전한 인간으로 존재하려면 어둠 또한 지녀야 한다.** —칼 구스타프 융

괴로움을 겪는 사람들을 보면 정신적으로 완전히 망가진 것처럼 보이기도 합니다. 불안, 우울, 극단적인 스트레스에 휩싸이면 무얼 해도 즐겁지 않고, 툭하면 화를 내고 안으로 침잠하게 되지요. 그럴 때면 본래의 모습, 온전한 자신을 되찾고 싶어집니다.

그러나 온전한 자신과 망가진 자신이 반드시 양극단에 있는 건 아닙니다. 어느 랍비가 자신이 선물 받은 아름다운 기도책 이야기를 들려주었습니다. 어느 날 그의 어린 아들이 기도책 한 페이지에 낙서를 해 놓았습니다. 몹시 화가 난 그는 아이를 야단쳤습니다. 오랜 세월이 지난 뒤에 초록색 낙서가 그려진 페이지를 펼칠 때마다, 그는 망할 놈의 기도책 전체에서 그 페이지가 가장 성스러운 페이지라는 생각을 했습니다. 훼손된 것처럼 보였던 페이지가 오히려 신성하게 느껴진 거죠.

병든 것과 온전한 것 사이에 선을 긋지 마세요. 우리는 각기 다른 열정, 사랑하는 사람, 꿈을 지닌 온전한 한 사람입니다. 인생이 바닥을 칠 때, 결함이 있다고 여기기보다 그저 고통받는 한 인간임을 떠올리세요. 병들었다고 생각하기보다 치유되는 과정이라고 생각하세요.

제안 오늘 당신이 어떤 상태이건, 건강하건 아프건, 강인하건 나약하건, 유능하건 서툴건, 당신이 온전한 한 사람임을 기억하세요. 좋은 상태라면 당신이 누리는 삶의 활력을 축하하세요. 절망과 싸우고 있다면, 최대한 자주 자신에게 일깨우세요. "나는 치유되는 중이야. 나는 온전해."

7월 14일

＊　**새로운 것을 시도하라. 항복하라.** —루미

인간으로 살아가며 온갖 감정들을 경험합니다. 행복, 슬픔, 두려움, 분노, 놀라움, 혐오감을 느낍니다. 한 주를 보내면서, 심지어 하루를 보내면서도 다양한 감정을 겪습니다.

어떤 감정을 느끼건, 그 감정을 곧바로 다른 것으로 바꾸어야 한다고 생각하지 말고 포용해 보세요. 파도 꼭대기에서 미끄러지는 서퍼처럼 그 감정을 타고 놀아 보세요.

몹시 피로할 때면, 내 몸 상태에 맞추기 위해 동작이 굼떠지는 그 느낌을 인식해 보세요. 걸음걸이도 느려지고 호흡도 느려지고 깊어져요. 반면 행복할 때면, 그 순간이 너무 찬란하고 아름다워서 마치 한 송이 꽃을 들듯 그 순간의 향기를 음미합니다. 강렬한 분노 혹은 실망에 휩싸일 때에도 그 감정 자체를 포용하는 데서 오는 편안함이 있어요.

순간 떠오르는 감정이 무엇이건 감정을 포용하면 마음이 홀가분해집니다. 판단은 없고, 온화함만 있습니다. 고통은 없고, 평화만 있습니다.

제안　오늘 당신이 느끼는 감정을 반겨 보세요. 오랜 친구를 반기듯 몸속에서 일어나는 감각을 환대하세요. 감정이 마음대로 왔다가 떠나도록 가만히 내버려 두세요. 모든 감정이 결국엔 지나간다는 사실을 기억하세요. 다양한 빛깔의 감정들을 음미해 보세요.

7월 15일

* **자신이 진정 무엇을 필요로 하는지, 무엇을 느끼는지, 무엇을 원하는지 이해하려 노력해야만 비로소 최고의 자신이 될 수 있다.** —데버라 데이

현재에 깨어 있고 '지금 여기에' 머물라는 말은 들어 보았을 거예요. 그 말은 현재 욕구를 받아들이는 것도 포함됩니다. 우리의 욕구는 시시때때로 변하기 때문이지요. 한때 필요했던 것들이 어느 순간 필요 없어지기도 합니다.

언젠가 조경 전문가와 이야기를 나눈 적이 있어요. 집을 살 때 정원의 애매한 위치에 조그만 나무 한 그루가 있었어요. 정원에 다양한 나무들이 있는 게 좋아서 그 나무를 뽑고 싶지 않았죠. 그때 조경 전문가는 잘못된 자리에서 자라는 나무는 결코 좋은 나무가 될 수 없다고 조언하더군요.

마찬가지로 우리가 하는 행위는 현재 욕구를 충족시킬 때에만 옳습니다. 예를 들어, 최신 기종의 스마트폰을 처음 샀을 때는 마음에 들었지만, 어느 순간 스마트폰이 삶을 고갈시킨다는 생각이 들었어요. 그런데도 사용을 자제하기가 쉽지 않았습니다. 마침내 저는 휴대폰을 최소한의 기능만 있는 것으로 바꾸었어요. 예전 스마트폰이 그립지 않을까 걱정했지만 오히려 해방감을 느꼈습니다.

가장 좋은 모습으로 살기 위해 자신에게 필요한 것이 무엇인지 질문하세요. 당신의 행복을 최우선으로 생각하세요.

제안 오늘 무엇이 당신의 삶을 풍요롭게 할까요? 모험, 도전, 휴식, 목욕, 다른 사람들과의 대화, 무엇이든 좋습니다. 당신에게 필요한 것을 최우선으로 생각하세요. 당신에게 맞지 않는 것은 놓아 버리세요.

7월 16일

* **마음이 괴로울 땐 산이 최고의 처방이다.** —피니스 미쳴

오늘 하루 중 어느 때고 산 명상을 통해 마음의 안정을 찾아보세요. 앉아 있건 서 있건, 의자, 침대, 혹은 바닥과 닿아 있는 당신의 신체 부위를 알아차려 보세요. 당신을 지지하는 물체를 의식해 보세요. 호흡의 흐름을 타 보세요. 호흡의 편안하고 자연스러운 리듬을 찾아보세요.

자, 이제 거대한 산을 상상하세요. 봉우리들과 윤곽을 상상하세요. 눈 덮인 봉우리가 있나요? 키 큰 나무들이 있나요? 반짝이는 폭포가 있나요? 출렁이는 강물이 있나요? 산을 느껴 보세요. 산이 지니고 있는 야성의 힘과 웅장한 정적, 자연의 조화를 느껴 보세요.

그 이미지를 당신의 몸과 마음으로 가져오세요. 마치 산과 하나가 된 것처럼. 앉아서, 혹은 일어서서, 산의 긍정적인 기운을 받아들여 보세요.

떠오르는 생각과 몸속에서 일어나는 감각들을 의식해 보세요. 그것들이 때로는 천천히, 때로는 빠르게, 산 위를 흐르는 구름들처럼, 왔다가 사라지는 것을 알아차리세요. 감각들이 떠오르는 태양처럼 솟아올랐다가, 저녁 기온처럼 떨어지는 것을 지켜보세요. 얼음이 녹아내리건 식물이 꽃을 피우건, 산은 그 자리에서 지켜볼 뿐입니다. 산은 날씨도 아니고 야생식물도 아니며 계절도 아닙니다. 마찬가지로 당신은 당신의 생각도 아니고 당신의 감정도 아니고 당신의 육체적 감각도 아닙니다.

제안 오늘 산 명상을 시도해 보세요. 격한 감정의 소용돌이를 견디고 있건 편안하고 고요한 시간을 보내고 있건, 산과 같은 고요함과 평화에 자신을 연결해 보세요.

7월 17일

✳ **그것이 바로 당신을 사랑하는 사람들이 하는 일이다. 당신이 별로 사랑
받을 만한 상태가 아닐 때에도 당신에게 팔을 두르고 당신을 사랑해 주는
것.** —뎁 칼레티

산은 우리에게 각기 다른 기억을 떠올리게 합니다. 어렸을 때 아버
지는 종종 저를 북부 캘리포니아의 트리니티 알프스까지 데려다주곤 했어
요. 고도가 높아질수록 공기가 차가워지고 소음이 잦아들었지요. 차에서
내리는 순간 아버지는 정적에 귀를 기울여 보라고 했습니다. 아내와 함께
했던 시간 속에도 산에서의 추억이 곳곳에 스며 있어요. 여름이면 우리는
애팔래치아 산길을 오르곤 했지요. 마운트 데저트 아일랜드가 우리의 보
금자리가 되기도 했습니다. 산에서 바다를 바라볼 수 있는 곳이었어요. 먼
훗날 이곳에서 눈을 감고 싶다는 생각을 하곤 했습니다.
최근 들어 젊은 시절 아버지를 자주 떠올리게 됩니다. 그때 아버지는 할아
버지의 자살로 인한 충격으로 후유증에 시달리고 있었고, 그 와중에도 열
심히 일하며 다섯 아들을 길렀습니다. 저도 우울증과 싸우면서 아버지가
견디어야 했던 좌절감, 때때로 우리를 향했던 초조함, 예민함, 평화에 대
한 갈망을 이해하게 되었어요. 차를 타고 산으로 가서 서늘한 숲속에 서
있을 때, 아버지가 듣는 것을 나도 들어 보려고 귀를 기울이던 생각이 납
니다. 그때 내가 들은 것이 무엇이었는지, 이제는 알 것 같습니다.

제안 당신이 힘겨운 싸움을 하고 있을 때조차 여전히 당신을 사랑해 주는 사람
을 떠올려 보세요. 그 사람에게 말로, 따스한 포옹으로 사랑을 보여 주세
요. 그들의 존재가 당신의 삶에서 어떤 의미인지 분명하게 알려 주세요.

7월 18일

* **나는 죽음이 항상 염두에 두어야 하는 중요한 일임을 알게 되었다. 불평하거나 우울해지라는 의미가 아니다. 언젠가 내가 죽는다는 사실을 정직하게 받아들이기 전에는 결코 진정으로 살 수가 없기 때문이다.** —R. A. 살바토레

어제 저녁 식사 중에 엠마와 게임을 했습니다. 상대방의 묘비명을 번갈아 말하는 것이었어요. 생각보다 어렵더군요! 문득 엠마는 제 삶의 동반자이자 영혼의 짝 이상의 의미가 있는 사람이라는 생각이 들었어요. 그녀는 누군가의 딸이고, 사촌이며, 손녀이고, 동료이고, 친구였습니다. 언젠가 엠마도 한 아이의 어머니가 되겠지요.

집으로 돌아오는 길에 팔짱을 끼고 산길을 걸어가는 연로한 부부를 보았습니다. 우리도 저렇게 함께 나이 들어갈 수 있으면 참 좋겠다고 이야기했습니다. 엠마와 함께 늙고 머리가 허옇게 세고 싶다는 꿈을 가지게 되었습니다. 그녀와 함께 길고 충만한 삶을 사는 특권을 누리고 싶었어요. 물론 과연 그럴 수 있을지는 알 수 없어요. 어떤 미래가 우리를 기다리고 있는지는 그 누구도 알지 못합니다. 중요한 것은 매 순간을 최대한 즐기고, 우리 삶에 존재하는 사람들에게 사랑을 보여 주고, 그들과 함께하는 시간을 즐기는 것입니다.

제안 지상에서의 삶이 얼마 남지 않았다는 사실을 알게 된다면 그 시간을 누구와 보내고 싶은가요? 그들과 무얼 하고 싶은가요? 당신에게 가장 소중한 것을 똑바로 보고 느껴 보세요. 당신이 그 일들을 실천할 날들이 아직 남아 있다는 것이야말로 진정한 축복입니다.

* **낯선 이의 집 처마 밑에서 비를 피하며 내 집을 떠올린 것이 몇 번이었던가?** —윌리엄 포크너

비바람으로부터 나를 지켜 주고, 세상의 온갖 시름을 피할 수 있는 은신처, 바로 집입니다.

최근 새로운 집으로 이사를 갈지 말지 고민했습니다. 지금 살고 있는 집보다 좀 더 크고, 근사한 새 부엌이 있는 데다, 아름다운 풍경을 감상할 수 있는 널찍한 베란다가 있었어요. 게다가 친한 친구의 바로 옆집이었지요. 하지만 여러 조건들로 그 집을 사지 않기로 결정하고 나니 8년째 살고 있는 우리 집이 새삼스레 포근하게 느껴지더군요. 둘째아이와 셋째가 태어난 집이기도 하고요. 이 집을 진정한 집으로 만들었던 우리의 삶에도 감사했습니다.

익숙한 것들은 어느 순간 눈에 보이지 않지요. 집이건, 가까운 관계건, 어느 순간 우리를 둘러싼 삶의 풍요를 의식하지 못합니다. 새로운 눈으로 세상을 바라보면 바로 우리 눈앞에 있는 것들을 다시 경험할 수 있습니다.

제안 당신의 집을 생각해 보세요. 그 집이 당신의 집일 수 있는 것은 무엇 때문인가요? 누군가와 함께 살고 있기 때문일 수도 있고, 만약 당신이 혼자 살고 있다면, 그 집에 닿은 당신의 손길 때문일 수도 있어요. 당신이 살고 있는 집과 교감해 보세요. 목욕할 때, 음식을 먹을 때, 옷을 입을 때, 일을 할 때나 쉴 때, 이 집을 당신 집이게 하는 작은 것들을 알아차려 보세요.

7월 20일

* **참 이상하지요? 한 사람의 삶이 그토록 많은 사람들의 삶을 건드린다는 게 말이에요. 한 사람이 사라지면 엄청난 구멍이 남아요. 그렇지 않은가요?** ─영화 〈멋진 인생〉 중에서

20대 초반, 저는 배우 지망생이었어요. 1946년도 프랭크 캐프라의 크리스마스 고전영화 〈멋진 인생〉의 연극 버전에서 첫 배역을 맡았지요. 천사가 자살충동을 느끼는 남자 조지 베일리를 데리고, 만약 그가 태어나지 않았더라면 펼쳐졌을 삶을 보여 주는 여행을 떠납니다. 천사는 조지에게 삶이라는 축복이 없는 세상을 보여줌으로써, 그의 인생에 존재하는 소중한 선물에 눈뜨게 해 줍니다.

최근 이 영화의 제목을 딴 어느 연구에 의하면, 자신이 감사하는 일들이 일어나지 않았을 때의 삶을 생각하면 삶에 훨씬 긍정적인 감정을 갖게 된다고 합니다. 가장 멋진 대목은 바로 이거예요. 천사가 우리를 데리고 과거의 삶으로 날아갈 때까지 기다릴 필요가 없어요. 어떤 사건이 일어나지 않았다면 이 세상이 어떨지 생각해 보는 것만으로도, 오늘 하루 감사와 행복의 문이 열릴 수 있습니다.

제안 당신 삶에서 일어난 고마운 일 한 가지 떠올려 보세요. 그 일이 일어나게 된 여건을 생각해 보세요. 그 일이 일어나지 않았을 가능성도 생각해 보세요. 그 일이 없었다면 당신 삶이 어땠을지 상상해 보세요.

이제 당신의 주의를 현재로 돌려 보세요. 그 일이 일어났다는 것과 그 결과로 인한 모든 긍정적인 일들을 생각해 보세요. 감사의 마음이 당신의 몸속에 흐르게 하세요.

7월 21일

*   **나르시시즘의 정반대는 객관성이다. 그것은 사람과 사물을 있는 그대로, 객관적으로 보는 능력이며, 한 인간의 욕망과 두려움으로 형성된 심상에서 객관적인 심상을 분리해 내는 능력이다.** —에리히 프롬

다른 사람의 이야기를 들어 주기 힘들 때가 종종 있습니다. 듣고 싶은 말만 듣거나, 하고 싶은 말을 하기 위해 듣거나, 혹은 아예 듣지 않는 경우도 있습니다. 상대방의 말을 제대로 듣지 않아서 생기는 오해나 갈등도 많죠.

저는 특히 아이들의 이야기를 잘 듣지 않는다는 걸 최근 깨닫게 되었습니다. 얼마 전에 두 살배기 아이를 재울 준비를 하는데, 아이가 이를 닦지 않겠다는 거예요. 곧바로 화가 나 이렇게 말했습니다. "이는 매일 밤 닦아야 하는 거야, 페이. 싫어도 할 수 없어. 이가 썩으면 좋겠니?" 제가 야단칠수록 아이는 더 완강하게 거부했고, 어느 순간 울음을 터뜨리더군요. 그제야 제가 물었습니다. "페이, 대체 왜 이를 닦기 싫다는 건데?"

페이는 이를 닦을 때 얼굴에 치약이 튀는 게 싫다면서, 이를 닦는 동안 수건으로 얼굴을 가리고 싶다고 하더군요. 참 간단한 해결책이었어요. 아이의 말을 듣기만 하면 될 일이었지요.

제안 오늘 다른 사람의 말을 진심으로 들을 기회를 찾아보세요. 당신이 듣게 될 말에 선입견을 걷어 내고 당신 앞에 있는 사람에게 마음을 활짝 열어 보세요. 상대방의 관점을 이해하려 노력하면 한결 상황이 편안해집니다.

7월 22일

의대를 그만두고 심리학 학위과정을 밟던 시절, 즉흥 코미디 공연에 참가한 적이 있었어요. 코미디언들이 관객의 요청에 따라 그 자리에서 인물, 장면, 대사, 노래를 즉흥적으로 연기하는 방식이었습니다. 세인트 앤드루스 대학에서 매주 사람들과 모여 공연을 했습니다. 에든버러 프린지 페스티벌에도 참가했는데, 저희 공연이 평점 별 다섯 개를 받기도 했습니다. 그러나 그 공연에서 가장 멋진 대목은 바로 웃음이었어요.

대본도 없고 그 어떤 안전장치도 없었기 때문에 자유로웠고 짜릿했습니다. 매 순간, 뭐든 해야 했어요. 공연을 하며 가장 감동적이고 의미 있는 순간은 상대에게 모든 관심을 집중하는 것에 있음을 깨달았습니다. 다른 사람의 말과 행동에 진심으로 귀 기울이고 허용할 때 다음 단계로 나아가는 기적이 일어났습니다. 어떤 장면이든 다른 연기자를 통제하려는 순간, 공연의 맥이 빠지고 부자연스러워졌어요.

삶과 웃음은 즉흥성, 수용 그리고 존재로부터 자연스럽게 배어납니다.

제안 오늘 웃음의 축복을 즐기세요! 즉흥성에 자신을 맡겨 보세요. 웃는 순간 멋진 인생이 펼쳐집니다.

7월 23일

* **배우자나 친구, 혹은 가족과 함께 음식을 먹을 수 있다는 건 정말 멋진 일 아닌가요?** —제이미 올리버

음식은 인간관계를 더욱 돈독하게 합니다. 프랑스 말로 '친구'를 뜻하는 '코팡'이 '코co(함께)'와 '팡pain(빵)'의 합성어인 것도 그렇죠. 결혼 피로연이나 명절 음식처럼 특별한 날을 축하하기 위해 음식을 만듭니다. 기독교인들은 빵과 와인으로 성체성사를 하고 유대교인들에게는 금요일 저녁 안식일 식사를 하는 전통이 있습니다.

수천 번의 식사 중에 유독 기억에 남는 식사들이 있어요. 아내와 함께했던 특별한 생일 식사, 둘째 아이가 태어난 다음 날 병원에서 보냈던 추수감사절 식사, 그리고 돌아가시기 직전 할아버지와 먹었던 마지막 식사입니다. 아리아의 결혼식에 참석하기 위해 영국 뉴캐슬에 도착하던 날 함께했던 저녁 식사도 기억에 남아요. 우리는 널찍한 나무 테이블에 둘러앉았고 저녁 햇살이 창문으로 스며들었어요. 따뜻한 커스터드를 곁들인 애플 크럼블을 그때 처음 먹어 보았어요. 음식을 먹는 동안 행복한 만족감을 느꼈고, 곁에 있는 사람들과 깊이 교감할 수 있었습니다.

우리가 먹는 음식은 우리의 몸이 됩니다. 우리가 먹는 음식이 우리의 모든 경험과 교류에 연료를 공급합니다. 음식을 나누는 것은 곧 삶을 나누는 것입니다.

제안 오늘 음식으로 사람들과 교감해 보세요. 먹거리를 키우고, 팔고, 만드는 사람들, 당신과 함께 음식을 먹는 사람들과 교감해 보세요. 특별히 기억에 남거나 의미가 있었던 식사를 떠올려 보세요.

* **사랑은 오래 참고, 친절합니다. 사랑은 시기하지 않으며, 뽐내지 않으며, 교만하지 않습니다. 사랑은 무례하지 않으며, 자기의 이익을 구하지 않으며, 성을 내지 않으며, 원한을 품지 않습니다. 사랑은 불의를 기뻐하지 않으며, 진리와 함께 기뻐합니다. 사랑은 모든 것을 덮어 주며, 모든 것을 믿으며, 모든 것을 바라며, 모든 것을 견딥니다.** ─고린도전서 13장 4절 ─7절

최근 가까운 친구 두 명의 결혼식에 참석했습니다. 결혼식은 언제나 우리 삶에서 가장 소중한 것이 사랑임을 일깨워 주지요. 사랑에는 여러 가지 얼굴이 있습니다. 인내, 친절, 존경, 평화, 보호, 신뢰, 희망, 끈기, 그 외에도 여러 가지가 있겠지요.

배우자, 부모, 자식, 반려동물, 친구, 일을 사랑하고 그 외에도 열정을 느끼고 추구하는 것들을 사랑합니다. 사랑은 단순한 감정이 아니에요. 사랑은 마음을 열고 넉넉하게 베풀겠다는 약속입니다. 사랑에는 용기가 필요합니다. 마음을 연다는 것은 상처받고 실망하는 것을 허용하는 것이기 때문이지요. 그 위험을 지속적으로 감수하는 것이야말로 중요한 일입니다. 사랑은 풍요롭고 충만한 삶의 근간입니다. 한 번도 사랑하지 않은 것보다 충분히 사랑하는 편이 훨씬 낫습니다.

제안 사랑을 구성하는 단어를 하나 떠올려 보세요. 예를 들면, '친절'을 떠올려 볼 수 있겠지요. 그 단어로 하루를 살아 보세요. 친절을 내쉬고, 친절을 들이마셔 보세요. 오늘 하루 그 호흡을 여러 번 반복하세요. 사랑을 안내자로 삼으세요.

7월 25일

* **모든 인간의 삶은 어떤 이야기를 쓰려고 마음먹었는데 결국 엉뚱한 이야기를 쓰게 되는 일기와도 같다.** ―제임스 매슈 배리

충만한 삶을 사는 가장 확실한 방법은 보다 큰 목표를 지니고 사는 것입니다. 아무 생각 없이 되는 대로 살다 보면, 진정 원하는 삶으로부터 멀어집니다. 매일, 혹은 평생을 주어진 상황에 휩쓸려 가듯 살아갈 수도 있어요.

저는 늦어도 크게 잘못될 게 없는데도 여섯 시 반에 저녁식사를 하기 위해 식탁에 앉지 못하면 스트레스를 받곤 합니다. 최근에 아들이 토요일 테니스 캠프에 늦을까 봐 걱정을 하다가 놀라운 깨달음을 얻었어요. 저는 그동안 지각이 아주 나쁜 일이라고 생각하고 있었습니다. 그런데 최악의 상황이라고 해 봐야 강사가 조금 화가 나는 것이었고, 그럴 가능성마저 별로 높지 않았습니다. 반면 제가 스트레스를 받을 경우 치러야 하는 대가는 분명히 있었지요. 불안, 긴장, 초조함. 마음을 느긋하게 먹는 순간, 긴장으로 가슴과 목이 조여 오는 느낌을 피할 수 있었습니다. 덕분에 곁에 있던 사람들이 제 조바심을 감당할 필요도 없었고요.

깨어 있으면 원하는 삶과 되고자 하는 모습에 자신의 행동을 맞출 수 있어요. 우리의 하루는 빈 도화지입니다. 붓을 들고 있는 사람은 누구인가요?

제안 당신의 삶에서 잘 다스려지지 않는 영역이 있다면 보다 큰 목표를 떠올려 보세요. 당신이 바람직하다고 생각하는 방식으로 대처하려면 어떻게 행동해야 할까요?

7월 26일

＊ **내가 아는 인간의 특성 중 가장 비극적인 것은 우리 모두가 진정한 삶을
미룬다는 것이다. 저 수평선 너머에 마법처럼 장미의 정원이 펼쳐지기를
꿈꾼다. 오늘 창밖에 피어난 장미를 즐기는 대신.** —데일 카네기

우리는 미래를 이상화하는 함정에 빠지곤 합니다. 체중을 5킬로그
램만 감량하면, 집이 조금만 더 넓으면, 차가 조금만 더 새것이라면, 은행
잔고가 조금만 더 여유로우면 행복할 거라고 생각해요. 제대로 되는 일이
없다고 불평불만을 입에 달고 살지요. 새 차, 더 큰 집, 승진은 처음엔 엄
청난 쾌감을 줄 수 있지만 곧 익숙해지고 우리의 행복은 다시 이전 수준으
로 돌아갑니다. 더 나은 삶을 꿈꾸느라, 지금 바로 여기 존재하는 아름다
움을 즐기지 못합니다.

제안 목표를 가지고 앞으로 나아가는 일이 동기를 부여하는 것은 사실이지만,
현재를 부족한 것으로 여기게 될 수도 있습니다. 장밋빛 미래와 현재를 비
교하기보다, 미래는 당신이 그림을 그려 가야 할 도화지라고 생각하세요.
현재에 주의를 집중하고 현재 상황의 좋은 점 세 가지를 생각해 보세요.

7월 27일

* **걱정은 내일의 슬픔을 떨쳐 내지 못한다. 오늘의 힘을 고갈시킬 뿐이다.**

―코리 텐 붐

걱정이라는 건 참 재미있습니다. 어떤 일의 결과를 통제할 수 없음에도 마치 그것을 통제할 수 있는 양 행동하게 됩니다. 걱정은 불확실성에 대한 두려움에 대처하기 위한 일종의 자구책이라고 볼 수 있어요.

그런데도 걱정은 쏟아부은 만큼의 가치가 없는 일입니다. 우리가 걱정하는 거의 모든 일들이 결국 별일이 아닌 것으로 판명되곤 하니까요. 걱정했기 때문에 별일이 아닌 것으로 판명되는 게 아니에요. 걱정은 불안감을 증폭시킬 뿐입니다. 불확실성은 삶의 본질이고, 우리는 결코 앞으로 닥칠 일에 완벽하게 대처할 수 없어요.

다 잘 될 거라고 스스로를 안심시키려 애쓰는 것도 좋은 처방이 아닙니다. 불확실성을 그대로 내버려 두세요. 어떻게든 상황을 통제하려 애쓰는 것을 멈출 때, 불안감이 잦아듭니다. 괜찮을 거라는 확신이 없어도 압박감이 한결 덜해집니다.

제안 당신의 마음이 걱정을 하며 상황을 해결하려 애쓸 때, 걱정을 멈추고 불확실성에 기대어 보세요. 이렇게 소리 내어 말해 보는 것도 좋습니다. "미래를 완벽하게 통제할 수는 없어. 닥치면 생각해야지." 물론 마음의 안정을 찾으려면 계속 연습이 필요합니다. 어느 순간 걱정을 놓게 될 겁니다.

7월 28일

* 있는 그대로의 자기 자신이 되고 자신의 모습을 편안히 받아들이는 것, 그 것뿐이다. 당신이 진실하다면, 당신의 마음을 따르게 되고, 당신이 좋아하고 즐길 수 있는 장소와 상황과 대화 속에 있게 될 것이다. 대화하고 싶은 사람들을 만나게 될 것이다. 꿈꾸어 왔던 곳에 가게 될 것이다. 결국 당신의 마음을 따르게 되고 지극한 충만함을 느끼게 될 것이다. —닐 파시차

자신을 받아들이는 것이 스스로를 완벽하다고 여기는 것을 뜻하지는 않아요. 자신을 받아들이는 것은 자기중심적인 것도 아니고, 자아도취에 빠진 것도 아닙니다. 자신을 받아들인다고 해서 발전이 없는 것도 아니에요. 있는 그대로 자신의 모습에 편안해지는 것입니다. 자신의 강점과 약점을 볼 수 있는 것이고, 별난 점과 특이한 점을 인정하는 것입니다. 아이러니하게도 받아들이지 않으면 바꿀 수도 없어요. 받아들임은 성장을 위한 비옥한 토양이 됩니다. 이것이 자연스러운 삶의 흐름이에요. 우리가 진실하다면, 있는 그대로 자신을 인정하고 받아들일 수 있습니다. 자신의 열정을 좇을 확률이 높고, 의식적으로 좋은 사람들과 의미 있는 일을 선택하게 됩니다. 두려움과 불안감 속에서도 자신이 소중히 여기는 가치에 부합되는 삶을 살게 됩니다. 동시에 성장하고, 적응하며, 발전할 수 있어요. 있는 그대로의 자신의 모습에 만족하면서도, 한편으로는 발전하는 나의 모습을 즐길 수 있어요.

제안 당신의 독특한 개성, 자질, 특이한 성격을 생각해 보세요. 오늘 하루, 오직 당신 자신의 모습으로 살아 보세요. 있는 그대로의 모습으로도 충분하다는 것을 깨닫는 데서 오는 해방감과 안도감을 즐겨 보세요.

7월 29일

* **시간의 빠른 물살 속으로 완전히 들어설 때, 나의 모든 관심이 지금 이 순간에 들어설 때, 온전히 이곳에 존재하는 나의 무게가 물살의 속도를 늦춘다.** —앤 보스캠프

있는 그대로의 모습을 받아들이는 일 중 가장 중요한 대목은 자신이 있는 장소를 받아들이는 것입니다. 우리는 종종 앞으로 닥칠 일을 흘금거리며 그곳에 미리 가 있어야 한다고 생각해요. 최근 가족 결혼식에 참석하기 위해 캔자스시티에 가는 길 내내, 버스, 무빙워크, 비행기, 다시 버스를 갈아타며, 다음 장소에 미리 가 있어야 할 것 같은 기분을 느꼈습니다. 그 순간만이 내가 내디딜 수 있는 유일한 발걸음인데 말이죠.

우리는 얼마나 자주, 이곳이 아닌 다른 곳에 있어야 한다고 생각할까요? 더 날씬해지고, 더 부유해지고, 더 건강해지고, 더 성공해야 한다고 말합니다. 목록은 끝이 없어요. 어쩌면 넓은 의미의 불만, 혹은 초조함의 산물일지도 몰라요. 지금 내가 있는 자리를 받아들이면 이대로 정체되는 건 아닐까 두려워집니다. 하지만 그렇지 않아요. 지금 공항에 있다는 사실을 받아들인다고 해서, 공항에 가방을 내려놓고 "자, 여기야! 이제 우리는 공항에서 사는 거야!"라고 말하는 건 아니니까요. 자신이 있는 곳에 머무는 것은, 계속되는 여행이라는 과정의 한 단계에 머무는 것을 의미합니다.

제안 당신이 있어야 할 곳이 이곳이 아닌 다른 어딘가라는 생각이 들 때 이렇게 말해 보세요. "나는 지금 여기 있어." 당신이 무엇을 기대하고 있건, 목표가 무엇이건, 당신은 지금 여기 있습니다. 지금 당신이 있는 바로 그 자리에 온전히 머물러 보세요.

7월 30일

* **우정이야말로 이 세상을 온전하게 지탱해 주는 유일한 시멘트다.**

  —우드로 윌슨

오늘은 세계 우정의 날입니다! 인간의 정신적 유대를 기리기 위해 유엔이 우정의 날을 지정했어요. 1998년에 나네 아난◆은 곰돌이 푸를 세계 '우정 대사'로 임명했습니다. 푸와 관련된 우정의 개념은 세 가지입니다.

1. 곰돌이 푸에게 꿀의 존재처럼, 우정은 우리를 행복하게 합니다. 친밀한 인간관계야말로 행복의 가장 강력한 변수입니다.

2. 곰돌이 푸는 숲속에 앉아서 친구를 기다리기보다는, 먼저 첫발을 내디뎌야 한다고 말했습니다. 오랫동안 만나지 못한 친구가 나를 찾아주기만을 기다리는 경우가 많아요. 우정이란 이기심을 떨치고 소중한 사람들과 교류하는 것을 뜻합니다.

3. 곰돌이 푸는 항상 친구를 믿어 줍니다. 친구가 자기 말을 듣지 않는 것 같으면 아마 귀에 먼지가 들어갔을 거라고 생각해요. 상대방이 우리에게 관심이 없다고 섣불리 결론을 내리기보다는 다른 이유가 있을 수도 있다는 사실을 기억하세요. 그가 어떤 일을 겪고 있는지 우리는 알지 못합니다.

제안 오늘 우정을 축하하세요! 오랜 친구에게 손을 내밀어 보세요. 마음을 열고 새 친구를 사귀어 보세요. 친구와 함께 찍은 사진을 소셜 미디어에 올려 보세요. 친구를 위해 라디오에 노래를 신청해 보세요.

◆ 7대 유엔사무총장 코피 아난의 부인.

7월 31일

무엇보다도 먼저 서로 뜨겁게 사랑하십시오. 사랑은 허다한 죄를 덮어 줍니다. —베드로전서 4장 8절

삶에서 인간관계보다 더 소중한 건 없어요. 좋은 친구는 나쁜 친구가 일으키는 고통을 상쇄합니다. 20년 넘는 결혼생활을 돌이켜보면 사랑이 크고 작은 시련을 이겨낼 수 있게 해 주었다는 생각이 들어요. 우리가 그 모든 시련을 견뎠다는 게 기적 같습니다. 우리 앞에 닥친 모든 일을 우리보다 큰 힘, 즉 사랑의 힘으로 이겨낼 수 있었어요.

사랑은 진실하고 정직하며 때로는 날카롭고 고통스럽습니다. 사랑은 우리에게 성장을 요구합니다. 사랑은 단순한 느낌 이상의 감정입니다. 사랑한다는 것은 곧 행동하는 것입니다. 사랑은 사랑하는 사람을 위해 자신을 끊임없이 확장할 것을 강요합니다.

온갖 감정들이 우리의 가장 친밀한 관계를 위협하곤 해요. 두려움, 분노, 슬픔, 상처, 시기, 씁쓸함 같은 감정들이죠. 그러나 사랑은 그 어떤 감정보다도 강력합니다. 사랑 속에서 누군가를 만나면 고통은 연민으로 바뀝니다. 사랑의 물살을 타고 그 물살이 주위를 휘감게 할 때, 우리는 용서할 수 있고, 치유할 수 있으며, 영원토록 함께 성장할 수 있습니다.

제안 당신이 가장 사랑받는다고 느낄 때는 언제인가요? 그럼 가장 사랑한다고 느낄 때는 언제인가요? 가만히 앉아서 눈을 감아 보세요. 숨을 들이쉬면서 사랑을 들이마셔 보세요. 숨을 내쉬면서 그 사랑이 다른 사람에게로 흐르게 하세요. 숨을 마십니다. 나는 사랑받고 있어요. 숨을 내쉽니다. 나는 사랑하고 있어요. 오늘 하루 이 호흡을 연습해 보세요.

"다른 사람의 성공을 축하하듯
당신의 작은 성공을 축하해 보세요."

8월

8월 1일

* **그러므로 여러분은 하나님의 택하심을 받은 거룩하고 사랑받는 사람답게, 동정심과 친절과 겸손과 온유와 오래 참음을 옷 입듯이 입으십시오. 누가 누구에게 불평할 일이 있더라도, 서로 용납하여 주고, 서로 용서하여 주십시오. 주께서 여러분을 용서하신 것과 같이, 여러분도 서로 용서하십시오. 이 모든 것 위에 사랑을 더하십시오. 사랑은 온전하게 묶는 띠입니다.** ─골로새서 3장 12절-14절

외모를 가꾸는 일이 중요할 때가 있습니다. 우리는 어떤 수준의 외모를 지니기 위해 엄청난 돈과 에너지를 투자해요. 미용실에 가고, 규칙적으로 운동을 하고, 화장품을 사고, 손톱을 손질하고, 옷장에 자리가 없어질 때까지 옷을 삽니다. 매일 무슨 옷을 입을지 고민하고, 특별한 날에는 더 신중하게 고심합니다. 입었을 때 기분이 좋고, 상황에 적절하며, 자신을 드러낼 수 있는 색상과 디자인을 골라요. 성 바오로는 골로새서를 통해 우리의 가치관도 이와 똑같이 해야 한다고 말합니다.

당신을 잘 표현해 주는 가치는 무엇인가요? 혹시 금방 떠오르지 않는다면, 연민, 친절, 온유함, 인내심으로 시작해 보는 건 어떨까요? 우리가 다른 사람을 올바르게 대하지 않을 때, 혹은 다른 사람들이 우리를 올바르게 대하지 않을 때, 용서를 통해 앞으로 나아갈 수 있을까요?

제안 오늘 당신을 표현해 줄 가치로 무엇이 좋을지 고민해 보세요. 당신이 결정할 수 있다니 정말 멋지지 않은가요? 외모를 가꾸듯 당신의 내면에 무엇을 입을지 고민하는 즐거움을 누려 보세요.

8월 2일

많은 이들이 병들고, 극심한 스트레스에 시달리는 이유는 통제할 수 없는 것들에 대한 건강하지 못한 집착 때문이다. ─스티브 마라볼리

상황을 통제하고 싶은 마음이 불쑥불쑥 올라오곤 합니다. 다른 사람이 나를 대하는 방식을, 애쓴 일의 결과를, 두려운 병원 검사 결과를, 알 수 없는 미지의 것들을 통제하려 합니다. 상황이 내가 바라는 대로 풀리기를 바라고, 결과를 통제할 수 없다는 사실을 인정하려 하지 않아요.

오늘 가족의 결혼식에 다녀오면서, 내가 걱정하는 일들의 대부분은 통제할 수 없는 영역이라는 사실을 다시 한번 깨달았습니다. 보안 검색대를 통과하는 시간이 얼마나 오래 걸릴지, 주차장으로 가는 다음번 버스에 가족 모두가 탈 수 있을지, 우리가 타고 내리는 시간이 너무 오래 걸려서 다른 승객들이 짜증을 낼지, 심지어 비행기가 안전하게 착륙할지까지 통제할 수 없는 영역을 걱정했어요.

그러나 무엇에 관심을 가질지는 통제할 수 있습니다. 깨어 있지 않으면, 우리의 관심은 걱정을 붙잡고 다른 것들을 밀어내지요. 우리가 밀어내는 것에는 가까운 사람들에게 표현하고 싶은 사랑도 포함되어 있어요. 깨어 있으면, 애초에 우리 것이 아닌 것들을 통제하려는 마음을 놓을 수 있습니다. 현재에 머물며, 보다 의미 있는 방식으로 다른 사람들과 연결될 수 있습니다.

제안 "내가 통제할 수 없는 것은 놓아 버린다." 이 말을 오늘 하루 스스로에게 거는 주문으로 삼아 보면 어떨까요? 세상이 당신의 뜻대로 움직여 주길 바랄 때마다 이 주문을 외워 보세요. 잘못된 통제욕구를 놓아 보세요.

8월 3일

* **당신의 역량을 최대한 활용하되 그 나머지는 받아들여라. 어떤 것들은 우리에게 달려 있고 어떤 것들은 우리에게 달려 있지 않다.** —에픽테토스

역사를 통틀어 다양한 철학적, 종교적 배경을 지닌 현자들은 일상 속에서 경험하는 통제 욕구에 관해 설파했습니다. 8세기 불교 승려 샨티데바는 이렇게 말했습니다. "문제가 발생했을 때, 만약 해결책이 있다면 낙담할 이유가 있는가? 만약 해결책이 없다면, 낙담한들 무슨 소용인가?" 11세기 유대인 철학자 솔로몬 이븐 가비롤은 "모든 이해의 정점에는 할 수 있는 것과 할 수 없는 것에 대한 깨달음, 그리고 우리 힘으로 바꿀 수 없는 것들이 주는 위안이 있다"라고 말했습니다.

신학자 라인홀드 니부어의 평안의 기도야말로 이러한 내용을 담고 있는 가장 유명한 글이지요. "주여, 저의 힘으로 바꿀 수 없는 것을 받아들일 수 있는 평온함, 바꿀 수 있는 것을 바꿀 수 있는 용기, 그 둘의 차이를 아는 지혜를 주소서."

최근 어느 연구에 의하면, 행복한 사람들은 통제 가능성에 따라 상황을 이해하는 방식을 바꿀 줄 안다고 합니다. 그들은 통제 가능성이 낮아지면, 기존의 생각을 바꾸어 상황을 받아들이고, 통제 가능성이 높아지면, 자신의 생각대로 밀고 나가는 것이지요. 상황에 유연하게 대처할 때, 행복에 좀 더 가까이 다가갈 수 있습니다.

제안 주어진 상황에 짜증이 나거나, 화가 나거나, 긴장이 될 때, 잠시 멈추어 보세요. 당신이 통제할 수 있는 범위가 어디까지인지 생각해 보세요. 생각을 바꾸어야 할 때인가요? 아니면 상황을 바꾸기 위해 행동할 때인가요?

8월 4일

* **중요한 것은 움직임 속의 한순간이다. 이 순간을 소중하고, 활기 넘치며, 살 만한 순간으로 만들어라. 이 순간을 무심결에 허투루 흘려보내지 마라.** —마사 그레이엄

　　때로는 그저 움직이는 것만으로 기분이 상쾌해집니다. 몸을 뻗고, 구부리고, 비틀고, 심지어 일어서는 것만으로도요. 마음챙김 움직임은 그 자체가 주는 단순한 기쁨 외에도 여러 면에서 이롭습니다. 어설프게 움직이다가 다치는 것을 피할 수 있다는 장점도 있어요.

　　요가 같은 훈련은 몸이 하는 일에 마음을 집중하게 합니다. 오래전에 남동생과 함께 요가 수업을 들었는데, 수업이 끝날 무렵 우리는 전사자세를 유지하고 있었어요. 한쪽 다리는 앞으로 뻗어 무릎을 굽히고 한 다리는 뒤로 곧게 뻗은 다음, 상체를 반듯하게 하고 한 팔은 앞으로 한 팔은 뒤로 뻗는 자세였어요. 요가 강사가 다음 동작을 취하기 전, 우리에게 움직일 준비를 하는 감각을 느껴 보라고 하더군요. 강사의 단순한 지시 덕분에, 성급하게 동작을 따라하는 데 익숙했던 몸이 한층 심오한 육체적 체험을 할 수 있었습니다. 요가매트 위에서뿐만 아니라, 언제 어디서나, 심지어 지금 이 순간에도 몸의 움직임을 조금 더 의식할 수 있습니다.

제안　서 있건 앉아 있건 반듯한 자세를 유지해 보세요. 팔을 앞으로 펴고 손바닥을 위로 향한 다음 팔을 최대한 높이 들어 올리며 숨을 들이쉬세요. 손바닥을 뒤집고 팔을 내리며 숨을 내쉬세요. 이 동작을 다섯 번 반복하세요. 오늘 하루 당신의 몸과 교감하세요. 몸의 움직임을 느껴 보세요.

* **생쥐와 사람이 제아무리 치밀한 계략을 꾸민다 한들, 일은 틀어지기 일쑤이고 약속한 즐거움 대신 슬픔만이 남을 뿐!** —로버트 번스

로버트 번스는 널리 알려진 스코틀랜드의 국민 시인입니다. 오늘 인용문은 그의 시 '생쥐에게'의 한 구절인데요. 작가는 밭을 갈다가 무심코 생쥐의 보금자리를 망가뜨립니다. 추운 겨울을 나기 위해 생쥐가 만들어 놓은 굴이었어요.

생쥐가 당한 것처럼, 삶은 때때로 우리가 하는 일을 망칩니다. 삶은 수시로 우리에게 시련을 주지요. 세탁기에 넣은 옷 주머니 속에 있던 티슈 한 장, 휴가를 떠났는데 휴가지에는 비가 오고, 떠나온 동네는 화창한 날씨. 우리가 통제할 수도 피할 수도 없는 일들이 벌어지곤 합니다. 그러나 그런 일에 어떻게 대처할지는 결정할 수 있지요.

억울한 감정에 매달릴 수도 있습니다. 대체 왜 이런 일이 나의 하루, 나의 여행, 나의 휴가를 망쳐야 하는지 속을 끓일 수도 있어요. 앞으로 닥칠지 모를 최악의 시나리오를 떠올릴 수도 있습니다. 그러나 현재에 머무는 쪽을 선택할 수도 있어요. 삶이 주는 선물들 속에 살아 있기로, 현재 상황의 좋은 면들을 음미하기로 선택할 수도 있어요. 빨래는 다시 돌리면 되고, 어쨌든 일을 하지 않아도 되는 휴가잖아요! 지금 이 순간, 삶의 활기를 되찾을 방법은 항상 있습니다.

제안 오늘 이 질문을 던져 보세요. 나는 지금 꼬이는 일에 집중하고 있는가? 아니면 잘 풀리는 일에 집중하고 있는가? 그 대답이 무엇이건, 현재로 돌아와 지금 이 순간 존재하는 행복에 마음을 열어 보세요.

8월 6일

* 삶의 의미라는 것은 저절로 따라오는 것이지 일부러 좇는다고 얻어지는 것이 아니다. 삶의 의미는 우리가 스스로를 초월했을 때, 자신을 잊고 외부의 다른 이에게(혹은 무언가에) 몰입해 있을 때 파생적으로 나타나는 현상이다. ―어빈 D. 얄롬

저에게 치료받기 위해 찾아오는 분들을 살펴보면, 대부분 자신에게 가장 소중한 것이 무언가에 가로막혀 있다고 이야기 합니다. 아마 반복되는 일상이 진정 소중한 것으로부터 그들을 멀어지게 하거나, 의미와 목적을 주던 것들이 더 이상 가치가 없어진 거겠지요. '의미 있는 삶'이란 대체 무엇일까요. 사람은 누구나 죽고 우리가 남기는 흔적들은 결국 세월이 지우겠지요. 붉은 거인처럼 팽창한 태양이 언젠가는 지구를 집어삼켜, 지구 상에 생명체가 마치 단 한 번도 존재한 적 없던 것처럼 변하겠지요. 이 모든 일에 어떤 의미가 있을까요?

상담했던 수많은 사람들이 자신의 삶에서 찾은 의미를 오히려 저에게 나누어 주었습니다. 그 의미는 대체로 거창한 것은 아니었지만 가슴 저릴 정도로 아름다웠어요. 삶과 호흡과 나눔과 행함과 존재 속에 삶의 의미가 녹아 있습니다. 그리고 "이 모든 게 결국 무얼 위한 것인가?"라는 질문은, 우리가 사랑하는 사람과 잠시나마 이 지구에서 살아갈 수 있다는 게 얼마나 소중한지 깨닫는 순간, 너무도 하찮아집니다.

제안 오늘 당신이 좋아하는 일 중에 무얼 할 수 있을까요? 좋아하는 사람을 만나 시간을 보낼 수 있나요? 자신을 위해 뭔가 좋은 일을 할 수 있나요? 당신에게 소중한 것들을 되찾는 것이 어떤 기분인지 느껴 보세요.

8월 7일

* **밤이 깊어야만 영원의 별들이 다시 반짝인다.** —토머스 칼라일

으스스한 먹구름이 밀려옵니다. 강렬한 잿빛 어둠이 하늘을 뒤덮고 태양과 파란 하늘을 모조리 가리네요. 산 밑으로 뛰어 내려가는데 발밑에서 헐거운 바위와 돌멩이들이 미끄러집니다. 그때 불운이 닥쳤어요. 함께 달리던 친구 중 한 명이 순식간에 넘어졌어요. 왼쪽 발목이 심하게 비틀어지면서 인대가 끊어졌어요. 심각한 부상이었지요. 배낭에 들어 있던 구급용 붕대로 그의 발목을 감았습니다. 가장 가까운 마을이 3킬로미터 떨어진 거리에 있었어요. 휴대폰은 그 일대에서 전혀 신호가 잡히지 않았고요. 친구에게 그 여행은 너무도 느리고 고통스러웠을 겁니다. 하지만 상황이 훨씬 더 나빴을 수도 있다는 친구의 말에 저는 정신이 번쩍 들 수밖에 없었어요. 그보다 더 멀리 떨어진 곳에서 사고가 났을 수도 있었고, 그가 혼자였을 수도 있었고, 발목이 아주 부러져 버렸을 수도 있었고, 산봉우리에서 넘어졌다면 절벽으로 떨어졌을 수도 있었어요. 고통과 예기치 못한 상황의 전개에도, 안도와 감사의 마음이 밀려들더군요. 먹구름 속에도 한 줄기 빛은 있습니다.

제안 오늘 하루 당신은 시련, 보상, 기쁨, 심지어 뜻밖의 고통을 겪게 될지도 모릅니다. 달갑지 않은 일이 일어나더라도 더 나쁠 수도 있었는지 생각해 보세요. 어둡고 절망적인 상황에서도 감사한 일을 발견할 수도 있습니다.

8월 8일

* **당신이 홀로 길을 잃고 헤매어 돌아오지 못할 때, 내가 당신을 찾아 집으로 데려올게요. 당신이 울고 싶을 때, 내가 곁에서 눈물을 닦아 드릴게요.**
  —샤데이

　　인생에서 가장 소중한 건 곁에 있는 사람들이란 사실이 선명하게 느껴지는 때가 있습니다. 최근에 어린 시절 친구의 어머니와 이야기를 나누게 되었어요. 친구의 어머니는 예전에 심각한 병을 진단받았는데, 남편과 가족의 도움이 없었다면 그 시련을 이겨낼 수 없었을 거라고 하더군요. 저 역시 그게 어떤 기분인지 잘 압니다. 주말 내내 저는 또다시 피로와 우울감을 느꼈습니다. 일요일에 산책을 하면서 아내에게 내가 느끼는 감정을 표현했어요. 마음을 털어 놓을 수 있는 누군가가 곁에 있다는 게 얼마나 다행이던지요. 그로부터 얼마 후, 여전히 고통은 남아 있었지만, 거센 폭풍이 지나가고 마침내 깊은 평온함이 깃드는 것 같았습니다.

살다 보면 누구나 시련을 겪지요. 건강상의 위기가 닥치기도 하고, 사랑하는 사람을 잃거나 직장을 잃기도 합니다. 그럴 때마다 우리 곁에는 정신적으로, 혹은 현실적으로 우리를 돕는 사람들이 있어요. 괜찮지 않은 상황을 괜찮게 만들어 줄 수 있는 사람들이지요. 우리도 누군가에게 그런 사람이 될 날이 반드시 있을 거예요.

제안　당신이 가장 큰 시련을 겪고 있을 때 당신을 도운 사람은 누구인가요? 그들의 도움에 감사하며 오늘 당신이 만나는 사람들에게 감사한 마음을 전파하세요. 어쩌면 누군가의 삶이 완전히 달라질 수도 있습니다.

8월 9일

***

* **우리는 남을 일으켜 세움으로써 스스로 일어선다.** —로버트 G. 잉거솔

황량하고 힘겨운 시간, 인간관계는 빛과 용기의 원천이 될 수 있습니다. 사랑을 통해, 사랑을 받고 또 주는 행위를 통해 어둠에서 벗어날 수 있어요.

제가 10대 후반이었을 때 아버지가 말기 암 진단을 받았습니다. 예후가 좋지 않았어요. 의사는 아버지가 6개월 이상 살 확률이 희박하다고 했어요. 하늘이 무너져 내리는 것만 같았습니다. 아버지를 잃는다고 생각하니 주먹으로 세게 배를 얻어맞은 것 같았어요. 모래시계에서 쏟아져 내리는 모래처럼 작은 희망마저 스르르 빠져나가더군요.

뜻밖에도 막냇동생이 저를 구원했습니다. 집에 홀로 남은 동생을 돌보아야 한다는 책임감이 큰 도움이 되었어요. 아침에 동생을 깨우고, 식사를 준비하고, 학교에 데려다주고 또 데려오고, 숙제를 도와주었지요. 동생과 함께 시간을 보내면서 평범하고 안정적이며 규칙적인 일상을 누릴 수 있었어요. 동생과 주고받는 사랑이 구명조끼가 되어 주었습니다.

누군가가 곁에 있으면 정신적으로 힘겨운 시간을 견디기가 훨씬 수월해집니다.

제안 당신이 부르면 바로 달려와 줄 그 사람에게 당신의 사랑을 보여 주세요. 구체적으로 사랑을 표현해 보세요. 전화를 걸거나 꽃을 선물해 보세요. 그 사람에게 손을 내밀어 보세요. 오가는 사랑을 바탕으로 한 견고한 관계를 시작해 보세요.

8월 10일

★ **고통은 그 어떤 가르침보다 강렬했다. 고통으로 인해 나는 당신의 심정을 이해하게 되었다. 나는 구부러지고 부러졌다. 그러나 바라건대, 더 나은 모습이 되었다.** —찰스 디킨스

고통은 온전히 살아 있는 인간의 일부입니다. 사는 동안 고통과 좌절을 피할 수는 없겠지만 그것을 다른 사람들과 나눌 수 있어요.

최근 어느 부부가 진료실을 찾았습니다. 아내는 남편을 격려하기 위해 함께 왔어요. 일생을 함께한 두 사람의 사랑을 확인하는 순간 가슴이 뭉클했습니다. 내담자의 아내는 진료 내내 자신이 남편에게 얼마나 의지했는지 얘기했고, 이제 그가 자신에게 의지할 수 있게 되어서 행복하다고 말했습니다. 그런데도 남편은 아내의 마음을 아프게 하고 아내에게 의지해야 하는 상황에 죄책감을 느끼고 있었어요. 하지만 누구나 때로 더 많은 격려와 사랑이 필요할 때가 옵니다.

시련이 닥치면 사람들은 자신이 부당한 일을 겪고 있다고 생각하지만 시련 역시 삶의 일부입니다. 붓다는 고통에 관하여 많은 가르침을 주었고, 예수도 "이 세상에서 너희는 시련을 겪을 것이다"라고 설교했습니다. 곁에 나를 도울 사람이 아무도 없다고 느껴져도, 이 세상에는 고통을 겪고 있는 사람이 셀 수 없이 많습니다. 혼자 고통을 겪는 일은 결코 없습니다.

제안 당신이 아는 사람들은 물론이고 이 세상의 모든 사람들이 어떤 식으로든 고통을 겪고 있다는 사실을 떠올려 보세요. 당신이 겪는 고통은 모든 인간의 공통적인 경험임을 알아차리고 호흡해 보세요.

8월 11일

---

* **세상일이 전부 당신 뜻대로 되지 않는 것 같을 때, 비행기는 바람을 타지 않고 거스르며 이륙한다는 사실을 기억하라.** ─헨리 포드

삶의 힘겨운 시간들은 고통스럽고 당혹스럽습니다. 완전히 나가떨어지고 다시 일어설 방법을 찾기까지 엄청난 시간과 노력이 필요해요. 어떤 사람들은 보다 큰 삶의 의미를 위해 시련을 견딥니다. 시련을 견디고 성장한다는 것은, 강하고 지혜로운 자신의 면모를 알게 되는 것이고, 내 곁에 있는 사람들에게 깊이 감사하게 되는 것이며, 끔찍한 사건과 정신적 고통을 견디어 낼 힘이 본인에게 있음을 깨닫게 되는 것이지요.

긍정적인 변화를 이루는 힘은 다른 사람으로부터 올 수 없어요. "긍정적으로 생각하라" 혹은 "희망적인 생각을 하라"는 말은 도움이 되기보다 오히려 해가 될 수 있습니다. 성장은 내면으로부터 오는 것이며, 갑자기 혹은 서서히 일어나는 개인의 통찰로부터 오는 것입니다.

자신이 지니고 있는 힘을 떠올리며 스스로를 돕는 건 어떨까요. 우리가 지금껏 이겨낸 시련들을 떠올리면서, 기쁠 때나 슬플 때나, 성장할 수 있다는 희망을 가져 보세요.

제안 힘겨운 시간을 돌이켜보세요. 이후 당신은 어떻게 성장했나요? 당신의 인간관계, 당신이 지닌 힘, 영적인 믿음 혹은 종교, 가능성을 향한 생각이 어떻게 달라졌나요? 당신의 내면 깊숙한 곳에 숨겨진 훌륭한 자질과 힘을 떠올려 보세요.

8월 12일

✳ **모든 위대한 것들이 그렇듯이, 그것 또한 지극히 단순하다.** —나탈리 배빗

진정한 만족감을 주는 시간은 아주 단순합니다. 그런데도 우리는 늘 정신없고 복잡한 삶을 살지요. 금융 분야에서 앞날이 창창한 청년과 이야기를 나눈 적이 있습니다. 커다란 집, 근사한 차, 호화로운 여행, 외적인 성공에 마음이 끌렸다고 하더군요. 한편으로는 일에서 오는 스트레스와 불안이 통제 불능의 상태로 치닫게 될까 봐 두렵다고 고백했습니다. 단순한 삶을 살고 싶지만 경제적 안정과 사람들의 시선이 걱정된다고요.

단순함은 자칫 하찮아 보일 수도 있고, 심지어 따분해 보일 수도 있습니다. 그러나 잠시 멈추고 일상을 들여다보면, 단순함 속에 경외심이 밀려들곤 합니다. 어제 아침, 달걀 하나를 끓는 물에 넣었는데 달걀 껍데기 주위로 거품이 보글거리는 것을 넋 놓고 바라보게 되더군요. 은색 냄비 속에서 달걀을 감싸는 투명한 물이 완벽해 보였습니다. 달걀이 조리되는 5분 내내 그 광경을 바라보고 있었어요.

바쁘게 살아가는 도중에도 평범한 일상 속의 순간에 빠져들 수 있어요. 무엇이든 가만히 살펴보면 숨 막히게 아름답습니다. 강물에 비치는 노을, 덩굴에 열린 잘 익은 토마토, 사과 한 개의 무게, 내 손을 잡은 아이 손의 감촉. 단순한 것이 아름답습니다.

제안 단순함 속에 머물 기회를 찾아보세요. 소박한 음식을 음미해도 좋고, 하나의 물체를 모든 감각으로 느껴 보아도 좋고, 사랑하는 이를 찬찬히 제대로 살펴보는 것도 좋습니다. 어쩌면 마음이 편안해질지도 몰라요.

8월 13일

* **성공적인 삶이란 자신의 가치에 부합되는 삶을 의미한다.** —러스 해리스

저는 단순한 게 좋습니다. 복잡한 것에서 벗어나면 마음이 편안해져요. 단순하게 살려면 오히려 창의력을 발휘해야 합니다. E. F. 슈마허가 말했듯이, 똑똑한 바보는 항상 모든 것을 더 복잡하고, 더 폭력적으로 만들고, 그 반대 방향으로 가려면 천재성과 크나큰 용기가 필요합니다.

박사논문을 쓰던 마지막 몇 달 동안, 시간, 에너지, 관심 전부를 프로젝트에 바쳤습니다. 평상시보다 더 긴 시간을 일했는데도 오직 한 가지 일에만 몰입하는 즐거움과 신선함이 있었지요. 모든 노력과 행동은 한곳으로 모아졌고 단순함에서 오는 열정을 느꼈습니다.

단순함은 다양한 형태로 나타날 수 있습니다. 덜 갖는 것, 덜 하는 것, 덜 생각하는 것. 이러한 단순함이 한편으로는 극단적으로 활동적이고 생산적일 수도 있습니다. 우리에게 가장 소중한 목표와 꿈을 향해 나아가기 때문입니다.

제안 당신의 행동 이면에 숨겨진 가치를 생각해 보세요. 아이들을 위해 저녁을 준비하고 있다면 당신은 사랑, 책임감, 배려를 실천하는 것입니다. 운동을 하고 있다면, 건강 혹은 가족들과 함께 오래 사는 것의 중요성을 인식하고 있는 것이지요. 당신의 행동 이면에 숨겨진 가치를 생각해 보고, 그 단순함을 알아차려 보세요. 당신이 무슨 일을 하고 있건, 당신의 가치에 맞는 삶이 곧 단순한 삶입니다.

8월 14일

＊ **온 세상의 시름, 온 세상의 눈물이 필요했어요. 아주 긴 시간이 필요했어요, 다시 이곳으로 돌아오기까지.** —톰 페티

우리에게 가장 소중한 것과 긴밀하게 닿아 있을 땐 마음이 평화롭습니다. 그러나 소중한 것들로부터 쉽게 멀어지기도 합니다. 처음엔 분명한 목적을 가지고 시작한 일이라 해도, 어느 순간 목적에서 멀어지고 불필요한 것들에 겹겹이 둘러싸입니다.

제 삶에서 유일하게 중요한 질문은 바로 "내가 사랑을 베풀고 있는가?"인 것 같습니다. 하지만 마음은 또다시 익숙한 걱정에 휘말립니다. 내일 컨디션이 안 좋으면 어쩌지? 그래서 일을 제대로 못하면 어쩌지? 일을 못 끝내면 어쩌지? 평정심을 되찾는 순간, 다른 것은 아무것도 중요하지 않음을 떠올립니다. 나는 언제나 사랑을 베풀기로 선택할 수 있습니다.

제가 심리학자가 되기로 결심하기 한참 이전부터 저의 직업적 삶에 영향을 미친 가치들이지요. 원점으로 돌아와 오랫동안 간직해 온 가치를 되새겨 보는 일은 어딘가 심오합니다. 우리의 소중한 가치는 의식하지 못할 때조차도 항상 든든하게 우릴 지켜 줍니다. 혼란스럽고, 확신이 없고, 두려울 때, 그곳으로 돌아갑니다. 우리의 집으로 돌아갑니다.

제안 지금까지의 삶을 되돌아보았을 때 당신에게 가장 소중한 질문은 무엇인가요? 가장 큰 보람을 느끼는 일은 무엇이고, 스스로를 초월하게 되는 일은 무엇인가요? 오늘 당신의 가치와 목적으로 돌아가 보세요. 당신의 영혼을 팽창시키는 것 속에서 머물러 보세요.

8월 15일

모두를 도울 수는 없다. 그러나 모두가 누군가를 도울 수는 있다. —로널드 레이건

어렸을 때 저는 무척 수줍음 많고 조용한 아이였어요. 사람들과 함께 웃기를 좋아했지만, 또래 아이들보다 자신감이 부족했고, 생각을 표현하는 게 어려웠어요. 마침내 말을 할 용기를 내었을 땐 사람들의 관심이 사라진 후였습니다. 어린 마음에 나는 재미없는 아이구나 생각했어요. 내가 하는 얘기는 따분하다고, 내 의견은 다른 사람들의 의견보다 덜 중요하다고 생각하게 되었지요.

긴 세월 동안 수많은 사람들이 저의 목소리를 찾을 수 있게 도와주었습니다. 가장 획기적인 사건은 세계 최대 아트 페스티벌인 에든버러 프린지 페스티벌의 즉석 코미디 공연에 참가한 사건이었어요. 코미디 상황극이니 사람들 앞에 나서서 말을 할 수밖에 없었고, 사람들을 웃기며 제 오랜 두려움을 극복했습니다.

삶의 여정에서 저를 지지해 준 모든 이들에게 감사합니다. 이를 통해 다른 사람들의 삶에 긍정적인 변화를 일으킬 때 내가 가장 행복하다는 사실을 깨닫게 되었어요. 다른 사람의 삶에 가치를 더하는 일은 곧 자신의 삶에 가치를 더하는 일입니다.

제안 남을 돕는 일의 가치를 실현해 보세요. 오늘 당신이 누군가 미소 짓게 되는 이유가 되어 보세요.

8월 16일

* **이것은 당연한 일, 살아 있는 모든 것은 반드시 죽으니,**
  그렇게 자연을 거쳐 영원으로 향한다. ─윌리엄 셰익스피어

삶은 불확실합니다. 어제저녁 일을 마치고 돌아오는 길에 웬 남자가 자기 집 정원에 엎드려 누워 있는 것을 보았는데 뭔가 단단히 잘못되었다는 직감이 들었어요. 그가 반응이 없어서 911에 신고했습니다. 응급 구조사가 전화기에 대고 침착하고도 단호하게 지시했어요. "숨을 쉬는지 확인해 보세요. 몸을 굴려서 바로 눕히세요. 한 손을 그의 가슴 한복판에 놓고 다른 손을 그 위에 올려 놓으세요. 자, 이제 아주 빠르고 세게, 누르세요. 1초에 두 번 정도. 우리가 도착해서 교대할 때까지 그 동작을 반복하세요."

계속 그의 가슴을 눌렀지만, 안색은 돌아오지 않았고 생명의 징후는 보이지 않았습니다. 머지않아 사이렌 소리가 들렸어요. 15분 뒤 응급 구조팀이 달려왔습니다. 어쩐 일로 구급차가 출동했는지 보려고 사람들이 몰려들었어요. 그의 깨어진 안경을 발견하고 혹시 병원으로 가져가야 하지 않을지 물었습니다. 구조요원이 그럴 필요 없다고 하더군요. 나중에 그가 응급실에서 사망 선고를 받았다는 소식을 들었습니다.

그가 좋아하는 일을 하다가 죽었다고 믿고 싶습니다. 구급차에 실려 갈 때에도 그는 정원용 장갑을 끼고 있었습니다.

제안 오늘 좀 더 삶을 즐겨 보는 건 어떨까요? 우리가 사라져도 이 세상은, 우리가 오기 전에 그랬던 것처럼 똑같이 흘러갑니다. 이 삶 속에 온전히 사는 것이 어떤 기분인지 느껴 보세요. 지금은 여러분의 시간입니다.

8월 17일

*   **깨어나 오늘을 사세요!** —밥 말러

　　삶이 얼마나 덧없는 것인지 우리는 자주 잊습니다. 그러다가 가까운 사람을 잃게 되면 정신이 번쩍 들지요.

지금 이 글을 읽고 있는 당신에겐 또 한 번의 기회가 있습니다.

당신이 당연하게 여기고 있는 것들에 새로이 눈뜰 기회.

당신을 둘러싼 모든 것의 경이로움을 제대로 볼 기회.

당신의 배우자, 형제, 자매, 어머니, 아버지, 자녀, 사촌, 친구가 지닌 놀라운 면들을 떠올릴 기회.

삶이란 무엇이며 당신에게 진정으로 소중한 것이 무엇인지 기억할 기회.

심호흡을 하고 찬찬히 세상을 바라보며 당신의 선택에 따라 행동할 기회.

제안　깨어나 오늘을 사세요.

8월 18일

* **삶의 베일이 걷히고 그 성스러운 얼굴을 드러낼 때, 삶은 아름답다. 그러나 당신이 삶이고 당신이 베일이다.** —칼릴 지브란

우리는 종종 곁에 있는 사람들을 당연하게 여깁니다. 얼마 전 여섯 살 에이다가 아침에 기침하다가 피를 토하는 순간, 에이다와 에이다의 건강이 얼마나 소중한 것인지 뼈저리게 깨달았습니다. 그러나 며칠 동안 그 선명한 각성 상태를 유지한다는 것은 현실적으로 불가능했고 결국 수시로 짜증과 사랑이 뒤섞이는 일상적인 감정으로 돌아왔어요.

그러나 완벽한 각성의 순간들은 때때로 우리를 찾아옵니다. 며칠 전 가족들과 함께 거실에 앉아 있었는데, 문득 늘 보던 것 이상을 보게 되었어요. 내 곁에 앉아 있던 루카스의 금빛 머리카락을 보고 감탄했지요. 책을 읽고 있는 에이다의 집중한 표정과 얼굴은 또 얼마나 예뻐 보이던지요. 페이의 크고 푸른 눈과 사랑스러운 미소도 보였습니다. 마르시아가 이 아이들에게 쏟는 사랑도 느낄 수 있었어요.

지금 이 순간, 제대로 보고 듣고 느낄 기회를 스스로에게 주지 않으면 감동을 쉽게 지나치게 됩니다. 이런 경험은 결코 일부러 만들 수 없는 것이라 더 큰 감동을 줍니다. 우리가 오직 할 수 있는 일은, 항상 감동할 여지를 남겨 두는 거예요. 이미 우리 곁에 있는 것들에 마음을 열면, 일상 속에서도 기적을 발견할 수 있습니다.

제안 오늘 당신이 매일 보는 사람을 제대로 알아차려 보세요. 눈동자의 빛깔, 손을 움직이는 방식, 표정을 알아차려 보세요. 있는 그대로의 모습인 그의 곁에 있어 주세요. 감동할 여지를 남겨 두세요.

8월 19일

사랑은 상대방의 행복이 나의 행복에 반드시 필요한 상태를 말한다.

—로버트 A. 하인라인

가장 소중한 관계가 나에게 어떤 의미인지 잠시 생각해 볼까요? 신혼 시절, 관계가 지속되면 어느 순간부터 서로를 당연하게 받아들이게 된다는 목사님의 말씀을 들은 적이 있어요. 그때 우리는 서로를 바라보며 고개를 저었지요. 우린 안 그래요! 그러나 저희도 결국 변했습니다. 아이들을 세상에서 가장 사랑하지만, 그런 아이들을 어느 순간 당연하게 받아들이고 있어요.

얼마 전 아내와 프랑스로 1년 동안 떠나는 꿈을 꾸었습니다. 공항에 도착해서야 앞으로 1년간 아이들을 볼 수 없다는 사실을 깨달았어요. 아이들을 안아 주지 못하고, 아이들의 미소를 보지 못하는 상태로 그 시간을 어떻게 보낼지 암담했어요. 나는 흐느껴 울기 시작했습니다. 우는 소리를 누가 듣건 말건 상관없었어요. 잠에서 깨어난 뒤, 세 아이들이 나에게 얼마나 애틋한 존재인지 새삼 깨달았습니다. 아이들과 함께 보내는 이 시간이 유한하다는 사실을 자주 잊곤 합니다. 맏아들은 10년 내로 대학으로 떠날 것이고, 두 딸도 내 곁을 떠날 날이 멀지 않았어요. 아이들과 함께하는 이 시간이 얼마나 소중한지 그 꿈이 일깨워 주었습니다.

제안 당신이 깊이 사랑하는 사람을 떠올려 보세요. 그들과 오랫동안 이별해야 한다면 어떤 기분일까요? 함께하는 시간이 유한함을 의식한다면, 그들과의 관계가 달라질까요? 오늘 소소하게라도 당신의 사랑을 표현해 보세요.

8월 20일

* 삶의 목표는 그저 삶을 사는 것이며, 최대한 경험하는 것이며, 새롭고 풍요로운 경험을 위해 두려움 없이 열정적으로 손을 뻗는 것이다. —엘리너 루스벨트

반복되는 업무와 여러 가지 의무에 지쳐갈 때, 재충전의 시간이 필요합니다. 때로 휴식을 취해야 하고, 몸을 움직여 여행을 하거나 새로운 장소를 찾아야 하지요.

개기일식을 보려고 여행을 다녀오며 가끔은 모험이 필요하다는 사실을 실감했어요. 일주일간 몇 개의 주를 가로지르며 밤늦도록 차를 몰아야 하는 여행이었습니다. 상상했던 휴식이 아니었어요. 편안하기보다는 불편했고, 예측 가능한 시간이라기보다는 미지의 시간이었어요. 더구나 먹구름이 밀려들어서 개기일식을 볼 수 있을지조차 확실하지 않은 상황이었죠.

하지만 '푸른 봉우리 산'을 지나가며 온몸이 재충전되는 느낌이 들었습니다. 가까운 봉우리는 짙은 초록빛이고 멀어질수록 빛깔이 점점 더 엷어지면서 푸른빛을 띠었어요. 폭풍이 지나간 뒤라 남아 있는 구름들 때문에 지금껏 본 그 어떤 일몰과도 다른 절묘한 풍경이 펼쳐졌습니다.

새로운 경험은 새로운 눈으로 세상을 바라보게 합니다. 내 곁의 사람들도 더 또렷하게 보여요. 모험을 통해 우리는 집으로 돌아가는 길을 찾습니다.

제안 당신의 삶에 모험을 곁들여 보는 건 어떨까요? 여행을 떠나는 것도 좋고 평범한 일상 속에서 약간의 새로움을 가미해 보는 것도 좋습니다. 예를 들면, 다른 경로로 출근을 한다든가, 새로운 레스토랑에 가 본다든가, 처음 보는 사람에게 인사를 건넨다든가. 오늘 미지의 세계에 도전해 보세요.

* **목소리가 아닌, 말을 높여라. 꽃을 피우는 것은 천둥이 아닌 비이므로.**

　—루미

　　어렸을 때 남동생과 함께 '크리스털 메이즈'라는 게임쇼를 열심히 보았습니다. 크리스털로 만든 미로 안에서 팀원들이 도전 과제들을 수행하는 것이었어요. 우리는 그 게임에 참가해서 멋지게 임무를 완수하는 상상을 하곤 했습니다. 최근에 친구들과 함께 그 게임을 실제로 체험해 볼 수 있는 곳에 가서 어린 시절의 환상을 실현해 볼 수 있었어요!

게임을 하는 내내 무언가가 끊임없이 나를 자극했습니다. 치열하게 경쟁해야 하는 게임이라 아드레날린이 분비되고 흥분해서 소란을 떨었지만, 서로를 도울 때가 가장 즐거웠어요. 한 명이 도전과제를 수행할 때 나머지 팀원들이 창문을 통해 안을 들여다보면서, 조언, 평가, 혹은 격려의 말들을 해 주었습니다. 다른 사람의 관점과 창의적인 제안들이 큰 도움이 되었습니다. 격려를 받으니 기운이 솟았어요. 그것은 진정한 팀워크였습니다. 전체는 분명히 개인의 합보다 컸습니다.

제안　우리가 하는 말이 누군가에게 힘이 되기도 하고 상처가 되기도 합니다. 말의 힘은 참으로 놀라워요. 우리는 경쟁보다 협력을, 영리함보다 친절을 선택할 수 있습니다. 오늘 당신의 말로 격려, 감사, 인정, 영감을 선물해 보세요. 말을 높여 보세요. 다른 것들은 따라옵니다.

8월 22일

★　**당신이 이미 가지고 있는 좋은 것을 알아보는 것이야말로 모든 풍요로움의 근간이다.** —에크하르트 톨러

　　행복한 삶에서 인간관계는 중요한 역할을 합니다. 인간관계를 위해 우리가 할 수 있는 가장 건강한 일은 감사를 표현하는 것이지요. 사람은 누구나 인정받기를 원해요. 누군가 고맙다고 말해 주면 당연히 기운이 솟아납니다. 어느 연구에 의하면, 고맙다는 말은 하는 사람과 듣는 사람 모두에게 이롭다고 합니다. 기분이 저조할수록 다른 사람에게 고맙다고 말하는 것이 도움이 됩니다. 감사한 일들을 떠올리는 것 자체만으로도 기분이 좋아지니까요.

개기일식을 보려고 떠났던 여행에서 저는 여행을 가자고 했던 아내의 열정이 고마웠어요. 처음 아내가 여행 얘기를 꺼냈을 때만 해도 펼쳐질 여정이 피곤하고 복잡할 거라고 생각했어요. 그러나 너무도 멋진 모험이었고, 여행을 떠나자고 했던 아내에게 고맙다고 말했습니다.

살다 보면 어느 순간 곁에 있는 사람들을 보고 감사하지 않게 됩니다. 좋은 면은 보지 않고 짜증 나는 것들만 알아차려요. 그러나 오랜 시간 지속된 관계라 해도, 인정받고 싶은 마음은 줄어들지 않습니다. 고마움을 표현하는 것만으로 가장 가까운 사람들과의 관계가 풍요로워집니다.

제안　오늘 적어도 한 사람에게 고마움을 표현해 보세요. 가능하다면 직접 만나서 말하고 그들의 반응을 보세요. 세심한 감사의 인사가 인간관계에 어떤 영향을 미칠까요?

8월 23일

* **가진 것을 본다면 더 많이 가질 것이다. 갖지 못한 것을 본다면, 결코 충분히 갖지 못할 것이다.** —오프라 윈프리

어제 조언대로 오늘 감사의 마음을 표현해 보았습니다. 엠마에게 저의 불안을 인내하고 불확실성을 견뎌 주어 고맙다고 말했습니다. 솔직하게 마음을 털어놓으니 더 가까워지는 기분이 들었어요. 저의 취약성을 드러낼 때 엠마가 그것을 누구보다 진지하고 신중하게 받아들임에 감사했습니다. 엠마가 보여 주는 신뢰와 확신을 통해 미래에 대한 자신감이 생기고 의욕이 솟았어요. 제가 이미 가진 것을 생각하니 미래가 두렵지 않고 목표를 향해 앞으로 나아갈 믿음과 연료가 생겼습니다.

세스에게 우리의 우정에 대해서도 고맙다고 전했습니다. 그가 쓴 글이 고마웠다고 말했고 우리의 공동작업을 향한 그의 헌신도 고맙다고 말했습니다. 오늘 하루를 보내며 지금 이 순간 내가 가진 것들을 생각했어요. 나의 건강, 날 지지하는 가족, 사랑하는 아내, 좋은 친구들, 입을 옷, 나의 일, 맛있는 사과 한 봉지를 살 수 있는 돈.

제안 오늘 하루 당신이 가진 것들을 생각해 보세요. 당신의 마음이 가진 것보다 갖지 못한 것 쪽으로 흐를 때 알아차려 보세요. 그런 생각들이 천천히 지나가게 하세요. 지금 이 순간, 바로 여기 있는 좋은 것들을 알아차릴 공간을 만들어 보세요.

8월 24일

우주를 향해 오감을 활짝 여는 순간, 보이지 않던 많은 것을 볼 수 있습니다. 사흘 전 사우스캐롤라이나주 그린빌의 조그만 공원에서 개기일식을 기다리고 있었어요. 이른 오후, 달이 태양의 원을 조금씩 갉아먹었습니다. 그로부터 한 시간 반 동안, 태양이 점점 더 작아지면서 초승달 모양이 되었지요. 일식이 가까워지면서 빛이 묘하게 흐릿해지고 공기가 서늘해졌습니다. 아이들과 잔디밭에 누워 마지막 남은 태양의 조각이 완전히 가려지는 것을 바라보았습니다. 보안경을 벗는 순간, 사람들이 일제히 숨을 들이켰어요. 우는 사람들도 있었고요. 검은 달이 태양을 완전히 가리는 순간, 찬란하고도 초현실적이었습니다. 말로 표현할 수 없는 믿을 수 없는 광경이었지요. 우리가 아는 것보다 우주는 훨씬 더 많은 기적으로 채워져 있다는 사실을 깨닫는 순간이었습니다.

우리가 알아차리건, 알아차리지 못하건 매일의 일상 속에 기적이 있어요. 행성을 달구는 맹렬한 불덩이에서부터 이 세상에 존재하는 모든 것들에 이르기까지, 모든 것이 기적입니다.

제안 당신 삶에 존재하는 기적을 알아차려 보세요. 우리가 서로에게 미치는 엄청난 영향도 놀랍고, 우유를 요구르트로 만드는 박테리아도 놀랍습니다. 존재에 깃들어 있는 미스터리에 마음을 열어 보세요.

✻ **기대하지 말고 행동하라.** —노자

스스로에게 거는 기대를 버리고, 자신에게 가하는 압박을 털어 내는 연습이 필요합니다.

누구나 삶의 어느 단계에 이르면 어느 정도의 성취를 하고 싶다는 자기만의 기대가 있습니다. 스스로 정해 놓은 마감 날짜가 다가오고 마감을 맞추지 못하리라는 깨달음이 들이닥치면 자신에게 실망합니다. 그럴 때 우리의 존재에는 편안함이 아닌 긴장이 깃들어요. 그런 순간에 잠시 멈추고 한 발짝 뒤로 물러서 보세요. 어쩌면 우리가 비현실적인 기대와 목표를 설정했음을 깨닫게 될 수도 있습니다.

마음속에 세워 놓은 기대가 스스로를 옭아맬 수도 있어요. 사람은 자기 자신이 세운 믿음의 포로가 되기도 하지요. 그러나 우리가 세운 것은 우리가 무너뜨릴 수 있어요. 우리의 믿음은 우리가 바꿀 수 있어요. 모든 기대를 버리고, 내일부터 새로 시작해 보면 어떨까요?

제안 당신이 만들어 놓은 믿음과 기대가 당신을 짓누르고 있지 않나요? 목표와 기대는 우리를 격려할 수도 있고 억누를 수도 있습니다. 당신을 무력하게 만드는 생각의 건물을 부수고 그 자리에 당신에게 힘을 주는 새 건물을 지어 보세요.

8월 26일

✱ **내가 사람의 방언과 천사의 방언으로 말을 할지라도, 내게 사랑이 없으면, 울리는 징이나 요란한 꽹과리가 될 뿐입니다. 내가 예언하는 능력을 가지고 있을지라도, 또 내가 모든 비밀과 모든 지식을 가지고 있을지라도, 또 산을 옮길 만한 모든 믿음을 가지고 있을지라도, 내게 사랑이 없으면, 아무것도 아닙니다.** —고린도전서 13장 1절-2절

자유는 역설적이게도, 뚜렷한 목표의식을 가질 때 찾아옵니다. 하는 일이 의미 있는 일과 맞닿아 있다는 생각이 들면, 잘하고 있다는 걸 알기에 휴식을 취할 수 있어요. 그러나 목표의식이 없다면, 뭔가 더 해야 할 것만 같은 기분이 들지요. 목표를 설정하기 위해 삶에 필요한 조건과 충분한 조건 요소가 무엇인지 자문해 보는 것도 좋습니다. '필요'라는 것은 그 무엇으로도 그것의 부재를 채울 수 없다는 뜻입니다. '충분'이라는 것은 이것 한 가지만으로도 충분하다는 뜻입니다.

삶의 본질적인 요소는 사랑의 체험, 즉 사랑을 주고받는 것이라는 결론에 도달합니다. 나는 사랑받고 존중받을 만한 사람인가? 다른 사람이 사랑을 느끼도록 돕고 있는가? 사랑만으로 충분합니다. 지금 하고 있는 일이 사랑에서 오는 것이 아니라면, 결코 충분하지 않겠지요.

누구나 자신에게 가장 소중한 것이 무엇인지 결정해야 합니다. 사랑 외에도 현재에 충실한 삶, 사람들과의 소통, 영감을 주는 모든 것을 소중히 여길 수 있어요. 소중한 목표에 집중할 때, 비로소 휴식을 취할 수 있습니다.

제안 당신에게 주어진 시간을 가장 잘 보내기 위한 필요조건과 충분조건은 무엇인가요? 오늘 그 조건을 실현할 방법을 찾아보세요.

8월 27일

* **아침에 일어나 밤에 잠들고, 그 사이의 시간에 자기가 하고 싶은 일을 한다면, 그는 성공한 사람이다.** —밥 딜런

현대 사회에서는 성공의 개념을 성취에 바탕을 두는 경향이 있습니다. 우리의 자긍심은 얼마나 큰 성취를 했느냐에 따라 달라지지요. 딜런이 생각하는 성공은 아침에 일어나는 것에서 시작합니다. 사실 우리의 혈관 속에서 생명의 힘이 고동치고 있다는 것은 그 자체로 기적이에요. 아침에 일어나는 순간, 우리에겐 이 세상의 아름다움과 위엄을 누릴 수 있는 열여섯 시간 정도의 특권이 주어집니다.

그 사이의 시간은 어떤가요? 하고 싶은 일을 할 수 있고, 스스로의 선택에 따라 행동할 수 있다는 것을 생각해 보면, 날마다 엄청난 권력이 주어지는 셈입니다. 무얼 할지는 전적으로 나의 의지에 달려 있고 스스로 통제할 수 있으니까요.

모든 행동에 사랑을 담을 수도 있습니다. 아침에 일어날 수 있다면, 사랑하고 사랑받을 수 있다면, 그리고 밤에 잠자리에 들 수 있다면, 아마도 그것이 성공이겠지요. 그것은 분명 축하할 일입니다.

제안 오늘 사랑에 집중해 보세요. 당신의 마음을 의식하고 사랑의 감정과 사랑을 거부하는 감정을 알아차려 보세요. 당신의 모든 행동에 사랑을 담아 보세요.

8월 28일

* **이웃을 '사랑'할지 말지 생각하며 시간 낭비하지 마라. 그저 사랑하는 것처럼 행동하라.** ―C. S. 루이스

사랑의 감정은 종종 사랑의 행위에서 우러납니다. 사랑의 행위는 자신에 대한 사랑일 수도 있고 다른 생명체에 대한 사랑일 수도 있어요. 아이들과 함께 근처 공원에서 집으로 걸어가던 길에 아름다운 매 한 마리가 자동차 밑에 반쯤 들어가 있는 걸 보았습니다. 죽은 줄 알았는데, 매가 우리 쪽으로 고개를 돌리더군요. 그냥 지나가고 싶었어요. 일요일 브런치를 만들어야 했거든요. 하지만 내가 매를 구조하지 않았다고 하면, 아내가 놀랄 것 같았어요. 야생동물 재활센터에 연락을 하니, 매를 잡아서 데리고 오라며 특히 매의 발을 조심하라고 했습니다.

녀석에게 다가가니, 겁에 질린 노란빛이 감도는 초록빛 눈동자가 절 쳐다보았습니다. 매가 내 눈을 할퀴지 않을까 걱정이 되었어요. 몇 번 시도한 끝에, 녀석을 수건에 싸서 상자에 넣었습니다. 매를 데리고 센터로 가는 동안, 내가 매를 잡을 때 했던 말들이 떠올랐습니다. "괜찮아. 해치지 않을게. 이리와. 내가 지켜줄게. 넌 안전해." 저는 딱히 새를 좋아하진 않지만, 그 순간 애틋한 사랑을 느꼈습니다.

사람들과의 관계에서도 마찬가지예요. 사랑의 행위를 통해 마음을 바꿀 수 있습니다.

제안 오늘 사람들에게 애정을 표현할 방법을 찾아보세요. 그 순간 사랑을 느낄 수 없어도 그렇게 해 보세요. 사랑의 행동을 앞세울 때, 마음과 감정에 어떤 일이 일어나나요?

8월 29일

✱ **희망은 온통 암흑뿐일 때조차도 빛을 볼 수 있는 것이다.** —데즈먼드 투투

  상황이 닥치기 전에는 앞으로 어떤 일이 벌어질지 결코 알 수 없어요. '현실적'으로 생각한다는 핑계로 비관적인 생각에 빠져들게 됩니다. 물론 힘든 상황이라는 걸 인식하는 건 중요합니다. 하지만 엠마가 종종 나에게 일깨워 주듯이, 그렇게 될 확률이 90퍼센트라고 해도 여전히 10퍼센트가 남아 있어요.

어제 세스는 다친 매를 구조한 글을 썼습니다. 그 글을 읽으니 토스카나주에서 둥지에서 떨어진 아기 새를 만났던 일이 떠오르더군요. 엠마는 어떻게든 그 새를 구조해야 한다고 했어요. 반면 저는 우리가 할 수 있는 일이 없고 그 새가 살 가망이 없다고 생각했지요. 아기 새는 심하게 다친 것 같았고 움직이질 않았어요. 아기 새가 살 가망이 없으니 고통에서 벗어나게 해주는 게 돕는 거라고 생각했습니다. 그러나 엠마는 그 새에게 더 큰 보호본능과 연민, 희망을 품었어요. 엠마는 공원 관리인에게 연락해서 새를 구조해 보자고 우겼어요. 결국 공원 관리인이 와서 조심스럽게 새를 안아 들고 관리사무실로 돌아갔어요. 그로부터 며칠 뒤 새가 완전히 회복되어서 날아갔다는 소식을 들었습니다. 정말 놀라웠어요. 그 순간 두 가지 사실을 깨달았습니다. 첫째, 항상 아내의 직감을 따를 것, 둘째, 항상 희망을 가질 것!

제안 오늘 하루 다양한 상황에서 희망을 선택해 보세요.

8월 30일

✱ **모든 업적은 한번 해 보자는 결정에서 시작된다.** —존 F. 케네디

우리는 날마다 수많은 선택을 합니다. 무얼 먹을지, 무얼 살지, 무슨 말을 할지. 어느 통계에 의하면 우리는 매일 3만 5천 개의 선택을 한다고 합니다. 도로에서 차선을 잘못 선택할 수 있고 계산대에서 더딘 줄을 선택할 수도 있습니다. 맛없는 음식을 주문할 때도 있고 좋은 뜻으로 한 말이 오히려 상대를 화나게 할 때도 있어요. 어느 연구에 따르면 인간에겐 '사후과잉 확신편향'이 있다고 합니다. 현재의 결과로 과거의 결정을 평가하는 것을 뜻하는 말이에요. 예를 들어, 스포츠 경기에서 어떤 선수가 실시간으로 결정을 내렸다면 그로 인한 결과를 바탕으로 그때의 결정을 비난하는 겁니다. 소위 '뒷북치기'라고 하죠.

어떤 결정이 우리가 원하는 방향으로 흘러가지 않았을 때 우리는 그와 비슷한 방식으로 자책합니다. "이렇게 될 줄 미리 알았어야 했는데"라고요. 사실 우리가 할 수 있는 일은 현재의 지식을 바탕으로 최선의 선택을 하는 것뿐입니다.

가장 지혜로운 선택을 한다고 해도 결과를 미리 알 수는 없다는 사실을 기억한다면 마음이 조금 편안해집니다. 비록 우리가 가지고 있는 지식은 한계가 있지만 최선을 다하고 있음을 기억하고 자신감을 가질 수는 있어요.

제안 오늘 결정을 내려야 하는 순간, 미래를 알 수 없다는 사실을 기억하고 자신을 따뜻한 마음으로 바라보세요. 모든 일의 결과를 당신이 통제할 수 없어요. 일이 뜻대로 풀리지 않을 때 자신에게 너그러워지세요.

8월 31일

* **우리의 많은 꿈들이 때로는 불가능해 보이고 도저히 해낼 수 없을 것 같지만, 일단 결심을 굳히고 나면 어느 순간 더 이상 피할 수 없는 일이 된다.**

—크리스토퍼 리브

미래를 어떻게 바라보느냐에 따라 희망이 솟기도 하고 절망에 빠지기도 합니다. 미래를 생각할 땐 한 발짝 뒤로 물러나 다음 단계를 위해 반드시 '옳은' 결정을 해야 한다는 강박에서 벗어나는 게 도움이 됩니다. 저는 이 시간을 불확실성과 불안의 시기로 규정하기보다는 나에게 가장 소중한 것들과 맞닿을 기회로 여기기 시작했어요.

앞으로 어떤 미래를 일구고 싶은지 우리는 거의 생각하지 않습니다. 남은 삶을 창의적으로 구상할 자유를 스스로에게 거의 허락하지 않아요. 스스로에게 꿈꿀 여유를 허락하지 않는 거예요. 거부감이 들 수도 있습니다. 꿈을 꾼다고 하면, 제멋대로이거나 허황된 사람을 떠올리니까요. 현실 감각을 잃거나 경박해 보이는 것에 대한 두려움 때문입니다.

자신의 열망에 대해 생각할 자유를 허락하는 것은 해방감을 주고 의욕을 고취하는 일입니다. 해야 할 일의 옳고 그름에만 집중하지 말고, 열정과 목표에 맞게 행동해 보면 어떨까요? 목표를 달성할 수 있을지, 중간에 목표가 바뀔지는 알 수 없어요. 그러나 그 여정은 분명히 좀 더 밝고, 좀 더 가볍고, 조금 더 즐거울 거예요.

제안 오늘 살짝 꿈을 꿔 보세요. 당신에게 영감을 주고 당신을 들뜨게 하는 미래를 상상해 보세요. 남들 눈에 어떻게 보일지, 어떤 방법으로 그 꿈을 실현할지는 생각하지 마세요. 마음이 방랑하게 하세요.

"모든 시련 속에는 축복이 숨겨져 있습니다.
그것을 찾는 것이야말로 우리의 과제이자 기회입니다."

9월

9월 1일

✳ **'마음을 다함wholeheartedness'은 다양하게 설명할 수 있겠지만, 그 중심에는 취약성과 자아가치감이 있다. 그것은 불확실성을 대면하고, 자신을 드러내고, 감정적 위험을 감수하면서도, 내가 지금 이대로 괜찮은 사람임을 아는 것이다.** —브레네 브라운

　　높은 곳으로 올라가다 보면 떨어질 가능성이 있어요. 그래서 되도록 안전한 지하에 머물고 싶어 하지만, 안타깝게도 지하는 어둡고 축축하고, 전망도 형편없지요.

　　목표를 사람들에게 말하는 것은 두려운 일입니다. 제가 인지행동치료에 관한 첫 번째 책을 집필할 때 무척 조심스러웠고, 출간이 확정될 때까지 주위 사람들에게 비밀로 했어요. 편집자가 내 글이 마음에 안 들어서 출간을 거절할 수도 있다고 생각했거든요. 책이 왜 출간되지 않는지 설명해야 하는 창피한 상황을 피하고 싶었습니다.

　　자신을 드러내는 사람들을 항상 존경해 왔어요. 스물한 살 때 만난 친구가 자신의 장기 계획을 말해 주었는데, 여러 직장을 거치는 것, 법학 학위를 취득하는 것, 최종적으로 자신의 사업을 운영하는 것이었어요. 10년 전 그 친구는 대륙을 가로질러 이사한 다음 회사를 설립했고, 불경기에도 불구하고 회사는 번창하고 있습니다. 자신의 계획을 기꺼이 나누었던 그의 마음이 목표를 성공적으로 달성한 것과 연관이 있지 않을까요?

제안　당신이 품고 있는 열망을 가족 혹은 가까운 친구와 나누어 보는 것도 좋습니다. 가깝지 않은 사람들에게도 말해 보세요. 약간 위험이 따르는 일이긴 하지만, 당신의 결의를 굳히는 하나의 방편이 될 수도 있습니다.

9월 2일

　　인간관계야말로 삶의 의미와 기쁨의 가장 짜릿한 원천입니다. 모든 경험은 누군가와 나눌 때 더 풍요롭고, 유쾌하고, 충만해져요.
이런 단순하지만 가장 중요한 진실을 잊고 삽니다. 사랑하는 사람을 당연하게 여겨요. 이런저런 일에 마음을 빼앗기고요. 우리의 생각은 더 많은 것을 갖기 위한 일들에 소모됩니다. 더 많은 옷, 신형 휴대폰, 새 구두, 더 비싼 차, 더 큰 집, 더 높은 수입 등등 끝도 없지요. 갖고 싶은 걸 갖지 않으면 삶이 완성되지 않을 것 같아요. 하지만 그것이 없을 때에도 우린 완벽하게 행복했습니다. 더 많은 물건을 갖는 것에서만 만족감을 찾으려 한다면, 끊임없이 실망할 뿐입니다. 우리가 가진 물건과 우리의 행복은 완전히 별개이니까요.
보다 지혜로운 행복의 원천은 사람들과의 관계입니다. 우리 삶에 존재하는 사람 혹은 반려동물에게 시간과 애정, 관심을 기울일 때, 그 보상은 엄청납니다. 사랑하는 존재들을 생각할 때, 지금 이 순간 커다란 행복을 느낄 수 있어요. 지금 이 순간 사랑을 실천할 수 있어요.

제안　당신을 느긋하고, 행복하고, 편안하게 해 주는 사람을 떠올려 보세요. 하루 종일 그 사람을 생각해 보세요. 사랑, 평화, 감사의 마음을 느껴 보세요. 마음의 안내에 따라 행동해 보세요.

265

9월 3일

* **집으로, 집으로 돌아갈래요. 당신과 함께하는 그곳이 바로 나의 집.**
　—에드워드 샤프 & 마그네틱 제로스

　　어떤 장소에 애착을 느끼는 이유는 무엇일까요? 많은 사람들이 사랑하는 사람과 함께 머물렀던 장소에 깊고 견고한 애착을 느낍니다. 저는 인디애나주에 따스한 추억이 있어요. 10대 시절 가족과 친구들과 함께 시간을 보낸 곳이거든요. 하루가 저물면 부모님과 네 형제가 조그만 저녁식탁에 둘러앉았어요. 바깥세상에서 무슨 일이 일어나건, 그곳이 우리만의 은신처였어요.

아내와 처음 만나 몇 달을 함께 지냈던 곳, 프랑스의 스트라스부르도 잊을 수 없습니다. 그곳에 간 지 20년이 넘었지만 그 거리의 냄새와 바람의 감촉, 우리가 머물던 숙소의 낡은 마룻널이 삐걱거리는 소리, 우리가 처음으로 키스했던 밤… 모든 게 생생합니다.

메인주에 대해서도 비슷한 향수가 있어요. 졸업 후 2년을 그곳에서 살았고 아이들과 휴가를 보내러 몇 번 갔었습니다. 지금 살고 있는 이 동네도 고향 같습니다. 이곳에서 우리가 쌓은 우정 때문이겠지요.

어디에 살건, 고향은 단지 익숙한 장소가 아닙니다. 아끼는 사람과 수많은 순간들을 보낸 추억의 장소입니다.

제안　당신이 가장 좋아하는 장소를 떠올려 보세요. 사랑하는 사람들과 당신을 이어 주는 장소는 어디인가요? 그곳이 주는 따스함을 잠시 음미해 보세요.

9월 4일

* **우리를 행복하게 하는 이들에게 감사하라. 그들은 우리의 영혼에 꽃을 피우는 매혹적인 정원사들이다.** ─마르셀 프루스트

지난 주말 강아지 앨피가 우리 집에 왔어요. 앨피와 첫 하루를 보내고 엠마와 의미심장한 대화를 나누었습니다.

나 : 오늘이 내 삶에서 가장 멋진 날인 거 같아.

엠마 : 정말?

나 : 응, 확실해.

엠마 : 정말? (조금 짜증스러운 목소리로.)

나 : 응, 정말 그렇다니까. 왜?

엠마 : 그러니까 우리 결혼식 날 다음으로 그렇다는 거지?

나 : 아, 응. 물론.

앨피가 우리 발치에 잠들어 있는 오늘을 훗날 어떻게 기억하게 될까요. 마음 깊이 넘쳐흐르는 이 행복은 엠마와 앨피와 함께하는 시간 속에서 솟아납니다. 조금 더 벌고, 조금 더 가져야 하는 사회적 압력 속에 살고 있지만, 진정한 행복을 주는 것은 사람(그리고 동물)과의 관계입니다.

제안 가장 좋아하는 추억을 두세 가지 떠올려 보세요. 그때 누구와 함께 있었나요? 어디 있었지요? 어떤 기분이었나요? 그 추억을 누군가와 나누어 보세요. 추억 속 사람이어도 좋습니다. 행복한 추억이 당신의 하루에 스며들게 하세요.

9월 5일

* 과거가 아름다운 이유는 당시에는 자신의 감정을 결코 알 수 없기 때문이
다. 우리의 감정은 시간과 함께 팽창한다. 따라서 현재에 대해서는 완전한
감정을 가질 수 없다. 오직 과거에 대해서만 완전한 감정을 가질 수 있다.
—버지니아 울프

우리를 과거와 이어 주는 강렬한 감정적 기억에 관한 연구를 한 적
이 있어요. 삶의 한 사건을 글로 써 보라고 하면, 사람들은 주로 아이가 태
어나던 순간을 떠올립니다. 결혼식 날을 떠올리는 사람들도 많았어요.
마음챙김 수행은 현재에 머무는 것이지만, 추억을 되새기는 것도 마음챙
김의 삶에 완벽하게 부합합니다. 무슨 일을 하든 '알아차림'으로 나아갈
수 있고, 과거를 생각하고 즐거웠던 일에 감사하는 것도 마찬가지예요. 우
리 앞에 긴 삶이 남아 있던 어린 시절에는 추억보다 꿈이 더 많지요. 시간
이 흘러 남아 있는 삶보다 지나간 삶의 부피가 더 커질 때 우리는 꿈과 희
망을 추억과 맞바꿉니다.
저는 세 아이들이 태어나는 모든 순간을 흥분과 두려움을 품고 기다렸어
요. 어제 아침에는 상쾌하게 자전거를 타고 나서 아침식사 시간을 기다렸
고, 저녁에는 두 아이의 새학기 첫날 등교 준비를 하며 설레었어요. 매분,
매시간, 매일의 경험 속에서, 우리는 앞으로 일어날 일에 대한 상상을 그
일의 흔적과 바꿉니다.

제안 오늘은 올해의 유일한 9월 5일이고 당신의 삶에 딱 하루뿐인 날입니다. 당
신의 추억 속 유일한 날이에요. 오늘 하루, 훗날 되새길 추억을 얼마나 많
이 만들 수 있을까요?

9월 6일

✱ **성공? 그게 무슨 뜻인지 나는 모른다. 그러나 성공, 그것은 그 사람의 눈에 비친 성공이 무엇이냐에 따라 다르다. 나에게 성공이란 마음의 평화다. 마음이 평화로운 날, 그것이 내가 생각하는 좋은 하루다.** —덴절 워싱턴

성공은 어떤 의미일까요?

당신이 생각하는 성공적인 삶은 어떤 모습인가요? 지금 머릿속에 떠오르는 특별한 차, 커다란 집, 수입의 수준, 혹은 직업이 있나요? 성공은 가족을 잘 부양하는 것을 뜻할까요? 경제적인 압박이나 제약 없이 사는 것을 의미할까요?

잠재력을 발휘하는 삶이 성공일까요? 곁에 있는 사람들과 최대한 진솔하고 편안한 삶을 사는 것이 성공일까요?

꿈과 야망, 목표를 달성하는 게 성공일까요? 마음의 평화가 성공일까요? 누구에게나 자신이 생각하는 성공이 있습니다. 어떤 이에겐 성공인 것이 다른 이에겐 그렇지 않을 수도 있어요. 우리가 생각하는 성공은 단지 우리 머릿속에만 존재하는 성공입니다. 그 사실을 깨닫지 못한다면, 사회에서 가장 지배적인 개념의 성공을 자신의 것으로 받아들일 확률이 높아요. 자신의 가치관에 맞지도 않는, 만들어진 이상을 향해 달려가게 될 수도 있어요. 생각과 개념은 그저 마음속에서 일어나는 일일 뿐임을 깨닫는다면, 나만의 성공을 만들 수 있습니다.

제안 당신이 생각하는 성공은 어떤 것인지, 잠시 생각해 보세요. 당신이 생각하는 성공에 맞게 오늘을 살아 보세요.

9월 7일

사업을 시작하거나 아이를 갖는 것처럼 새로운 경험의 시작은 신나는 모험처럼 느껴집니다. 그러나 시간이 지나면 환상에서 깨어나지요. 예산 문제나 현실적인 제약으로 기대를 낮추어야 하는 상황이 생기기도 하고, 아이를 키우는 일이 지치고 따분하게 느껴지기도 합니다.

누구에게나 영혼에 생명을 불어넣는 영감이 필요합니다. 몇 년 전, 저는 끝없이 연구에만 몰두하다 삶의 활력을 잃은 것 같았어요. 연구해 봐야 누구의 삶도 변화시킬 수 없을 것 같았죠. 그러던 어느 날 몇 년 만에 처음으로 콘서트에 가게 되었습니다. 솔로 바이올리니스트의 아름다운 첫 선율이 귀에 닿는 순간, 스스로에게 묻지 않을 수 없었어요. "내가 하는 일은 이 세상에 어떤 아름다움을 보탤 수 있을까?"

그동안 내가 치료했던 사람들, 수많은 트라우마와 비극을 견딘 생존자들의 얼굴이 떠올랐습니다. 내가 해 온 일에 조금이나마 아름다움이 있었다면, 아마도 그들을 치료하는 과정에 존재하리라는 생각이 들었어요. 저는 앞으로도 다른 사람의 삶에 직접적인 변화를 일으키는 치료에 집중하며 살고 싶다는 사실을 깨달았습니다. 그 깨달음을 바탕으로 진료실을 개업해서 의미 있는 일을 하기로 마음먹게 되었습니다.

제안 잠시 멈추고 지금 하고 있는 일을 시작하게 된 동기를 생각해 보세요. 당신의 노력이 의미 있는 것인지 다시 한번 생각해 보세요. 훨씬 더 큰 그림을 그려 보세요.

9월 8일

***

* **이것은 너무도 자명한 진실이다. 모든 인간은 동등하다. 모든 인간은 창조주에 의해 삶, 자유, 행복추구권과 같은 양도할 수 없는 권리를 부여받았다.**
―토머스 제퍼슨

    문화는 생각하고 행동하는 방식에 막대한 영향을 미칩니다. 현대 사회에서는 직업을 개인의 능력과 동일시하는 경향이 있습니다. 사교 모임에서 사람들이 가장 먼저 묻는 질문은, "무슨 일 하세요?"이지요. 백 년 전 한 사람의 사회적 지위는 어느 가문 출신인가에 달려 있었습니다. 우리는 어떤 일을 하느냐로 개인의 가치를 판단하는 덫에 걸려듭니다. 여러분도 높은 지위에 있는 사람과 다른 대우를 받아 본 경험이 있나요? 모욕감을 느끼거나 불쾌함을 느낀 적도 있을 거예요. 그들에게 돌을 던지거나 비난하기 앞서, 돈을 적게 버는 사람을 사회적 지위가 높은 사람보다 덜 존중하고 덜 배려한 적은 없는지, 스스로 먼저 생각해 보는 건 어떨까요. 누구나 다른 사람을 평등하게, 존중과 사랑으로 대한다면 인간관계가 얼마나 자유롭고 활기가 넘칠까요? 사회적 지위에 따라 사람을 다르게 대하는 사회적 통념에서 벗어난다면 얼마나 좋을까요? 인간은 남녀노소 할 것 없이 모두가 평등하며 누구나 태어날 때부터 온전하고 가치 있는 존재임을 기억한다면 얼마나 좋을까요?

제안 직급, 역할 등의 사회적 꼬리표를 떼어 내고 사람을 대해 보세요. 쓸데없는 판단으로 우리를 눈멀게 하는 그 껍데기를 걷어 내세요. 당신 앞에 있는 사람은 품위 있는 대우를 받을 권리가 있다는 사실을 기억해 보세요.

9월 9일

* 누구나 봉사할 수 있기에 누구나 위대할 수 있다. 봉사하기 위해 대학학위가 필요하지 않다. 봉사하기 위해 주어와 동사의 시제를 일치시킬 필요는 없다. 은총으로 가득 찬 마음만 있으면 된다. 사랑으로 충만한 영혼만 있으면 된다. —마틴 루터 킹

예전에는 '덜 가진 자'들을 돕는 것이 사랑이라고 생각했습니다. 여러 직장을 전전하던 때의 일이었어요. 방향을 잡고 싶어 자문 교수님과 면담 일정을 잡았습니다. 교수님은 저에게 어떤 일을 하고 싶냐고 물었고, 사람들을 돕고 싶다고 대답했어요. 그때 교수님의 말씀에 정신이 번쩍 들었습니다. "사람들을 돕는 방법에는 여러 가지가 있어요. 배달 트럭을 몰 수도 있고 변호사가 될 수도 있어요. 어떤 일에 마음이 끌리나요?" 그동안 사람들을 돕는 것에 지나치게 좁은 정의를 내리고 있었음을 알게 되었지요. 우리 주위에 사랑은 넘쳐납니다. 물을 쓰고 변기 물을 내릴 수 있도록 일요일에도 열두 시간씩 일하는 배관공에게도 사랑이 있습니다. 아이들에게 그림 그리고 운동하는 법을 가르쳐 주는 선생님들에게도 사랑이 있고, 사람을 구하는 응급 구조사에게도 사랑이 있습니다. 해산물을 선별해서 판매하는 생선가게 주인에게도 사랑이 있습니다. 수많은 사람들의 일상적인 행동 속에 사랑이 있고, 우리 자신의 행동 속에도 생각보다 훨씬 더 많은 사랑이 있습니다.

제안 일상 속에서 사랑을 알아차려 보세요. 세탁, 요리, 근무 외에 무슨 일이라도 좋습니다. 자신을 사랑하는 것도 중요합니다! 사랑의 다양한 얼굴을 보는 연습을 하세요.

9월 10일

* **만약 삶이 예측 가능하다면 그것은 더 이상 삶이 아닐 것이다. 또한 무미건조할 것이다.** —엘리너 루스벨트

구두시험은 박사과정의 마지막 관문입니다. 논문 심사위원들은 응시자가 자신의 이론을 구두로 방어할 수 있는지 검증하기 위해 학문적 인터뷰를 진행합니다. 논문에 최소한 3년을 쏟아부었을 응시자의 입장에서는 두려움과 불안을 유발하는 단계이기도 합니다.

구두시험 전날 밤 저 역시 몹시 초조했어요. 그러나 걱정과 두려움에도 불구하고 시험은 순조로웠습니다. 심지어 즐겁기까지 했어요! 특별히 집중해서 준비했던 부분은 전혀 나오지 않았지만, 훨씬 모험적이고 통찰력 있는 질문들이 나왔습니다. 흔치 않은 기회였어요. 이 분야의 전문가 두 사람이 일부러 시간을 내어 내가 쓴 수만 자의 글을 읽고 깊이 있는 질문과 날카로운 비평을 해 주었으니까요. 결과적으로 구두시험을 통과했고 더없이 기뻤습니다.

때로는 우리 앞에 놓인 예측 불가능한 일들이 두렵게 느껴집니다. 그러나 막상 부딪쳐 보면 사실 두려워할 일이 하나도 없었음을 깨닫게 되는 순간이 얼마나 많은가요? 당신 삶에서 일어날 모든 일들을 미리 알 수 있다면, 정말 알고 싶은가요? 미지의 앞날을 두려워하는 만큼, 우리 삶을 더욱 풍요롭고 다채롭게 만드는 것도 바로 삶의 예측 불가능성이 아닐까요?

제안 다가올 앞날의 예측 불가능성을 포용해 보세요. 미지의 앞날이 주는 충만함을 음미해 보세요.

9월 11일

* **변화를 이해하는 유일한 방법은 그 속으로 뛰어들고, 그것과 함께 움직이고, 함께 춤을 추는 것이다.** ─앨런 와츠

오늘은 당신 삶의 그 어떤 날과도 다르고, 당신이 예상한 대로 풀리지 않을 거예요. 2001년 과거의 오늘, 어느 화창한 아침, 아내와 함께 펜실베이니아 대학에서의 첫 주 수업에 참석하기 위해 걷고 있었습니다. 강의실 건물에 들어섰을 때 학생들이 로비 TV 앞에 모여 있었어요. TV에서는 연기가 피어오르는 뉴욕의 건물, 펜실베이니아주 들판에 추락한 비행기, 펜타곤에서 피어오르는 연기, 오사마 빈 라덴의 모습이 보였습니다. 미국이 테러 공격을 당한 것이었어요.

여느 날과 똑같은 하루였지만, 그날 사망한 수천 명의 사람들과 그들을 사랑하는 사람들에겐 세상이 송두리째 뒤집힌 날이 되었지요. 그날 아침에 눈을 떴을 때 그날이 마지막 날이 되리란 걸, 그들의 배우자, 형제, 부모, 자식이 집으로 돌아오지 못하게 되리란 걸 꿈에도 몰랐겠지요.

삶은 흘러갑니다. 테러와 비극은 지금도 계속되고 있어요. 사람들은 떠나가고, 아이들은 태어나고, 개를 데려오고, 부모님이 세상을 떠나갑니다. 우리가 누리는 이 고요함, 안락함, 그리고 자유는 한순간에 사라질 수도 있어요. 사랑하는 사람을 잃을 수도 있다는 깨달음은 두려움을 일으키기도 합니다. 우리가 할 수 있는 일은 삶의 실체에 집착하며 행복을 반감시키거나, 혹은 삶의 흐름과 변화를 포용하거나, 둘 중 하나입니다.

제안 오늘 당신이 가진 것들을 온전히 즐겨 보세요. 집착하느라 마음의 평화를 잃지 마세요. 피할 수 없는 삶의 변화와 함께 물 흐르듯 살아 보세요.

9월 12일

* **그 무엇도 당연하게 여기지 마라.** —벤저민 디즈레일리

제 오랜 친구가 며칠 전 세상을 떠났습니다. 그를 보낸 슬픔에 아직도 가슴이 저립니다. 그는 유쾌한 사람이었고 항상 나를 웃게 했어요. 그와 가장 즐거웠던 추억은 20대 초반에 그가 차를 몰고 공항으로 나를 데리러 와 주었던 일이에요. 그는 나를 태우자마자 운전할 때 쓰는 안경을 집에 두고 왔다고 하더군요. "아주 신나는 모험이 되겠군." 그가 눈을 반짝이며, 짓궂게 말했지요.

그가 신호를 잘못 보는 바람에 교차로 한복판에 차를 세우게 되었습니다. 사람들은 차를 후진해서 교차로에서 물러날 거라고 생각했겠지만, 친구는 그 상황을 전혀 알지 못했어요. 저는 나서서 말하기가 겸연쩍어 그에게 그 사실을 알려주지 못했어요. 우리는 그렇게 그 자리에 한참을 서 있었어요. 다른 운전자들도 차를 세우고 서 있다가 짜증을 내면서 창문을 내리고 경적을 울려 댔습니다. 결국 차들은 우리 차를 양옆으로 피해 갔고 욕설과 손가락질이 날아왔지요. 그때 친구가 다른 운전자들을 보고, 빨간불을 쳐다보고는, 다시 나를 보았습니다. 그리고 그가 한 말에 웃음이 터졌습니다. 그 말을 영원히 잊지 못할 거예요. "어쩌라고? 빨간불인데!"

제안 이제 우리는 어떻게 해야 할까요? 매 순간 최대한의 기쁨과 열정으로 사는 것 외에 할 수 있는 일은 없는 것 같습니다. 오늘 그 무엇도 당연히 여기지 마세요. 현재를 즐기세요. 출근길, 사람들과 나누는 대화, 당신이 먹는 음식 모두 즐기세요.

9월 13일

*   **인간들 사이에는 고통을 피하고 안락함만을 추구하는 것이 잘 사는 것이라는 잘못된 인식이 퍼져 있다. 훨씬 모험적이고, 온화하며, 즐거운 삶의 자세는, 호기심의 대상이 씁쓸한 것이건 달콤한 것이건 계속 호기심을 계발해 나가는 것이다.** ─페마 초드론

모든 시련의 순간, 우리에겐 선택지가 있습니다. 지금 벌어지고 있는 일에 거스르고 저항할 수도 있고, 그 흐름에 몸을 맡길 수도 있어요. 우리는 종종 현실을 부정하고, 밀어내거나 억지로 바꾸려 합니다. 그러나 때로는, 거부했던 바로 그것이 간절히 원했던 것보다 더 나을 때도 있다는 걸 알게 되지요.

사실 '나쁜' 것처럼 보였던 일들이 아주 좋은 방향으로 끝나기도 해요. 예를 들면, 경기가 나빠져서 직장을 잃은 사람이 자신의 진정한 열정과 적성을 찾기도 합니다. 어제의 나쁜 소식이 오늘의 좋은 소식이 됩니다.

실의에 빠져 실낱같은 희망마저 없는 것 같을 때에도, 마음을 열어 볼 수는 있습니다. 마음을 열면 적어도 살아 있다는 게 어떤 의미인지 이해하게 되고, 비슷한 고통을 겪는 다른 사람들을 만나게 될 수도 있을 테니까요.

시련이 닥쳐도 마음을 완전히 닫지 마세요. 우리에게 닥치는 모든 일들에 계속 마음을 열어 보세요.

제안 오늘 마음을 닫아 버리고 싶을 때마다 이렇게 물어보세요. 마음을 열어도 될까? 호흡에 집중하고 상황을 있는 그대로 받아들여 보세요. 있는 그대로의 현실 받아들일 때 거부감이 잦아드는 것을 느껴 보세요.

9월 14일

* **비관론자들은 모든 기회 속에서 난관을 본다. 낙관론자들은 모든 난관 속에서 기회를 본다.** —윈스턴 처칠

인간의 마음은 주변의 위협을 감지하기 위해 진화해 왔습니다. 우리 조상들에게 그 위협은 날카로운 이빨을 가진 호랑이였겠지요. 현대 사회에서는 일이 잘못될지도 모른다는 생각과, 다른 사람이 날 어떻게 생각할지에 대한 걱정이 바로 그 위협인 것 같습니다.

얼마 전, 출산 휴가를 마치고 금융계 직장으로 복귀한 친구와 이야기를 나누게 되었습니다. 업무에 복귀한 뒤 처음, 그녀는 포럼에서 발표할 내용을 정리하기 위해 국장급 회의를 주재했습니다. 회의 날짜가 다가올수록 걱정이 밀려들기 시작했습니다. 아무도 나타나지 않으면 어쩌지? 아홉 달이나 회사를 떠나 있었는데 복귀한 첫 주에 회의를 소집하다니! 회의를 제대로 진행하지 못하면 어쩌지?

부정적인 생각들이 마치 나무 사이로 날아다니는 원숭이처럼 이리저리 날뛰었지만, 그녀는 침착하게 회의를 진행했습니다. 회의는 대성공이었어요! 다른 국장들도 모두 그녀와 같은 문제를 우려했지만, 아무도 공개적으로 문제를 제기하지 않고 있던 터였지요. 회의는 모두에게 마음을 열고, 솔직하게 얘기할 기회를 마련했고 덕분에 건설적인 토론이 이루어졌습니다. 참석한 모두가 그녀에게 큰 감명을 받았고, 그녀는 업무에 복귀한 첫 주에 자신의 역량을 증명한 셈이었지요. 기회는 어디에나 있습니다.

제안 일이 틀어질 가능성 때문에 망설여질 때, 그 일이 잘 풀릴 가능성이 있는지 생각해 보세요. 위협과 기회의 균형을 맞추어 보세요.

9월 15일

* **실제 삶이 소중한 꿈과 어긋나 있을 때, 우리는 고통을 느낀다.**
  —새넌 L. 앨더

어떻게 하면 일상의 행위들을 우리에게 가장 소중한 가치와 일치시킬 수 있을까요? 시간관리 전문가인 스티븐 맥클래치가 던진 질문이었습니다. 그는 인간에게 동기를 부여하는 것은 단 두 가지뿐이라는 점을 강조했어요. 그것은 바로 이기는 것, 그리고 실패를 피하는 것이었습니다. 일상은 주로 실패하지 않기 위한 노력들로 채워집니다. 지각하면 안 돼. 실망시켜선 안 돼. 교통체증에 걸리면 안 돼. 창피당하면 안 돼. 열차를 놓치면 안 돼. 실패하지 않는 데 집중하느라 가장 소중한 것에, 삶의 목표를 향해 나아가는 것에 소홀해집니다. 두려움이 사랑을 잠식하는 것이지요.

스티븐은 이러한 잠식에 확고한 해결책을 제시합니다. 첫째, 소중한 목표를 위한 일들이 무엇인지 규명합니다. 그다음엔 목표한 일을 달력에 표시하고, 그 일을 실행할 시간을 사수합니다. 꿈을 위해 투자하는 것보다 시간을 더 가치 있게 쓸 방법은 없습니다.

원대한 목표에 비해 일정표에 적힌 일들이 너무 초라해서 어울리지 않는다는 생각이 들 수도 있어요. 하지만 그 둘은 서로 완벽하게 어울립니다. 가장 소중한 꿈은 일상 속에서 시간을 할애해야만 이루어집니다.

제안 끝내 이루지 못하고 떠난다면 너무도 안타까울 삶의 목표는 무엇인가요? 책을 쓰는 것인가요? 인간관계를 돈독히 하는 것인가요? 당신에게 영감을 주는 근사한 곳으로 이사하는 것인가요? 오늘 당신에게 소중한 것들로 일정을 채워 보세요. 목표를 향해 나아가세요.

9월 16일

눈앞에 닥친 자신의 이익에 급급할 때보다 남을 위해 봉사할 때, 삶이 더 행복해지고 덜 표류합니다. 우리로 인해 다른 이의 삶이 나아지기 때문에, 동시에 여러 가지 이로움을 누릴 수 있어요. 직장에서도 봉사할 수 있습니다. 다음은 봉사의 마음가짐으로, 의미 있는 직장생활을 하기 위한 세 가지 방법입니다.

1. 당신이 만든 긍정적인 영향력을 생각하세요. 당신이 하고 있는 일이 공공의 이익에 어떤 기여를 했는지, 다른 사람들의 삶을 얼마나 더 편안하고 행복하게 만들었는지 생각해 보세요. 당신의 작은 성공들을 축하하세요!

2. 당신을 팀의 일원으로 생각하세요. 하나의 목표를 가진 팀의 일원으로 생각하면 집단의 이익을 먼저 생각하게 됩니다. 직장에서의 인간관계에 집중해 보세요. 동료는 오늘 하루를 잘 지내고 있는지, 직장 밖에서는 그의 삶에 무슨 일이 일어나고 있는지 알아보세요. 시간을 내어 그와 커피 한 잔, 혹은 점심식사를 해 보세요. 진심으로 아끼는 동료가 있을 때 직장생활이 얼마나 즐거워지는지 우리는 알고 있습니다.

3. 당신의 일을 당신의 장점과 열정에 맞추어 보세요. 장점을 발휘할 수 있는 일을 선택하고 특별히 열정이 느껴지는 프로젝트에 자원해 보세요. 더 많이 봉사할 수 있고 긍정적인 영향력을 발휘할 수 있습니다.

제안 오늘은 봉사의 모자를 써 보세요. 사람들에게 베풀고 그로 인한 기쁨을 누려 보세요.

9월 17일

* **절하는 것은 자기중심적인 생각들을 없애는 데 도움이 된다. 쉽지는 않다. 절은 아주 훌륭한 수행법이다.** —스즈키 순류

절은 경의를 표하는 전통적인 방식입니다. 마음챙김 육아에 관한 저서 《매일의 축복》에서 밀라와 존 카밧진은 아이들에게 마음으로 절하는 법에 대해 설명하면서, "당신의 실체가 아이의 실체에 절하는 것"이라고 말했습니다. 저도 아이들이 잠들어 있을 때 절을 한 적이 있습니다. 아이들이 천사처럼 잠들어 있을 때처럼 깨어 있을 때에도 존중하겠다는 마음을 담은 절이었지요. 절을 하는 방법에는 여러 가지가 있습니다.

1. 앉아 있거나 서 있는 상태로 양 손바닥을 심장에 대고, 가슴은 반듯하게 유지한 상태로 고개만 숙입니다. 또는 양손을 합장한 상태로 엄지손가락을 가볍게 미간에 대고 지그시 누릅니다.

2. 서 있는 상태로 양팔을 발끝으로 향하게 하고 허리를 숙이고 머리에 힘을 뺍니다. 요가에서 '전굴'이라고 불리는 자세입니다.

3. 바닥에 무릎을 꿇어 양쪽 엄지발가락을 모은 다음 무릎을 조금 벌립니다. 엉덩이를 낮추고 머리가 바닥에 닿을 때까지 상체를 허벅다리 위로 숙입니다. 양팔을 앞으로 뻗고 손바닥을 바닥으로 향하게 합니다. 요가에서 '아기자세'로 불리는 자세입니다.

제안 절은 다른 사람을 향한, 신념을 향한, 초월적인 무언가를 향한, 가장 높은 자아를 향한 헌신을 표현하는 방법입니다. 어색하더라도 계속해 보세요. 그 자세로 잠시 머물 때 어떤 생각들이 떠오르나요?

9월 18일

* **춤을 출 때엔 바닥의 어느 지점에 다다르는 것이 목표가 아니다. 그곳에 가기까지의 모든 스텝을 즐길 뿐이다.** ─웨인 다이어

　　지난 주말 지인 결혼식에 참석했습니다. 올해 가장 즐거운 시간이었어요. 햇살이 눈부셨고, 신랑 신부는 행복해 보였고, 결혼식 피로연에 참석한 모두가 완벽했고, 음식은 맛있었고(뭐니 뭐니 해도 음식이 맛있어야죠), 사람들의 연설은 진실하며, 기가 막히게 웃겼습니다.

그날 저녁 엠마와 나는 처음 만난 사람들과 몇 시간을 춤을 추며 즐겁게 보냈습니다. 그렇게 자유롭게 아무 생각 없이 춤을 추기는 처음이었네요! 서로에게 춤 미션을 주는 게임도 했는데요, 나는 엠마에게 상어처럼, 아니면 길을 잃은 것처럼, 혹은 살인자의 정체를 밝히는 탐정처럼 춤을 추라는 미션을 주었습니다. 반응으로 보아 기린과 촛불을 흉내 냈던 내 춤도 꽤 재미있었던 모양입니다.

나이가 들면서 어린 시절의 장난기를 잃어갑니다. 모든 기대, 규율, 한계를 벗어던져 버리고 인생이라는 춤을 무대 한복판으로 가져오세요. 우리의 삶은 훨씬 더 밝고, 가벼우며, 즐거울 수 있습니다.

제안　오늘 당신의 하루에 장난, 유머, 재미를 더해 보세요.

9월 19일

우리는 두려운 일을 피하기 위해 많은 에너지를 소모합니다. 때로
는 두려워하는 일이 닥쳤을 때를 상상하며 길을 잃지요.

지난 주말, 두 살짜리 딸이 울면서 깨더니 자꾸 기침을 하는 거예요. 자정
무렵 약국으로 차를 몰면서 씁쓸한 생각이 들었습니다. 네 시간이나 잘 수
있으면 다행이겠군. 이러다 나까지 병이 나겠네. 목소리가 안 나오면 어떡
하지? 며칠 일을 못 하게 되면 어쩌지? 몸이 긴장하기 시작했고 어느 순
간 얼굴을 찌푸리고 있다는 걸 알아차렸어요. 그러나 실제로 나에게 어떤
문제가 일어나는지 생각해 보는 순간, 더 이상 얼굴을 찌푸리고 있을 수가
없었습니다. 차는 움직여 주었고, 약국 문은 열려 있을 것이고, 약을 살 수
있겠지요. 운전하는 동안 미소를 짓기로 마음먹었습니다. 문득 상황이 한
결 덜 심각하게 느껴졌어요. 두려워하는 일이 일어난다고 해도, 세상이 끝
나는 건 아니었어요. 긴장이 풀렸고 다시 웃을 수 있었습니다.

페이는 밤새 열두 번 정도 깼고 바다표범처럼 기침을 했습니다. 그래도 괜
찮았어요. 두려움의 폭주열차에 올라타기란 얼마나 쉬운가요. 물론 그 순
간에는 힘들겠지만, 잠시 긴장을 풀고 미소를 지어 보세요. 다 지나갑니다.

제안   지금 살짝 미소를 지어 보세요. 무얼 깨닫게 되었나요? 오늘 긴장이 되는
        순간, 잠시 얼굴에 미소를 떠어 보면 어떨까요? 당신의 몸과 마음, 심장이
        어떻게 반응하는지 살펴보세요.

9월 20일

호기심으로 들어라. 정직함으로 말하라. 진정성으로 행동하라. 대화의 가장 큰 문제는 이해하려고 듣지 않고 대답하려고 듣는 것이다. 호기심을 갖고 듣는 것은 대답하기 위해 듣는 것이 아니다. 말의 이면에 담긴 의미를 이해하기 위해 듣는 것이다. —R.T. 베넷

심리치료 결과가 치료사의 역량에 따라 다르게 나타난다는 강연을 들었습니다. 모든 직업군에서 더 효율적인 사람과 덜 효율적인 사람은 항상 있기 마련이니까요. 분석 결과에 따르면, 치료사의 경험이 치료 결과와 연관이 있다고 합니다. 그러나 그 연관성이 짐작하는 것과는 사뭇 달랐어요. 경험이 부족한 치료사일수록 치료 효과가 더 좋은 것으로 나타난 것이죠. 왜 그럴까요?

이제 막 일을 시작한 치료사들은 호기심을 장착한 채 일합니다. 그들은 내담자를 고유한 경험을 지닌 존재로 여깁니다. 심리치료의 목표는 내담자들을 알아가고 그들의 내면세계와 정서적 경험들을 이해하는 것이지요. 그러나 경험이 축적될수록, 치료사는 추측을 하게 되고, 내담자 개개인을 진단명으로 분류합니다. "아, 이런 환자 전에도 본 적 있어. 이 사람 조울증 / 정신이상 / 우울증이로군." 판단이 시작되는 순간, 이해는 멈춥니다. 독특한 한 개인으로서의 다양성과 특이성은 사라집니다. 호기심이 사라지고 추측이 그 자리를 채웁니다.

제안 오늘 호기심에서 출발하세요. 호기심으로 들어 보세요. 호기심으로 바라보세요. 호기심으로 맛보세요. 호기심으로 맡으세요. 다만, 호기심으로 누군가를 만져 보고 싶다면, 상대방의 허락을 받는 것을 잊지 마세요!

9월 21일

✳ **새로운 시작은 종종 고통스러운 끝의 모습으로 위장하여 나타난다.** —노자

    한 해는 계절들로 구분됩니다. 우리 삶도 여러 장으로 나뉘지요. 박사학위과정이 끝날 무렵, 지나간 시간을 돌아보게 되었습니다. 가장 소중한 경험은 인간관계에 바탕을 두고 있음을 깨달았습니다. 내담자들, 동료들, 그리고 상관들과의 관계였어요.

우리 모두가 똑같은 인간이라는 사실이 새삼스레 가슴에 와닿습니다. 우리는 99.9퍼센트 일치하는 DNA를 가지고 있으며, 저마다의 열정, 걱정, 두려움, 꿈, 좋은 날과 나쁜 날을 간직하고 있어요. 모두가 주어진 상황에서 최선을 다하고 있고, 모두가 연민과 이해를 누릴 자격이 있습니다.

중대한 일을 치를 때면 종종 혼자가 됩니다. 시험을 보려고 앉아 있을 때나, 면접을 볼 때, 졸업할 때, 승진할 때, 집을 살 때, 혹은 중요한 목표를 달성할 때 그렇지요. 그러나 우리에겐 그 모든 것을 가능하게 하는, 우리를 지지하는 사람들과의 연결망이 있어요. 그들과의 결속이 우리 삶을 더 의미 있고 더 가치 있게 만듭니다. 때때로 이런 질문을 던져 보는 건 어떨까요?

- 나에 대해 나는 무얼 알게 되었는가?
- 나는 어떤 식으로 변화했는가?
- 내 삶에서 훗날 무엇을 그리워하게 될까?
- 기꺼이 버릴 것은 무엇인가?
- 가지고 갈 것은 무엇인가?

제안 지금 이 순간 당신이 삶의 어느 지점에 와 있는지 생각해 보세요. 이 장이 언제 시작되었고 언제 끝나는지 생각해 보세요. 당신은 어떻게 달라졌나요? 그 과정에 누가 있었나요? 멈추어 서서 당신의 위치를 살펴보고, 크건 작건 지금까지 당신이 이룬 성공을 축하하세요.

9월 22일

* **봄이 지나가고 우리의 순수를 기억합니다. 여름이 지나가고 우리의 패기를 기억합니다. 가을이 지나가고 우리의 존경을 기억합니다. 겨울이 지나가고 우리의 인내를 기억합니다.** ─오노 요코

여름에 작별을 고하고 가을과 인사를 나눌 때가 왔습니다. 봄이 온 지 얼마 안 된 것 같은데, 어느덧 태양을 180도 돌아 또 다른 절기를 맞이하게 되었네요. 조금만 관심을 기울이면 가을의 징후들이 보입니다. 조금씩 붉게 물드는 나뭇잎들, 바람 냄새, 높은 하늘.

경쾌하고 가벼운 여름과는 대조적으로, 가을에는 그 나름의 무게가 있어요. 음식들마저도 사뭇 진지해 보입니다. 뿌리채소들과 껍질이 두툼한 호박들이 봄날의 딸기와 아스파라거스, 여름날의 토마토와 애호박을 대체하지요.

여름날의 들뜬 기분을 뒤로하고 이제 학업과 일에 열중할 때입니다. 여름이 끝나는 것을 서글퍼하는 사람들도 많은 것 같아요. 여름의 일정은 느슨했고 가족들과 많은 시간을 보냈겠지요. 그 시간에 좀 더 머무르고 싶을 수도 있어요. 하지만 모든 계절의 변화가 그렇듯이, 가을은 우리에게 지나간 시간과 다가올 날들을 아우르는 또 다른 경험을 제공합니다.

제안 여름이 당신에게 어떤 의미였는지 생각해 보세요. 가장 기뻤던 일은 무엇인가요? 어떤 추억을 간직할 건가요? 어떤 일을 빨리 잊고 싶은가요? 어떤 마음가짐으로 가을을 맞이하고 싶은가요? 또 한 번 계절이 바뀌어 가을이 겨울이 될 때, 지나간 가을에 무얼 이루었기 바라나요?

9월 23일

✱ **죽고 사는 것이 혀의 힘에 달렸으니.** ─잠언 18장 21절

     기쁠 때나 슬플 때나, 우리가 내뱉는 말의 위력은 막강합니다. 말로 사람을 쓰러뜨릴 수도 있고 일으켜 세울 수도 있어요. 어렸을 때 저희 어머니는 "말로써 서로 교화하라"고 가르쳤습니다. 말로 다른 사람을 보다 나은 사람이 되도록 도울 수 있다는 개념이었습니다. 혀와 입술을 움직이고 성대를 진동시켜서 다른 사람의 뇌에 하나의 행동 패턴을 만들고, 그들의 삶이 나아진다는 건 기적과도 같은 일이지요.

저는 이미 여러 차례 그러한 기적을 체험했습니다. 힘겨운 순간, 용기를 북돋워 주는 누군가의 몇 마디 말에 절망에서 벗어나기도 했습니다. 물론 그 반대인 경우도 있다는 건 말할 필요도 없겠지요. 한마디 말로 사람들에게 상처를 주고 심지어 눈물을 흘리게 만들 수도 있어요. 저 역시 아침에 참지 못하고 내뱉은 부주의한 말로 아이를 울리고 출근한 적이 여러 번입니다.

말로 인한 상처에서 회복되기까지 긴 시간을 견디면서 선명하게 깨달은 사실이 있다면, 우리의 말이 참으로 큰 파장을 일으킬 수 있다는 것입니다. 우리가 가진 목소리를 파괴의 무기로 사용하는 것은 부끄러운 일입니다. '말이 쉽다'는 표현도 있는 만큼, 말을 어떻게 사용해야 할까요?

제안 두 손을 합장하고 양쪽 엄지손가락을 입술에 대어 보세요. 눈을 감아 보세요. 오늘 어떤 의도로 말할 것인지 잠시 생각해 보세요. 어떻게 하면 당신의 말이 다른 사람을 살릴 수 있을까요?

9월 24일

＊ 누구나 때로는 자신이 한 말을 주워 담아야 할 때가 있다. ─J.K. 롤링

저희 어머니는 말이 칼과도 같다고 하셨습니다. 말이 사람을 보호할 수도 있고 해칠 수도 있기 때문이지요. 어렸을 때 어머니는 저와 형제들에게 우리가 하는 말이 세 개의 관문을 거치는지 생각해 보라고 하셨어요. 바로 진실의 문, 필요의 문, 친절의 문입니다.

내 말이 진실한가? 내 말이 필요한가? 내 말이 친절한가?

대부분 첫 번째 관문만 생각합니다. 진실을 말하는 것에는 큰 가치를 두지만 필요성과 친절의 측면은 간과하기 쉬워요. 불필요하고 불친절한 말을 하고 나서 "하지만 진실인걸"이라고 정당화했던 경우가 있을 거예요.

진실로 포장된 말이 누군가에게 상처가 될 수도 있습니다. 누구나 잘못 말하고 잘못 행동할 때가 있어요. 그렇다면 한 가지 질문을 이어서 던져 볼수 있습니다. 스스로의 실수를 인정하나요, 아니면 숨기나요? 실수를 정당화하고 감추면서, 스스로를 보호한고 생각할 수도 있어요. 그러나 사람들은 종종 우릴 꿰뚫어 보고, 그런 우리의 모습은 방어적인 태도로 비춰집니다. 실수를 인정하고 무심코 남에게 입힌 상처를 진심으로 치유하고자할 때, 진정한 소통이 가능합니다. 우리의 자존심보다 상대를 우위에 두는 것이지요. 그렇게 스스로를 자유롭게 하고 다른 사람을 치유합니다.

제안 인간이라면 실수하는 것이 당연하다는 사실을 기억하세요. 누군가에게 상처를 주는 말과 행동을 했다면, 좀 더 잘 대처할 방법을 생각해 보세요. 겸손과 연민으로 행동하세요.

288

9월 25일

* **어떻게 생각하면 내가 낙오자인 것 같고, 또 어떻게 생각하면 내가 전지전능한 신인 것 같다.** ─존 레넌

항상 둘 중 하나에만 해당하는 것 같습니다. 내가 완벽한 사람이라 사람들이 나를 좋아하거나, 나에게 결함이 있어서 싫어하거나. 이러한 이분법은 자기애적 성향에서 두드러지게 나타납니다. 자기애적 성향이 강한 사람은 자존심을 부풀리는데, 그들은 자신이 중요한 사람이 아니라면 곧 아무짝에도 쓸모없는 사람이라고 생각하기 때문이에요. 사람들이 나를 안 좋게 볼까 봐 혹은 거절할까 봐, 완벽하지 않은 모습을 보이길 두려워합니다. 악마가 되는 것이 두려워 천사가 되려고 애쓰고, 완벽한 사람이 아니라는 낌새가 조금만 보여도 방어에 급급해요.

열여섯 번째 결혼기념일이 떠오르네요. 아내가 사진을 찍는 동안 저는 배가 고파 인내심을 잃고 짜증을 냈습니다. 그날 내내 제가 한 말들이 별 뜻 없이 무심코 던진 말인 척했고, 결국 말다툼이 벌어졌어요. 방어심리는 이렇게 쓸데없는 것인데도 아마 앞으로도 여러 번 같은 짓을 반복하겠지요. 다행히도 이런 이기심의 덫에서 벗어날 방법은 있습니다. 자신의 본모습을, 심지어 불완전한 모습까지도 좀 더 드러내 보세요. 불완전하다고 해서 사랑받지 못하는 건 아니에요. 불완전한 인간이기 때문에, 그것을 기꺼이 인정하기 때문에, 우리는 더 사랑받습니다.

제안 당신의 불완전함을 포용해 보세요. 퉁명스럽게 말할 때, 날짜를 잘못 기억했을 때, 상황을 잘못 판단했을 때, 스스럼없이 잘못을 인정해 보세요. 불완전하지만 당신은 여전히 괜찮은 사람이고, 사랑받는 사람입니다.

9월 26일

✱ **오늘 당장 죽을 것처럼 살아라.** —제임스 딘

가까운 친구의 아버지가 세상을 떠났습니다. 갑작스러운 죽음이었어요. 두 사람의 관계는 다소 복잡해서 아버지의 죽음으로 저의 친구는 여러 가지 복잡한 문제와 감정을 다스려야 하는 상황에 처했습니다.

인생은 짧다는 오랜 진리를 잊고 살게 됩니다. 삶과 죽음은 갑자기 들이닥쳐요. 우리가 언제 이 세상을 떠날지, 가까운 사람들, 혹은 먼 사람들이 언제 떠날지 알 수 없어요. 우리가 할 수 있는 일은 주어진 시간을 최대한 누리는 것뿐입니다.

만약 당신이 오늘 죽는다면,

하고 싶었지만 하지 못했던 말이나 행동이 있나요?

연락이 끊긴 사람들이 있나요?

용서하고 싶은 사람이 있나요?

사과하고 싶은 상대가 있나요?

만나고 싶은 사람, 가보고 싶은 곳, 해 보고 싶은 일이 있나요?

제안 오늘 당신이 세상을 떠나게 된다면 어떤 후회가 남을지 생각해 보세요. 살아 있음에 감사하고, 그 깨달음으로 지금 당장 실행에 옮길 수 있는 일들을 찾아보세요.

9월 27일

★ **삶의 여정에서 감히 모든 기회를 잡아라.** ─라일라 기프티 아키타

죽음은 피할 수도 외면할 수도 없습니다. 삶의 유한함을 염두에 둔다면, 우리는 어떻게 살아야 할까요? 대답은 이것 아닐까요? 살아라! 지난 주말 아내가 바닷가에 가자고 했을 때, "예스!"라고 대답할 기회가 주어졌습니다. 아내가 무언가를 해 보자고 할 땐 무조건 따라야 한다는 걸 깨달았던 터라, 곧바로 그러자고 했어요. 브런치를 거하게 먹고, 아이들을 차에 태워 뉴저지 주 남극단의 케이프 메이로 향했습니다. 델라웨어 만이 대서양과 만나는 곳이었어요. 하늘은 짙은 파란색이었고 상쾌한 바람이 바닷가의 기온을 적절하게 만들어 주었지요. 바닷가에서 모래성을 쌓는 아이들을 바라보면서, 완벽한 하루라는 생각이 들었습니다.

습관의 동물이서인지 일상 밖으로 끌어내는 모든 제안에 무조건 "노!"라고 대답할 때가 많습니다. 마음이 곧바로 번거로움, 불편함, 복잡성, 기회비용을 따지기 때문이지요. 오늘 하루를 과감하게 즐겨 보자는 제안에, 어쩌면 충만하게 살아 있을 기회에 "노!"라고 말하는 것이겠지요.

삶은 끊임없이 과감하게 뛰어들라고 손짓합니다. 기회를 잡고, 모험하고, 거절을 감수하고, 진심을 말하고, 꿈을 좇으라고. 바닷가로 가라고 손짓합니다. "예스!"가 우리를 어디로 이끌지는 아무도 모릅니다.

제안 삶이 당신을 향해 손짓할 때 "예스!"라고 말해 보세요. 모든 것에 "예스!"라고 대답할 필요는 없지만, 삶 전체를 포용하는 쪽으로 무게 중심을 살짝 옮기면 어떤 일이 일어날까요?

9월 28일

* **모든 것은 언젠가는 끝난다.** —L. 프랭크 바움

　　지난 한 주는 회오리바람 같았어요. 엿새 만에 집이 팔리고 새집을 계약했거든요. 뜻밖의 기회가 찾아왔고 순식간에 일이 진행되다 보니 지금 살고 있는 집에 고마움을 느끼게 되었습니다. 결혼해서 처음 살게 된 집이라 이 집에는 멋진 추억들이 깃들어 있습니다. 불과 한 주 전만 해도 이곳에서 영원히 살게 될 거라고 생각했어요. 주방이 너무 작아서 조금 번거롭기도 했고 그 외에 이런저런 불편한 점들이 가끔 흉측한 고개를 내밀기도 했지요. 이제 와 생각해 보니, 그런 것들은 하나도 중요하지 않았습니다.

　　현 상태가 영원히 지속될 것처럼 살게 됩니다. 자연스레 삶의 다양한 면면들을 당연히 여기게 됩니다. 불편함에만 집중하고 좋은 것은 간과해요. 영원할 거라는 환상에서 벗어나 삶의 무상함을 인식할 수 있다면, 지금 가진 것에 더 감사하고 지금 이 순간을 더 즐길 수 있습니다.

제안　당신 삶에 존재하는 것 중, 끝이 있는 것을 생각해 보세요. 당신이 하는 일일 수도 있고, 당신이 모는 차일 수도 있고, 사람들과의 관계일 수도 있고, 살고 있는 도시, 그 외에 당연히 여기고 있는 것이 어느 순간 끝날 수 있어요. 삶의 비영속성에 따른 깨달음이 당신에게 스며들게 하세요. 그 깨달음이 당신의 생각과 체험을 더 나은 방향으로 변화시킬 수도 있습니다.

9월 29일

* **지혜란 삶과 싸우는 것에서 삶을 포용하는 것으로 옮겨 가는 것이다.**

　　—라시드 오군라루

좋아하는 것과 싫어하는 것은 동전의 양면처럼 밀접하게 연결되어 있습니다. 예를 들면, 저는 아이들과 한집에서 보내는 시간이 정말 소중해요. 큰 아이가 집을 떠나기까지 벌써 반 이상의 시간이 지났음을 생각하면 서글퍼져요. 아이들이 성장해서 안락한 가정을 벗어나 대학으로 떠나고, 그들만의 가정을 꾸리는 것은 아직 상상조차 할 수가 없어요.

한편으로는 아이들을 키우는 시간이 빨리 지나갔으면 좋겠습니다. 아이들이 직접 아침을 만들어 먹고, 설거지를 하고, 이를 닦고, 저녁을 준비하고, 자기들끼리 집에 있어도 되는 날을 손꼽아 기다립니다. 이 시간이 빨리 지나가리라는 걸 알면서도 좀 쉴 수 있으면 좋겠고 아내와 단둘이 외식을 하거나 산책을 할 수 있으면 좋겠습니다.

인생은 패키지 상품이에요. 일상 속에서 육아의 부담과 삶의 제약 없이는 아이를 키울 수 없어요. 어느 정도의 스트레스를 감수하지 않고는 의미 있는 일을 할 수 없습니다. 다른 기회를 포기하지 않고는 책임 있는 인간관계를 유지할 수 없어요.

어떤 상황에 처하건, 전부 포용해 보세요. 얻는 것과 잃는 것, 기쁨과 슬픔, 괴로움과 행복, 전부 다 경험입니다. 전부 다 인생입니다.

제안　오늘 짜증 나서, 불편해서, 하찮아서, 혹은 어려워서, 당신 삶에서 일어나는 일을 부정하고 있진 않은가요? 그것들이 당신 삶에서 누리는 좋은 것들의 이면은 아닌지 생각해 보세요. 삶 전체를 포용하는 연습을 해 보세요.

9월 30일

* **하루를 마치면 거기서 끝내라. 당신은 최선을 다했다. 분명 실수도 있었을 것이고 황당한 일도 있었을 것이다. 최대한 빨리 잊어라. 내일은 새로운 날, 차분하게 새날을 시작해야 한다. 지난날의 어리석음으로 괴로워하기엔 너무도 높은 기상으로.** —랠프 월도 에머슨

경험의 한복판에서 작은 통찰들이 떠오른다면 참 좋겠지만, 대체로 그 시간이 지나간 뒤에야 비로소 상황을 제대로 보게 되지요.

어제 강아지 앨피를 데리고 오줌을 누이러 나가갔는데 엠마에게 전화가 왔어요. 하필 그때 화재경보기가 요란하게 울렸습니다. 주방으로 뛰어 들어갔더니 토스터 안에서 토르티야가 타고 있더군요. 오븐이 고장 난 데다 전자레인지가 없어서 토스터에 구우면 괜찮을 거라 생각했거든요. 엠마는 중요한 자료를 보내 달라고 전화한 거였고, 화재경보기는 계속 울려 대고, 나를 따라 주방으로 들어온 앨피는 소음에 놀라 사방에 오줌을 싸며 돌아다니고….

일이 벌어진 당시에는 너무도 당혹스러웠지만 다른 측면을 보게 되었어요. 나에게 집, 토스터, 음식, 그리고 나를 쫓아다니는 귀여운 강아지가 있다는 사실이었습니다. 심지어 화재경보기가 울렸음에 감사했고, 내가 얼마나 운이 좋은 사람인지 깨달았습니다. 모든 시련 속에는 축복이 숨겨져 있습니다. 그것을 찾는 것이야말로 우리의 과제이자 기회입니다.

제안 당신의 하루에 용서를 더해 보세요. 최선을 다하고, 실수를 통해 배우세요. 당신과 다른 타인의 결함을 용서하세요.

✦

"지금 이 순간에 머물러 보세요.
이 배 저 배 갈아탈 수도 있겠지만
지금 탄 배를 타고 앞으로 나아갈 수도 있어요."

10월

10월 1일

*　　**오늘 밤 나는 삶이 베푸는 용서에 취하네.** —브루스 스프링스틴

　　오늘 좋은 소식과 나쁜 소식이 있습니다. 나쁜 소식은 오늘이 가기 전에 당신과 당신이 사랑하는 사람이 서로에게 고통을 줄 수도 있다는 것입니다. 그러나 좋은 소식은, 두 사람이 아마도 서로를 용서하게 되리란 거예요.

우리는 어떻게 사랑하는 사람들로 인한 상처와 실패를 이겨낼 수 있을까요? 아이들은 왜 부모가 모진 말을 한 뒤에도 미소를 지으며 끌어안는 걸까요? 어째서 부모들은 10대 아이들이 그들을 향해 던지는 비수 같은 말을 잊을 수 있을까요? 마르시아는 그토록 긴 세월을 나와 수없이 다투었는데도 왜 여전히 나를 사랑할까요?

가장 친밀한 관계에서 행해지는 용서는 의도하지 않아도 자연스레 이루어지는 것 같습니다. 몸의 면역체계가 나를 공격하는 침입자에 대응하는 것처럼, 용서 역시 관계 속에 내재되어 있어요. 화가 나는 일이 있어도, 시간이 지나면 대부분 화가 가라앉습니다. 그렇다고 용서하는 일이 늘 쉽다는 얘기는 아니에요. 심각한 병에 걸리면 몸이 유독 힘들어하는 것과 마찬가지지요. 방치, 학대, 유기, 폭행과 같은 커다란 상처를 일으킨 상황에서의 용서는 전혀 다른 문제입니다.

그러나 일상 속의 용서는 모두에게 이로운 일인 것 같습니다. 삶이라는 직물이 용서의 실로 짠 것임을 생각하면 한결 마음이 가벼워집니다.

제안　오늘 당신이 용서의 어느 편에 있건, 삶이 베푸는 용서에 취해 보세요. 용서하고 용서받는 일을 음미해 보세요.

10월 2일

★　**가장 어두운 시간일수록 집중해서 빛을 보아야 한다.** —아리스토텔레스

　　때로 감정과 행동을 전혀 통제할 수 없는 것처럼 느껴집니다. 아마도 특정한 행동을 유발하는 감정을 붙잡고 있어서일 거예요.

머칠 전 엠마와 저녁식사를 하고 있었습니다. 반쯤 식사 시간이 지났을 때 엠마가 음식을 먹다 말고 말했어요. "대체 왜 그래? 오늘 딴 사람 같아. 당신이 날 너무 힘들게 하잖아." 엠마의 말이 절대적으로 옳았습니다. 저는 화가 나 있었어요. 오전에 화가 나는 일이 있었는데, 그 화를 내내 붙잡고 있다가 엠마에게 쏟아내고 말았지요.

우리는 매 순간 선택할 수 있습니다. 자신에게 집중하며 뭐가 잘못된 건지 생각할 수도 있고, 관심을 다른 사람에게로 돌려 의식적으로 사랑을 베풀 수도 있어요. 지나간 일이 그 이후의 시간까지 지배하도록 내버려 두지 마세요. 상황의 노예가 될 필요가 없습니다.

제안　오늘 화나는 일이 있을 때 당신의 주의가 어디로 향하는지 지켜보세요. 당신의 내면으로 향하기 전에 주변 사람들에게 관심을 돌려 보세요. 사랑과 친절을 베풀고 싶다면, 의식적으로 노력해 보세요. 그리고 무슨 일이 일어나는지 주의를 기울이세요!

10월 3일

✱ **좋은 날들만 계속되는 것보다 더 견디기 힘든 건 없다.** —요한 볼프강 폰 괴테

문제가 해결되었을 때처럼 기분 좋은 것도 없지요. 내가, 혹은 내가 사랑하는 사람이 심각한 병을 앓다가 건강을 회복했을 때에 특히 그렇습니다. 제 목소리에 문제가 생겼을 때가 있었어요. 편하게 얘기하는 것, 사람들과 어울리는 것, 심지어 아이들에게 책을 읽어 주는 것보다 더 간절한 게 없더군요. 다시 목소리를 낼 수 있게 되었을 때, 살아가고 사랑하는 데 필요한 기본적인 기능을 되찾은 것에 감사로 가슴이 벅차올랐습니다.

차이를 인식할 수 있도록 설계된 우리의 마음은 상황이 나아지거나 나빠지는 순간을 인지합니다. 아팠다가 회복되면 건강의 소중함을 느끼게 되지요. 반면 늘 날씨가 화창하고 몸이 건강하고 인간관계가 편안하면 그 소중함을 잘 깨닫지 못합니다. 구름 뒤에 숨어 있다가 나온 햇살이 더 아름답게 느껴지지요.

어느 순간 우리는 햇살도, 건강도, 사랑하는 사람도, 당연하게 받아들입니다. 가진 것들의 소중함이 흐릿해질수록 의식적으로 우리가 누리는 좋은 것들에 감사해야 합니다. 삶에서 일어나는 좋은 일들을 의식적으로 알아차리는 것은 일부러 고개를 들고 햇볕을 쬐는 일과 같습니다.

제안 최근에 해결된 세 가지 문제를 떠올려 보세요. 아팠다가 회복되었거나 걱정했던 문제가 잘 풀렸거나, 난관에 부딪쳤는데 해결한 일을 떠올려 보세요. 감사하려고 애쓰지 않아도 됩니다. 그저 예전에는 삐걱거렸는데 지금은 순조로운 일들을 떠올려 보는 것만으로도 충분합니다.

10월 4일

✳   '어쩌면'이라는 말에 슬슬 짜증이 나기 시작했다. 왜냐하면 '어쩌면'이라
는 말이 영원히 내 곁에 있으리라는 것만이 유일하게 확실한 사실이기 때
문이다. ─마커스 주삭

전해 내려오는 도교 일화 중에 이런 이야기가 있습니다. 어느 늙은
농부의 유일한 말이 달아났습니다. 동네에 소문이 파다하게 퍼졌고 사람
들이 그를 위로하려고 집으로 찾아왔어요. "운이 없으시네요." 그들이 말
했습니다. "어쩌면요." 농부가 말했습니다. 다음 날 말이 야생마 세 마리
를 끌고 돌아왔습니다. "운이 참 좋으시네요!" 이웃 사람들이 기뻐하며
말했습니다. "어쩌면요." 농부가 대답했습니다. 다음 날 농부의 아들이 야
생마를 타려다 떨어져 다리가 부러졌습니다. 이웃 사람들이 그를 위로하
러 왔습니다. "운이 없으시네요." 농부가 말했습니다. "어쩌면요." 그날
오후 군인들이 젊고 건강한 남자들을 데려가려고 마을에 왔습니다. 군인
들은 농부의 아들이 다친 것을 보고 그를 데려가지 않았습니다. "정말 잘
된 일이네요!" 농부는 다시 한번 말했습니다. "어쩌면요."
우리는 어떤 일을 운이 좋은 일, 혹은 운이 나쁜 일로 규정하곤 합니다. 저
의 아버지가 암 진단을 받았을 때에도 당시에는 최악의 일이었지만, 그로
인해 가족이 하나로 뭉칠 수 있었고, 그 일이 삶의 행적을 바꾸었어요. 진
정 중요한 것이 무엇인지 깨닫는 계기가 되었습니다.

제안 걱정과 불만이 올라올 때, 그 상황에 이름을 붙이고 싶은 욕구를 떨쳐 버
리세요. 당신의 마음이 어떤 일을 좋은 일, 혹은 나쁜 일로 규정하려 할 때,
"어쩌면!"이라고 생각하고 상황을 지켜보세요.

10월 5일

* **당신이 진정으로 좋아하는 일을 찾고 그 일을 실현할 수 있는 방법을 찾아라. 그러면 당신은 행복한 사람이 될 것이다.** —톰 페티

누구에게나 살면서 이루고 싶은 일들이 있습니다. 새로 운동을 시작하는 것처럼 작은 시도일 수도 있고, 중년에 직장을 바꾸는 것처럼 큰 결심일 수도 있어요.

나를 설레게 하는 목표로 나아가는 과정에서 가장 멋진 대목은, 자신이 가진 모든 재능과 열정을 쏟아붓게 된다는 것입니다. 저의 경우에는, 의미 없는 연구를 하던 시절, 감흥이 없는 일에 열정과 창의력을 발휘하기가 참 힘들었어요. 삶 자체가 기회임을 깨닫지 못한 채로요.

실패에 따른 두려움이 삶을 일구어 가는 과정을 가로막는 가장 흔한 장벽이에요. 성공하지 못해서 창피를 당할까 봐 걱정합니다. 혹은 엄한 일에 시간과 노력을 낭비하는 건 아닌지 걱정하고요. 그러나 좋아하지 않는 일에서 성공하는 것보다 좋아하는 일에서 실패하는 편이 낫지 않을까요?

아, 물론 다른 가능성도 있습니다. 우리가 좋아하는 일에 과감하게 도전해서 멋지게 성공할 가능성이지요. 꿈을 이루기 위해 우리가 해야 할 일은, 그저 한 발짝 앞으로 내딛는 것뿐입니다.

제안 미뤄 왔던 일이 있나요? 어쩌면 오늘 이룰 수 있는 작은 일도 있을 거예요. 새로운 달리기 코스를 찾는 것일 수도 있고, 집 안의 무언가를 수리하는 것일 수도 있겠지요. 오랜 시간 기획과 준비 작업이 필요한 커다란 프로젝트일 수도 있습니다. 오늘 충만한 삶을 살기로 선택해 보세요.

10월 6일

* **실패를 토대로 하라. 실패를 디딤돌로 삼아라. 과거의 문은 닫아라. 실수를 잊으려 애쓰지 말되 연연하지도 마라. 실패에 당신의 에너지, 당신의 시간, 당신의 공간을 주지 마라.** —자니 캐시

목표를 달성하기 위해 노력할 때, 지금 당장 최종 성과물을 얻고 싶다는 생각을 합니다. 미래의 성공으로 곧장 직행할 수 있기를 남몰래 바라기도 해요. 실패를 생각하면 괴롭지요. 그러나 우리는 인간일 뿐이고, 당연히 실수할 수도 있어요. 누구나 어쩔 수 없이 실수를 저지르고 때로는 실패의 쓴맛을 봅니다. 자신의 분야에서 가장 성공한 사람들조차도 때로는 실패합니다. 가장 중요한 차이는 그들은 실수를 통해 배우고 계속 앞으로 나아간다는 것이죠. 그들은 건설적으로 실패합니다!

인류 역사상 가장 훌륭한 과학자 찰스 다윈은 대학에서 두 번이나 퇴학당했어요. 그의 아버지는 그를 실패자라고 여겼지요. 비행의 아버지인 라이트 형제는 하늘을 날아 보려 애쓰다가 하마터면 죽을 뻔했습니다. 마이클 조던은 고등학교 농구팀에도 들어가지 못했어요. 스티븐 킹의 첫 소설은 30여 개의 출판사에서 거절당한 뒤에야 출간되었습니다.

실패는 피할 수 없어요. 그러나 실패를 바라보는 방식은 바꿀 수 있습니다.

제안 여러분, 실패를 통해 앞으로 나아가세요. 실패를 하나의 과정으로 보세요. 당신이 하고자 하는 일이 무엇이건 성공을 목표로 하되, 실수할 준비를 하세요. 실패를 통해 배우세요. 그리고 앞으로 나아가세요.

10월 7일

* **인간의 욕구 중 가장 기본적인 욕구는 이해하고 또 이해받고자 하는 욕구 이다. 인간을 이해하는 가장 좋은 방법은 그들의 말에 귀를 기울이는 것 이다.** —랠프 G. 니컬스

힘겨운 시간을 지나는 사람에게 어떻게 마음을 전달하면 좋을까요? 심리학자이자 치료사인 칼 로저스는 효율적인 격려 방법으로 '사람 중심' 대화법을 꼽았습니다. 상대방이 있는 자리에서 설령 그와 생각이 다르더라도 그의 감정을 인정하고, 그의 기분을 인정해 주는 것이지요. 상대가 제대로 이해받는다고 느낄 수 있도록, 그들의 감정을 최대한 상세하게 설명해 보는 것도 좋습니다. 상처 입은 사람을 위로할 때 다음 네 가지 행동이 효율적이라는 사실을 발견했어요.

1. 감정을 인정한다. "상심이 컸겠어요"와 같은 말로 명확하게 표현한다.
2. 이해하고 공감하고 있음을 보여 준다. 예를 들면, "화가 나는 게 당연하죠"와 같은 말을 하는 것도 좋다.
3. 편이 되어 준다. 설령 그가 비난받을 일을 했더라도 그의 편임을 알린다. '무조건적 긍정'의 태도는 관계 속에서 강력한 힘을 발휘한다.
4. 서둘러 문제를 해결하려 하지 않는다. 누구나 즉각적으로 문제를 해결하기보다는 먼저 자신의 상황을 얘기하고 싶어 한다.

제안 오늘 작정하고 이야기를 들어 주고 싶은 사람이 있나요? 가족, 친구, 연인 혹은 동료도 좋습니다. 당신과 이야기하고 싶어 하는 낯선 사람도 괜찮아요. 귀와 마음을 여는 연습을 해 보세요.

10월 8일

✱ **상대를 정복하는 것이 아닌, 진리에 도달하는 것을 목표로 삼아라.**

　　—아서 마틴

　　한 연구에 의하면, 싸우는 커플들을 15분 동안 관찰하면 90퍼센트의 정확도로 어느 커플이 헤어질지 맞출 수 있다고 해요. 갈등 상황에서 소통하는 방식을 지켜보면 알 수 있습니다. 상대의 정체성 전체를 공격하는 행위는 비난에 해당합니다. 반면 불만족스럽고 불편한 관계의 어느 한 단면에 대해 서로의 생각과 감정을 나누는 행위는 건전합니다.

　　불만 : "어제 당신 친구 집에 갔을 때, 아는 사람이 없어서 소외감을 느꼈어. 대화에 서로를 끌어들여 주고, 혼자 두지 않기로 약속했잖아."

　　비난 : "어젯밤에 당신은 친구들하고 어울리느라 날 완전히 소외시켰어. 외출하면 당신은 내 생각을 전혀 안 해. 당신은 너무 이기적이야."

인간관계에 비난이 스며들기 쉽습니다. 상대의 '결함'을 간파하고 더 나은 모습을 제안하는 것일 수도 있겠죠. 그러나 설령 좋은 뜻으로 한 말이라고 해도, 그 말로 인해 상대방은 거절당한 기분이 들고, 상처받고, 자신이 부족하다고 느낄 수도 있습니다.

제안　누군가를 비난하고 싶은 욕구를 느낄 때, 상대의 존재 자체를 공격하지 않고 당신의 기분을 표현할 방법이 있는지 생각해 보세요. 그 순간이 지나가면, 당신이 감사하고 존경하는 면에 대해서도 표현해 보세요.

10월 9일

✱ 자신의 모습을 있는 그대로 받아들인다는 것은, 완전함은 물론이고 불완전함까지 소중히 여기는 것을 뜻한다. ─샌드라 비리그

다른 사람을 대하는 방식은 종종 자신을 대하는 방식입니다. 자신에게 가혹한 사람일수록 남에게도 가혹하지요. 어제 제 모습이 꼭 그랬어요. 식물원에 도착해 안내 데스크처럼 보이는 곳에 다가갔습니다. 직원은 제 질문을 지레짐작하고는, "선생님, 입장권 구매하시려면 저쪽에서 줄 서세요"라고 말하는 거예요. 입장할 때 전자티켓을 제시해야 되냐고 물었더니, "아뇨, 입장권 구매하는 줄에 서면 도와드릴 거예요"라며 줄을 다시 가리켰습니다. 돌아서 가려는데 그녀가 제 뒤에 서 있던 사람들에게, "지체되어서 죄송합니다"라고 말하더군요. 그녀가 나를 사과해야 할 이유로 여기는 게 싫었습니다. 그런데 알고 보니 제가 '회원 전용'이라고 적힌 안내판을 못 보고 새치기를 한 것이었어요. 제대로 알아보지도 않고 그 직원을 특정한 사람들에게만 친절하게 구는 위선자라고 투덜댔습니다. 창피했어요. 사실 그 직원은 바쁘고 좀 무뚝뚝한 사람일 뿐이었습니다.

우리 모두는 매일, 심지어 오늘도, 부족한 자신의 모습을 드러내며 삽니다. 그러나 자신에게 친절할 때 그 친절이 다른 사람에게까지 퍼져 나갈 수 있어요. 인간이기에 어쩔 수 없는 자신의 부족함을, 납득할 수 있는 불완전함으로 여겨 보세요.

제안 잘못을 저질렀을 때, 스스로에게 친절하세요. 이렇게 되뇌어 보세요. "누구나 실수는 해. 너도 사람이야!" 숨을 들이마시고, 숨을 내쉬면서, 모든 경멸의 감정을 떨쳐 버리세요.

10월 10일

> **★ 자신의 진정한 자아와의 교감을 두려워할 때 인간은 거짓된 삶을 살게 된다. 고통으로부터 자신을 보호하고자 하는 예민한 자아는 진실을 왜곡하고 불쾌한 사실을 인정하기를 거부함으로써 한 인간의 정신적 정서적 성숙을 저해한다.** —K. J. 올드스터

　　요한 계시록의 네 기사는 인류의 종말을 상징합니다. 바로 질병, 전쟁, 기아, 그리고 죽음이지요. 심리학자 존 가트맨의 방대한 연구에 의하면, 관계의 종말을 예고하는 네 기사는 비난, 경멸, 비협조, 방어심리 네 가지라고 합니다.

내담자와의 관계에서 종종 방어심리가 작동하는 것을 감지하곤 합니다. 공격당하고, 비판당하고, 비난당하고, 오해받는다는 생각이 들 때, 자신의 결정과 행동을 변명하려 합니다. 문제는 그러한 전략이 별로 효과가 없다는 거예요. 상대방 입장에서는 고집스럽게 우기는 것으로 보이고, 변화를 거부하기 위한 핑계로 보이기 때문입니다. "방어적인 태도를 취하시네요"라는 말이 되돌아오고, 그 말은 종종 더 강한 방어심리와 자기합리화를 낳습니다. 이제 그만 그 악순환을 멈추고, 나와 타인을 이해하는 새로운 방법을 찾아보면 어떨까요?

제안　당신의 합리화가 어떤 기능을 하고 있는지 생각해 보세요. 실수를 인정하는 고통으로부터 스스로를 보호하기 위해서인가요? 불쾌한 진실을 회피하기 위해서인가요? 당신의 결함을 보이는 것이 두려운가요? 자아를 발견하고, 성장해 가는 과정에서 당신이 나쁜 결정을 했다면 그것이 곧 당신이 나쁜 사람이라는 의미일까요?

10월 11일

상대방이 사랑받는 존재임을 일깨워 주는 것보다 더 큰 선물은 없습니다. 사랑받는 존재라는 것은, 마지못해 어느 한 부분을 사랑한다는 의미가 아니라, 대체 불가한 존재로서 사랑받을 가치가 있다는 의미입니다. 많은 사람들이 부모로부터 깊은 사랑을 받아 본 기억이 있을 거예요. 설령 잘못을 저지르더라도 그것이 부족하다는 의미가 아님을 그들이 일깨워 주었습니다. 신앙생활을 통해서도 비슷한 경험을 할 수 있습니다. 이런 사랑은 우리의 노력에 따라 얻을 수도, 잃을 수도 있는 사랑이 아닙니다.

어떻게 하면 무조건적인 사랑을 상대방이 느낄 수 있을까요? 그 사람의 타고난 성품을 공격하는 부정적인 행동을 하지 않는 것도 한 가지 방법입니다. 그 외에도 다양한 방법들이 있어요. 작은 도움의 행동이나, 신체적 접촉, 격려를 통해서도 가능합니다. 혹은 직접 물어볼 수도 있겠지요. "당신이 충분히 사랑받을 자격이 있다는 거 알고 있어요?"

우리가 근본적으로 괜찮은 사람임을 가슴깊이 인정할 때, 이 우주의 그 무엇도 우리의 존재를 흔들 수 없음을 알 때, 우리에게 날아오는 비난에 방어심리와 공격성으로 대응할 확률이 줄어듭니다. 거절당하는 것에도 의연하게 대응할 수 있어요. 무엇보다 가장 좋은 것은 그 사랑을 다른 사람에게 나누어 줄 수 있다는 것입니다.

제안 당신이 사랑하는 사람이 그 사랑을 느끼게 하려면 어떻게 해야 할까요? 그들이 완전한 사랑 속에 편히 쉬게 할 방법을 찾아보세요.

10월 12일

* **화가 나거나, 긴장하거나, 불쾌한 기분을 느낄 날은 수없이 많다. 그러나 부정적인 감정에 휩쓸리는 것은 당신 밖의 무언가에게 당신의 행복을 좌지우지할 권한을 위임하는 것이다.** ─조엘 오스틴

지난 주말에 엠마의 생일을 축하하려고 레스토랑에 갔습니다. 하지만 설레는 마음도 잠시, 식사하는 내내 레스토랑의 형편없는 서비스에 실망했어요. 제가 원했던 생일 식사가 아니어서 점점 더 화가 났습니다. 완벽한 식사를 하고 싶었거든요. 음식이 나오기까지 예상보다 시간이 오래 걸렸고 두 번이나 음식이 잘못 나왔어요. 대수롭지 않은 일인데도 평상시보다 신경에 거슬렸어요. 심지어 엠마는 행복해 보였는데도 저는 내내 날카로웠습니다.

저의 바람과 기대에 얽매여 있었기 때문에, 사소한 일을 쓸데없이 부풀려 생각했고, 결국 엠마를 초조하게 만들고 말았습니다. 집으로 돌아오는 차 안에서 제가 방어적인 태도를 취하고 있음을 알아차렸습니다. "도무지 기본이 안 되어 있잖아." 내가 엠마에게 말했고 엠마도 동의했습니다. "하지만 그게 그렇게 화낼 일이야?" 엠마가 묻더군요. 생각해 볼 만한 질문이었습니다.

제안 오늘 만약 무언가가 당신을 화나게 한다면, 자신에게 물어보세요. 이게 과연 화낼 일인가? 물론 중요한 일이고 짚고 넘어가야 할 일일 수도 있습니다. 그러나 1년 뒤, 한 달 뒤, 일주일 뒤, 혹은 하루 뒤에는 하나도 중요하지 않은 일일 수도 있어요. 놓아 버리세요. 그리고 잘 풀리고 있는 일에 집중하세요.

10월 13일

* **마침내 감사, 수용, 용서와 함께 커다란 거울 앞에 서서 자신의 모습을 바라볼 수 있게 되는 날, 그날은 인생에서 가장 멋진 날이다.** —존 오도너휴

자신의 가장 완벽한 버전으로 살 수 있다면 참 멋지겠지요? 저의 완벽한 버전은 인내심 있고, 현재에 충실하며, 훨씬 도전적인 모습일 거예요. 그러나 완벽해진다는 것은 결코 도달할 수 없는 목표이고 스트레스와 불안감을 유발할 뿐이죠. 결국 딜레마에 부딪칩니다. 자신이 완벽하지 않다는 사실을 받아들일지, 아니면 완벽해지려고 애쓰면서 힘들어할지.

왜 스스로를 경멸하는지, 있는 그대로 조건 없이 자신을 사랑하기란 왜 그렇게 힘든 걸까요. 하지만 자신을 포용하고 감사하는 순간은 더없이 달콤하다는 것을 알고 있습니다. 우리가 진정으로 편히 쉴 수 있는 순간이지요. 호흡이 편안해지고 그 어떤 마음의 걸림도 없습니다. 그 순간, 우리는 있는 그대로의 모습이어도 괜찮습니다.

신체적인 면이건, 감정적인 면이건, 정신적인 면이건, 자신의 한 단면을 경멸할 수도 있어요. 자신의 결함을 고치는 데에만 집중한다면, 자신에게도 남에게도 좋은 모습일 수가 없습니다. 자신을 사랑하기 위해서는 세심한 노력이 필요합니다. 우리 모두가 있는 그대로의 모습을 받아들일 때, 우리가 사는 세상은 더 나은 곳이 될 거예요.

제안　오늘 자신을 조건 없이 받아들이는 연습을 해 보세요. 당신의 모든 것을 포용해 보세요. 당신의 결함과 괴벽까지도. 있는 그대로의 모습으로 사랑받아 마땅한 존재임을 기억하세요.

* **자신의 본모습으로 살아가고 그것에 만족하면 그뿐이다. 스스로에게 진실하다면, 마음 가는 대로 살게 되고, 그러다 보면 당신이 좋아하고 또 즐기는 장소나 상황이나 대화 속에 있게 된다. 만나고 싶은 사람들을 만난다. 꿈꾸었던 장소에 간다. 결국 마음 가는 대로 살았을 뿐인데 충만한 삶을 살게 되는 것이다.** —닐 파시차

삶은 진보하는 것일 뿐, 완벽을 추구하는 게 아닙니다. 완벽이라는 개념 자체가 논란의 여지가 있어요. 다만 하루하루 진실하게 살려고 노력할 수는 있겠지요.

스스로에게 정직한 자세는 엄청난 위력을 지닙니다. 자신의 불완전함을 포용하는 것은 바람직하지 않은 행동을 용인한다는 의미가 아니에요. 결함을 영원히 지니고 있으라는 의미도 아니고요. 완벽하지 않은 나여도 충분히 괜찮다는 의미입니다.

역설적이게도 자신에게 진실할 때, 자신의 실수와 결함을 포용할 때, 자유로워집니다. 우리에게 주어진 매 순간은 새로운 것을 시도할 기회가 됩니다. 새로운 것을 시도하는 자신의 모습을 알아차림으로써, 스스로를 다른 각도에서 바라보게 될지도 모릅니다.

제안 인정하고 싶지 않은 당신의 한 단면을 생각해 보세요. 판단하지 말고 있는 그대로 바라보세요. 이러한 '결함'과 반대되는 측면을 보여 줄 기회를 찾아 보세요. 위축될 필요가 없다는 사실을 깨닫는 순간 힘이 나는 것을 느껴보세요. 당신은 자유롭습니다. 당신은 강합니다. 당신은 당신입니다.

10월 15일

* **인내는 승리의 덕목이다.** —제프리 초서

바쁜 일상 속에서 인내심을 시험하는 상황이 자주 발생합니다. 빨간불 신호가 바뀌기를 기다려야 하고, 시키는 일을 바로 하지 않는 아이를 기다려야 하고, 이미 알고 있는 사실을 장황하게 설명하는 사람을 기다려야 하고, 정해진 시간을 한참 넘기도록 끝나지 않는 회의를 견뎌야 합니다. "왜 이렇게 오래 걸려!" 하는 생각이 불쑥불쑥 떠오르죠.

시간이 지체되는 것이 왜 이토록 공포에 가까운 감정을 불러일으킬까요? 아이가 차에 탈 때 꾸물거려 봐야 30초 정도가 더 소요될 뿐인데, 왜 그 시간이 영원처럼 길게 느껴질까요? 아마도 지상에 머무는 시간이 한정되어 있고 단 한순간도 낭비하고 싶지 않다는 생각 때문이겠지요. 한참 전에 도착했어야 하는데, 아까 그 파란불에 지나갔어야 하는데, 이미 출발해서 가고 있어야 하는데, 일이 더 신속하게 진행되어야 하는데, 라고요.

어떻게 '되었어야' 한다는 생각이 현실 판단의 기준이 되면, 시간은 우리의 적이 됩니다. 일찍 출발하려 했던 나의 환상은 실현되었나? 이 사람은 내가 원하는 대로 움직여 주었나? 온 우주가 내 뜻대로 움직여 주지 않는다는 생각이 들면 결코 마음의 평화를 얻을 수 없어요. 시간과 친구가 되면, 나와 남에게 조금 더 다정할 수 있습니다.

제안 오늘 인내심이 시험당할 때 오히려 인내심을 발휘해 보세요. 심호흡을 하며 주어진 상황을 파악하고, 이랬어야 하는데, 저랬어야 하는데, 같은 조급한 마음을 놓아 보세요. 불필요한 부담과 긴장을 떨쳐 버리세요.

10월 16일

*　**인내는 미덕, 미덕은 은총, 은총Grace은 어린 소녀,[◇] 소녀는 세수를 하지 않는다.** ─딕 킹스미스

　　마땅히 그래야 한다고 생각하는데 그렇지 못할 때, 우리는 초조해집니다. 더 친절해야 하는데, 더 사랑을 베풀어야 하는데, 더 생산적이어야 하는데, 체중을 줄이고 운동을 하고 술을 덜 마셔야 하는데.

"그래야 한다"에 집중하는 것을 멈추면 어떻게 될까요? 우리는 퉁명스럽고, 게으르고, 거만하고, 뚱뚱한 사람이 될까 봐 두려워합니다. 여러분은 어떤지 모르겠지만 이 글을 쓰면서 생각해 보니, 우리 모두 스스로에게 너무 가혹한 것 같습니다.

어쩌면 행복하고, 만족하고, 충만한 삶을 살기엔 내가 어딘가 부족하다는 생각이 바탕에 깔려 있는 건 아닐까요? 완벽한 상상 속의 자아를, 혹은 실제로 존재하지 않는 완벽한 순간을 좇고 있는 건 아닐까요?

제안　무언가가, 혹은 누군가가, 지금과 다른 상태여야 한다는 생각이 들 때 알아차려 보세요. 현실을 부정하지 말고 환영해 보세요. 자신과 싸우지 말고 포용해 보세요.

◇　은총이라는 의미의 '그레이스Grace'가 여자아이의 이름으로도 쓰이는 것에 착안하여 장난스럽게 표현한 것.

311

10월 17일

---

* **무슨 일을 하느냐는 당신의 선택이고, 그 선택의 폭은 당신의 마음의 폭에 비례한다.** —에인 랜드

일을 마치고 목록에서 완료한 일을 지울 때, 참 뿌듯하지요. 그러나 할 일은 끝도 없고 시간은 한정되어 있고, 해도 해도 끝이 없다는 생각이 들기도 합니다. 끊임없이 다음 할 일을 생각하다 보면 휴식을 취하는 시간은 사치처럼 느껴집니다.

일의 파도에 휩쓸릴 때일수록 세심하게 하루를 설계해야 합니다. 주어진 시간에 할 수 있는 일의 양을 미리 정해 놓으면, 목표를 달성했을 때 조금 더 만족감을 느낄 수 있겠지요. 야심 찬 계획을 세워서 혹여 목표를 달성하지 못했다면, 계획을 수정하면 됩니다.

이런 방식으로 접근한다면 마음가짐이 "오늘 하루 얼마나 많이 해낼 수 있을까?"에서 "주어진 시간을 잘 활용해 보자"로 바뀝니다. 해야 할 일의 목록을 만드는 것이 첫 단계이고, 그다음엔 그 일을 할 시간을 일정표에 할당하면 됩니다.

삶의 어느 시기이건, 훗날 되돌아보면서 그 시간을 잘 보냈다고 느낄 수 있기를 바랍니다. 주어진 시간을 잘 활용했다는 생각이 들면, 잠시 휴식을 취하는 것도 좋습니다. 생산적이기를 멈추고 잠시 그저 존재해 보세요.

제안 오늘 해내고 싶은 일들을 적어 보세요. 일정표에 시간을 할당하세요. 하루 만에 해낼 수 없는 일이라는 생각이 든다면 몇 가지는 나중으로 미뤄 보세요. 오늘 한 일을 돌아보면서 저녁시간에 스스로에게 휴식을 허락하세요.

10월 18일

* '멀티태스킹'이라는 것은 사실 '멀티스위칭'이다. 주의를 한곳에서 다른 곳으로 빠르게 전환하는 것, 그것은 뇌가 아주 잘하는 일이다. 여러 일을 동시에 함으로써 더 생산적이라고 생각하고 바쁘게 움직인다. 그러나 사실 자신에게 추가로 일을 더 주는 것일 뿐이다. —마이클 해리스

인생에서 처음으로, 저의 사업체를 꾸리게 되었습니다. 할 일이 끝도 없었어요. 영업과 회계, 브랜딩, 마케팅에 이르기까지, 아는 게 하나도 없었던 제가 사업의 다양한 면면들을 배우고 있습니다. 아직도 할 일이 너무 많아서 주눅이 들어요.

우리는 이 일 저 일 왔다 갔다 하면서 해야 할 일들을 걱정합니다. 미래를 내다보면서 앞으로 해야 할 일을 생각하거나, 과거를 돌아보면서 미처 하지 못한 일들을 후회하지요. 그러나 우리에겐 지금 이 순간만이 있을 뿐입니다. 그게 전부예요. 지금 이 순간에 머물러 보세요. 이 배 저 배 갈아탈 수도 있겠지만 지금 탄 배를 타고 앞으로 나아갈 수도 있어요. 선택은 우리의 몫입니다.

제안 오늘 해야 할 일이 너무 많아서 주눅이 들거나 '멀티스위칭'을 하고 있다는 생각이 들 때, 잠시 멈추어 보세요. 한 가지 일을 선택하고 그 일에만 집중하세요. 속담에도 있듯이, 두 마리 토끼를 잡으려다 결국 둘 다 놓칩니다.

10월 19일

* **무엇이 될지 결정하고 그것이 되어라.** —에이빗 브라더스

우리는 종종 진정 하고 싶은 일을 하지 않고 참습니다. 변화를 이루고 싶고, 열정을 좇고 싶고, 새로운 것을 시작하기를 원하면서도 실제로는 하지 않아요. 그리고 할 수 없는 이유들을 찾지요. 사실 우리가 주저하는 것은 두려움 때문입니다. "최선을 다했는데 실패하면, 그땐 어떻게 해?" 그 반대의 상황을 걱정하기도 합니다. "혹시 성공하면 어쩌지?" 변화는 결코 편안하지 않습니다. 변화에 성공한다고 해도, 새로운 요구와 기대와 해결해야 할 문제들이 있기 때문이지요. 결국 나중에 하면 된다고 스스로를 설득하고 그렇게 몇 주가 몇 달이 되고 몇 년이 됩니다. 때로는 평생이 지나도록 꿈은 여전히 선반 위에 그대로 놓여 있어요.

개인 진료실을 개업하면서 많은 두려움과 불확실성이 있었습니다. 누군가 방문해 주긴 할까? 개업비용을 회수하고 생활비를 댈 수 있을까? 요란하게 시작했는데 아무 성과도 내지 못하고 우스운 꼴이 될까 봐 두려웠습니다.

꿈을 향해 과감히 첫발을 내디뎌 보는 것도 좋습니다. 하고자 하는 일이 무엇인지 선언하는 것이 그 시작이겠지요. 일단 해 보기로 마음먹는 것이 가장 중요합니다. 일단 시작하고 나면 우리 앞을 가로막는 장애물을 제거할 방법은 찾을 수 있으니까요.

제안 그동안 해 보고 싶었지만 하지 못한 일이 무엇인지 생각해 보세요. 무엇이 당신을 가로막고 있나요? 그 꿈을 이루기 위해 오늘 당신이 내디딜 수 있는 작은 한 걸음은 무엇인가요?

10월 20일

* **새로운 목표를 정하고 새로운 꿈을 꾸기에 너무 늦은 나이란 없다.**

　—레스 브라운

　　꿈은 신비하고 매혹적입니다. 꿈은 현실 밖 어딘가에 존재하지요. 미래를 꿈꾸다 보면 가슴이 설레고 숨통이 트여요. 꿈속에서는 무엇이든 가능합니다. 꿈의 최종결과는 무척 선명한 반면, 그 꿈을 실현하기까지의 고된 노력은 덜 선명하지요. 언젠가 유명한 가수가 되고 싶다는 생생한 꿈 뒤에는, 노래를 하고 기타를 치고 곡을 쓰는 일이 동반되어야 합니다. 꿈을 향해 한발 앞으로 내딛지 않으면, 꿈은 꿈에 머물 뿐이에요. 막상 꿈을 위해 해야 할 일을 생각해 보면, 꿈이 덜 매혹적으로 보일 수도 있어요. 꿈을 향한 미련을 버리게 될 수도 있겠지요. 꿈의 실체를 보게 될 수도 있고요. 때로는 자신의 꿈을 냉정하게 바라볼 필요가 있습니다. 어쩌면 정말 이루고 싶은 다른 꿈이 있을지도 몰라요. 그 꿈을 이루기 위해 무얼 해야 하는지는 일일이 다 알지 못해도, 그 과정을 즐길 수 있고 열심히 노력할 수 있는 그런 꿈 말이에요. 그러면 우린 좋아하는 일을 하면서 살게 되겠지요. 비로소 꿈꾸던 삶을 살게 되겠지요.

제안　꿈이나 야망이 있다면 스스로에게 물어보세요.

　1. 내가 정말 이루고 싶은 일인가?

　2. 성공한다는 보장이 없어도 밤낮으로 매진하고 싶은 일인가?

　3. 꿈을 향한 여정이 나에게 기쁨을 줄 것인가?

　그 대답이 "예스!"라면, 그 꿈은 좇을 만한 가치가 있는 것이겠지요. 새로운 꿈을 갖기에 너무 늦은 때란 없습니다.

* **매일 당신의 몸에 헌신적인 사랑을 주어라. 샤워할 때, 목욕할 때, 사랑을 가득 담아, 예를 갖추어 감사와 존경으로 대하라. 음식을 먹을 때 한 입을 먹고, 눈을 감고, 음식을 즐겨라. 음식은 몸에 대한 공양이며, 신이 머무는 사원에 대한 공양이다.** ─돈 미겔 루이스

자신을 사랑하는 일이 얼마나 중요한지 머리로는 알고 있지만, 그 사랑을 어떻게 실천해야 할지 막막할 때가 있습니다. 그럴 때 비교적 단순한, 자신의 몸을 사랑하는 일이 좋은 출발점이 될 수 있어요.

최근에 거의 90킬로그램(내 체중보다 더 나가는 무게)을 감량한 친구를 만났습니다. 몇 년 만의 만남이었는데, 문을 열고 들어오는 그녀를 못 알아보았어요. 건강을 찾기 위한 그녀의 눈물겨운 과정을 듣게 되었습니다. 여러 차례 감량과 원상복귀의 과정을 겪었더군요.

그녀는 '즐거움을 위한 식사'를 시작했습니다. 삶을 빼앗아 가는 음식이 아닌, 생명으로 가득 찬 음식을 선택하는 것이었어요. 자기 몸의 훌륭한 보호자가 되고 싶어 하는 그녀의 소망을 느낄 수 있었습니다. 지금 저는 그 어느 때보다도 몸에 고마움을 느끼고 있고 제 몸을 소중히 여기고 싶습니다. 자신의 몸을 돌보는 것은 자신에 대한 사랑의 기본입니다. 육체적으로 건강할수록 우리에게 소중한 모든 일을 더 잘 해낼 수 있습니다.

제안 오늘은 당신의 몸에 어떤 애정 어린 보살핌을 주고 싶은가요? 몸이 당신에게 감사할 만한 일들 중 무엇을 주고 싶은가요? 당신의 몸에 존경을 표하세요. 그 몸이 당신 안의 등불을 밝혀 줍니다.

10월 22일

* **그러나 성령의 열매는 사랑과 기쁨과 평화와 인내와 친절과 선함과 신실과 온유와 절제입니다. 이런 것들을 금할 법은 없습니다.** —갈라디아서 5장 22절-23절

임상심리학 연수 시절 저의 첫 지도교수님은 현장에서 수십 년 경력을 쌓은 뛰어난 임상심리학자였습니다. 그는 내담자가 말하는 내면의 목소리에서 감정적 어조를 파악하라고 조언했어요. 그 목소리가 냉혹한지, 다정한지, 운율이 있는지, 비난조인지, 친절한지, 무자비한지, 혹은 격려하는지 파악하라고요. 말의 내용만큼이나 말의 방식도 중요하다고 가르쳤지요.

마찬가지로 어떤 행동의 방식은 그 행동 자체만큼이나 중요합니다. 영양가 있는 음식들을 먹더라도, 먹는 순간 분노로 가득 차 있다면 음식의 이로움은 사라집니다. 교외에 나가 산책을 하더라도 배우자와 말다툼을 한다면, 산책의 아름다움은 온데간데없지요. 일을 접고 휴식을 취하면서 자신을 게으르다고 비난한다면 재충전의 시간은 소멸됩니다. 같은 일이라도 그 일을 하는 방식은 다양합니다. 움직이고, 마시고, 심지어 잠들 때에도 어떤 마음을 갖느냐가 중요합니다.

제안 일하는 방식을 알아차려 보세요. 식사할 때도 좋고, 운전할 때도 좋고, 책을 읽을 때, 말을 할 때, 음식을 만들 때도 좋습니다. 당신이 하는 일에 어떤 감정을 담고 싶은가요? 연민, 친절, 사랑, 인내, 배려, 다정함, 공감? 마음이 끌리는 감정을 선택하고 지금 이 순간 그 감정을 담아 보세요.

10월 23일

* **행복과 불행은 우리가 처한 상황보다 자신의 성격에 달려 있다.** —마사 워
싱턴

때로 우리는 다른 선택을 할 수도 있다는 사실조차 의식하지 못한
채, 아무렇지도 않게 행복의 기회를 흘려버립니다.

얼마 전 아내와의 저녁식사에서 그 사실을 다시 한번 느꼈습니다. 샐러드
는 밭에서 바로 따왔는지 흙이 들어 있더군요. 음식을 도로 가져가게 하
고, 메인 요리가 나오기까지 한 시간 넘게 기다리면서 기분이 상했습니다.
"3년 만에 제대로 된 첫 외식인데 이 사람들이 다 망치고 있네"라고 쓸쓸
하게 생각했어요.

다행히 나의 기분이 레스토랑의 처분에 달려 있지 않다는 사실을 이내 깨
달았습니다. 샐러드에서 흙이 나오고 평상시보다 오래 음식을 기다렸다
고 해서 세상이 끝나는 건 아니잖아요. 더구나 정말 배고픈 사람이라면
흙 묻은 샐러드도 개의치 않을 거예요. 아내와 단둘이, 누구의 방해도 받
지 않고 대화를 나눌 수 있어서 좋았습니다. 그 사실을 깨닫지 못했다면,
모처럼 외식을 즐기러 나갔는데 레스토랑이 내 저녁을 망쳤다고 생각했겠
지요. 그러나 그날 집으로 돌아오는 길에 오늘 먹은 음식을 불평하는 대신
아내와 깊은 대화를 나누었어요.

사람들이나 환경이 우리를 화나게 할 때에도, 회복탄력성을 발휘하여 일
상의 걸림돌들을 가뿐히 넘어갈 수 있습니다.

제안 오늘 어떤 하루를 보내고 싶은가요? 상황이 당신 뜻대로 풀리지 않을 때
어떤 태도로 임할 것인지 생각해 보세요.

* **모든 육체적 아름다움보다 내면의 아름다움 즉, 담대한 마음과 열린 마음과 환상적인 비장을 갖는 것이 더 중요하다.** —엘런 디제너러스

사람들은 자신의 육체와 각기 다른 관계를 유지하고 있습니다. 어떤 부분은 좋아하고 어떤 부분은 덜 좋아하고 또 어떤 부분은 싫어하지요. 서양에서는 육체적 아름다움을 찬양하고 외모를 '개선'하는 사업 규모가 어마어마합니다. 그 속에 담긴 서글픈 메시지는, 지금 이대로는 충분치 않다는 것, 지금 모습으로는 부족하고 자격미달이라는 것입니다.

행복한 삶을 살아가기 위해 문화적, 사회적 압력을 의식할 수 있어야 해요. 우리를 공격하는 메시지들을 알아차려야만 지금껏 차곡차곡 내면화한 자신의 믿음들을 인지할 수 있겠지요. 외적인 모습에 비현실적인 기대가 있는지, 있는 그대로의 모습을 비하하고 있진 않은지 생각해 보세요. 그 깨달음과 함께 스스로에게 사랑, 연민, 용서, 수용을 조금 더 보여 주세요. 삶에서 가장 소중한 가치가 무엇인지 생각해 보고 그 가치를 올바른 길로 안내하세요.

제안 당신의 몸에 불만족스러운 부분이 있을 수도 있어요. 오늘은 그 부분에 약간의 사랑과 친절을 베풀어 보세요. 마음이 거친 말을 내뱉는 순간, 칭찬의 말을 건넬 순 없는지 생각해 보세요. 외모 때문에 기분이 울적해질 때면, 당신의 삶에서 가장 소중한 가치가 무엇인지 생각해 보세요. 그 가치를 되새기고 행동과 감정에도 적용해 보세요.

10월 25일

*   심장이 당신을 행복으로 이끌 때, 결단을 내리고 그 결단을 고수하라.

—돈 미겔 루이스

언젠가 친구가 이런 말을 하더군요. "불행하기는 쉬워. 행복한 게 힘들지." 부정적인 생각의 틀 안으로 미끄러지듯 빨려 들어가곤 합니다. 긍정적인 것에 집중하면 훨씬 더 큰 기쁨을 얻을 수 있는 데도요. 마음은 항상 문제에 집중하도록 설계되어 있는 것 같습니다. 내 마음에 안 드는 게 뭐가 있지? 무얼 개선할 수 있을까? 나의 부족한 점이 뭐지? 그 과정에서 우리의 행복은 창밖으로 날아가 버립니다.

아래로 꺼지는 것 같은 기분이 들 때, "이러고 있으니 기분이 영 별로네. 다시 기분이 좋아져야겠어"라고 생각해 볼 수는 없을까요? 뜨거운 난로에 손이 닿으면 반사적으로 손을 거두게 되는데, 감정에 대해서는 왜 그러지 않을까요? 때로 우리는 뜨거운 감정의 난로를 찾으려 노력하고, 일부러 그 난로에 손을 댑니다. 고통스러워하면서도 계속 손을 대고 있지요. 그러다 비로소 정신을 차리고 뒤늦게 감정을 진지하게 바라봅니다.

지금껏 우리가 수도 없이 행복을 포기했다고 해도, 이제는 다른 선택을 할수 있어요. 미소를 지어 볼 수도 있고, 느린 호흡을 통해 마음을 정화해 볼수도 있습니다. 사고를 왜곡하는 부정적인 필터를 제거할 수 있고, 우리를 행복하게 하는 일들을 해 볼 수도 있습니다. 우리를 황폐하게 하는 일을 중단할 수도 있습니다. 마음의 평화를 지키기로 미리 결정할 수 있습니다.

제안   오늘 당신의 마음이 불만으로 가득 찰 때, 마음을 다시 행복으로 되돌릴 수
있는 일을 해 보세요. 행복해지는 일을 해 보세요.

10월 26일

* **행복은 저절로 찾아오지 않는다. 우리가 매 순간 끊임없이 행복을 선택해야만 한다.** ─헨리 나우웬

지난 주말 결혼식이 있었습니다. 모르는 사람들과 한 테이블에 앉게 되었는데 제가 너무 비사교적인 사람처럼 느껴졌어요. 저녁 내내 고독한 신사로 혼자 보낼 수도 있었습니다. 그러나 내 왼쪽 편의 여자와 오른쪽 편의 남자에게 관심을 돌려 그들이 어떤 사람인지 알아갈 수도 있었지요. 호기심을 갖고, 공통의 관심사를 찾아보고, 재미있는 차이를 발견할 수도 있었어요. 저는 후자를 선택했고 모처럼 즐거운 시간을 보냈습니다. 그 모든 것이 내가 선택할 수 있다는 깨달음에서 시작되었습니다. 저는 행복을 선택했습니다.

삶의 방식을 선택하는 것은 우리의 책임입니다. 무엇에 집중할지 결정하는 것도 우리의 책임입니다. 이 책임을 어떻게 받아들일 것인지도 우리의 책임입니다. 목에 걸린 족쇄로 여길 수도 있고, 완전한 자유로 여길 수도 있습니다.

제안 새로운 상황에 처할 때마다 이 순간을 어떻게 받아들일지 선택할 수 있다는 걸 기억하세요. 당신에게 가장 자연스럽고 진실한 방법으로, 행복을 선택하세요!

10월 27일

✳ **어두운 무덤 관 속에 누워 있지 않다면 누구나 충분히 가진 것이다.**

　　—월트 휘트먼

　　우리는 종종 스스로를 한 단계 낮추어 봅니다. 목표를 달성했는지 여부에 따라 자신의 가치를 매기지요. 이 직장에 취직하면 난 괜찮은 사람일 거야, 체중을 감량하면 예뻐질 거야. 무의식중에 끊임없이 스스로를 부족하다고 여기고, 분발해야 한다는 괴로움을 느낍니다.

저도 출근길에 비슷한 생각에 빠질 때가 있습니다. "전부 다 해낼 수 있을까?", "잘 할 수 있을까?" 그런 의심의 이면에는 "내가 괜찮은 사람이 아니면 어쩌지?"라는 두려움이 자리 잡고 있었습니다. 애초에 출발점에서 뒤처져 있다고 여기고 어떻게든 출발점에라도 가보겠다는 조바심이 들었죠. 내가 부족하다는 생각에서 비롯된 바람직하지 않은 사고방식입니다.

지금 이대로도 우리는 이미 훌륭합니다. 우리의 가치는 우리가 성취한 것에 달려 있지 않아요. 매일은 통과하거나 낙오되는 시험이 아니라, 살아내야 하는 모험입니다. 불필요한 자기비판을 멈추세요. 부족하다는 생각에서 오는 부정적인 감정의 무게를 떨쳐 버릴 때, 삶의 시련에 맞서기가 훨씬 더 쉬워집니다.

제안　자신이 기대에 부응하지 못한다는 생각이 들 때 알아차리세요. 이대로도 이미 충분하다고 스스로에게 일깨우세요. 당신에게 필요한 것을 당신은 이미 전부 다 가지고 있어요. 앞으로 당신이 성취하는 것들은 전부 다 덤입니다.

10월 28일

* **우리는 유한한 실망을 받아들여야 한다. 그러나 무한한 희망을 잃어선 안 된다.** ─마틴 루터 킹

친척 중 한 명이 중환자실에 입원했다는 소식을 듣고 엠마와 나는 몹시 충격을 받았습니다. 의사는 앞으로 스물네 시간 내로 최악의 상황에 대비하라고 말했습니다. 친척을 만나러 갔을 때 그는 호흡기에 의존하고 있는 상황에서도 놀라울 정도로 편안해 보였습니다.

불과 일주일 전에 만났을 때만 해도 건강해 보였고, 평상시처럼 농담을 나눴기 때문에 엠마는 더 괴로워했어요. 이런 일이 닥치면 선뜻 받아들이기 힘들지요. 과연 있을 수 있는 일인가 싶고요.

절망스러운 상황일수록 희망을 지니는 것이 얼마나 중요한지 생각하게 됩니다. 현실을 받아들이면서도 여전히 희망을 가질 수 있어요. 희망은 우리를 보호하고 또 위로합니다. 희망은 고통의 불길에 물을 끼얹습니다. 희망은 우리 곁을 지키고 필요한 방식으로 돕습니다. 희망이 우리의 하루를 구원합니다.

제안 오늘 작은 희망의 불씨를 지피세요. 다 괜찮을 거라 믿고 마음을 열어 보세요. 어쩌면 바로 그 희망 덕분에 당신은 오늘 하루를 견딜 수 있을 거예요. 그리고 당신 자신과 다른 사람들을 위해 선한 행동을 취할 수 있을 거예요.

10월 29일

✳   **친절하라. 당신이 만나는 모든 이들이 제각기 힘겨운 전투를 치르고 있다.**
　—플라톤 추정

고통을 겪을 때, 문득 혼자라는 생각이 드는 순간이 있습니다. 행복하지 않을 때 우리의 시선은 깊은 내면으로 향하는 경향이 있어요. 오직 나만이 고통을 겪고 있다는 생각이 들기 시작합니다.

그러나 매 순간 수많은 사람들이 고통을 겪고 있습니다. 고개를 돌려 보세요. 기말시험을 앞둔 학생들, 출근 시간에 늦지 않으려는 직장인들.

어제 테니스 수업 시간에 피곤하고 의욕이 없었습니다. 다리가 무거웠고, 마음이 편치 않았어요. 한 시간을 어떻게 버티나 걱정이 되더군요. 어느 순간 옆자리에 앉은 사람도 나만큼이 힘들어하고 있다는 걸 알게 되었어요. 사실 그 수업에 참석한 모두가 힘들어 보였어요. 그들이 힘들어하는 것이 나의 기쁨이 되는 건 아니지만, 조금 기운이 났습니다.

단지 살아 있다는 이유만으로, 모두 저마다의 전투를 치르고 있습니다. 무례한 계산원도, 커다란 차로 앞에 끼어드는 재수 없는 운전자도, 배려심이 부족한 직장 동료도 내가 알지 못하는 전투를 치르고 있어요. 힘겨운 싸움을 하고 있는 사람들이 곁에 있다는 것만으로도 큰 위안이 됩니다.

제안　오늘 다른 사람들의 고통에 마음을 열어 보세요. 누군가에게 적대감이 든다면, 그 사람의 삶도 기쁨과 고통, 희망과 절망으로 이루어져 있음을 기억하세요. 우리 모두를 관통하는 고통 속에서 그 사람과 교감할 수 있을지도 모릅니다.

* **아마도 가장 위대한 자비는 우리가 서로에게 친절할 때, 다른 사람을 비난하거나 분류하지 않을 때, 서로를 좋은 쪽으로 생각하고 잠자코 있을 때 일어나는 것 같다. 자비심이란 서로에게 최선을 기대하는 것이다.**

—마빈 J. 애슈턴

어제 친구들이 집으로 놀러왔습니다. 한 커플이 제가 생각하기에 편견인 것 같은 이야기를 하더군요. 그 말이 영 신경에 거슬려서, 저는 결국 참지 못하고 다른 사람 얘기를 그렇게 함부로 해선 안 된다고 말하고 말았습니다. 차별받는 사람의 입장을 대변하고 싶었어요. 그들에게는 저의 감정적인 태도가 도덕적 우월감으로 비쳐진 모양입니다. 그때까지 화기애애했던 분위기에 찬물을 끼얹은 격이 되었지요.

해야 할 말이었다고는 생각하지만, 설교하는 듯한 말투는 조금 조절할 수 있었다는 생각이 듭니다. 저 역시 그 커플이 한 말로 그들을 판단했다는 생각이 들었어요. 그들의 일부를 보고 전체를 판단했습니다. 그들이 나와 똑같은 행동을 했다는 이유로 속으로 경멸하면서요.

한 사람이 어떤 태도를 취하는 데는 다양한 요인이 있음을 이해한다면, 하나의 의견, 하나의 평가, 하나의 이야기로 한 사람을 정의할 수는 없다는 사실을 이해한다면, 함부로 판단하려는 생각과 감정을 내려놓을 수 있습니다. 다른 사람을 한번 믿어 주면 어떨까요. 주어진 상황에 최선을 다하는, 복잡한 인간으로 바라보면 어떨까요.

제안 당신 자신을, 그리고 다른 사람들을 믿어 주세요. 당신이 믿어 줄 때 어떤 변화가 있는지 보세요.

10월 31일

＊　**용서는 의지의 행동이고, 의지는 마음의 온도와 상관없이 발휘할 수 있다.**
　　—코리 텐 붐

　　사람들은 우리에게 크고 작은 상처를 줍니다. 운전자들은 난폭하고, 상사는 부당하게 대우하고, 배우자는 퉁명스럽지요. 그럴 땐 용서해야 한다고 하지만, 용서는 결코 간단치가 않습니다. 어떻게 하면 억울한 마음, 부당함, 복수하고 싶은 마음을 떨쳐 버릴 수 있을까요?

저의 경우에는 '하지만'의 유혹을 떨쳐 내지 않고는 용서에 이를 수 없었습니다. "하지만 나한테 상처를 주었는걸.", "하지만 그가 틀렸어.", "하지만 이렇게 넘어갈 순 없잖아.", "하지만 용서하고 싶지 않아."

의사결정을 연구하는 심리학자들은 '소유 효과'를 이렇게 설명합니다. 우리가 무언가를 소유하게 되면 그것이 더 가치 있어진다는 것이지요. 예를 들어 3달러를 주고 기꺼이 살 의향이 있는 머그컵을, 누군가가 공짜로 주었다면, 7달러 이하로는 절대 그 컵을 팔 수 없다고 합니다. 용서도 그렇지 않을까요? 도저히 용서할 수 없을 때에는, 용서하고 난 뒤의 기분을 폄하합니다. 그러나 지금까지 저는 용서했던 일을 후회한 적이 한 번도 없었어요. 용서는 불필요한 짐을 내려놓는 것과 같습니다. 무시, 모욕, 부당한 처사, 그 외의 다른 상처들을 내려놓고 나면, 우리는 전혀 다른 사람이 됩니다. 비로소 용서의 가치를 알게 됩니다.

제안　오늘 당신이 놓아 버릴 것이 있나요? 오랫동안 품고 있던 상처일 수도 있고 최근에 일어난 시시한 일일 수도 있습니다. 다른 사람을 용서하는 것은 자신의 결함도 용서하는 것임을 기억하세요.

✧

"우리가 할 일은 세상과 함께 흘러가면서,
매 순간의 기쁨, 아름다움, 의미를 찾는 것뿐이겠지요."

11월

11월 1일

* **삶이 시작되는 바로 그 순간, 누군가 우리에게 말해 주어야 한다. 우리가 죽어 간다는 것을. 그러면 우리는 매일 매 순간, 삶을 최대한 누릴 수 있을 것이다. 하라! 나는 말한다. 당신이 하고자 하는 일이 무엇이건, 지금 하라. 내일은 늘 있는 것이 아니다.** —교황 바오로6세

오늘 생일, 기념일, 혹은 특별한 날을 맞이한 모두에게 진심 어린 축하 인사를 보내고 싶습니다. 실은 오늘이 제 생일이거든요!

우리는 가장 좋아하는 일을 특별한 날을 위해 아껴 두곤 합니다. 저는 사우나에 가면 몸도 마음도 편안해지지만 잘 가지 않아요. 영화를 보러 가는 것도 좋아하지만 특별한 기념일에만 가곤 합니다. 누구에게나 그런 일들이 있을 거예요. 좋아하지만 자주 하지 않는 일.

우리에게 주어진 것은 오직 이 순간뿐입니다. 매일이 하루뿐이고 다른 모든 날들처럼 오늘도 특별합니다. 그런데도 우리는 특정한 날에 상징을 부여하고, 특별한 날이라고 표시합니다. 기억하고 축하하는 것은 멋진 일입니다. 하지만 혹시 '즐길 만한 가치가 있는' 날을 따로 정해 놓고 삶의 일부를 보류하고 있진 않나요? 그래서 오늘 하루를 충만하게 살지 못하는 건 아닐까요? 오늘을 위해 가장 좋은 것을 아껴 두지 마세요.

제안 특별한 날이건 아니건, 오늘을 축하할 이유를 찾아보세요. 이유를 찾을 수 없다면, 가장 좋아하는 옷을 입어 보세요. 가장 좋아하는 음식을 즐겨 보세요. 특별한 날을 위해 평소에 아껴 두었던 일들을 해 보세요. 오늘도 충분히 특별한 날입니다.

11월 2일

* **항상 사진을 찍어 두어야 한다. 카메라가 없다면 마음으로라도. 의도적으로 포착한 기억은 저절로 떠오르는 기억보다 언제나 더 선명하다.** ─아이작 마리온

    프레임 안에 들어가는 순간, 경험은 더 선명해집니다. 창문을 통해 보이는 풍경이 더 근사하게 보이는 것처럼 말이에요. 사진이나 비디오도 일종의 프레임이라고 볼 수 있어요. 아이들 사진을 볼 때면, 가장 평범한 순간조차도 마법처럼 느껴지곤 합니다. 소소한 것들도 의미심장하게 느껴지고요.

이야기의 프레임도 똑같은 효과가 있어요. 얼마 전 브런치를 마치고 아내와 얘기를 나누면서 새들이 새 모이통에 드나드는 광경을 보았습니다. 훗날 아내와 마주 앉아 새들을 바라보았던 오늘을 돌이켜 보면 어떤 기분일지 생각해 보았습니다. 마르시아와 식탁에 앉아서 방울새가 새 모이통에 담긴 모이를 먹는 모습을 지켜보곤 했지…. 이야기가 되는 순간, 특별할 것 없는 순간이 애틋하게 느껴집니다.

삶의 모든 일들을 프레임 속에 넣을 수 있어요. 아이를 데리고 놀이터에 가는 일도, 일요일 아침식사를 만드는 일도 그렇습니다. 어떤 경험이건, 과거 시제로 놓고 보면 영원히 지속되지 않을 그 순간이 애틋하게 느껴집니다.

제안 당신이 사랑하는 사람과 함께 하는 일들, 혹은 당신 혼자서 하는 평범한 일들을 먼 훗날 떠올리는 상상을 해 보세요. 그 일에 대한 당신의 감정이 어떻게 달라지는지 알아차려 보세요.

11월 3일

* **내가 보기에 사람들은 다 이상하다. 개인의 특성은 창피해하거나 수치스러워할 일이 아니라 축하할 일이다.** ─조니 뎁

　　몇 해 전 크리스마스에, 동생이 제안을 했습니다. 영화 대신 아버지의 캠코더를 틀어 보자고요. 우리가 어렸을 때 아버지는 거의 모든 집안 행사를 촬영했어요. 학교 발표회, 생일 파티, 운동회, 휴가 등등.

낡은 캠코더를 TV에 연결하는 방법을 알아낸 다음, 말레이시아에서 보낸 가족 휴가 영상을 보았습니다. 기억이 나지 않는 어렸을 적 순간들을 보게 되다니 설레더군요. 그러다 어느 순간 뒤를 돌아보았더니, 아버지가 옛날 비디오를 보고 있는 우리를 촬영하고 있었어요. "아버지, 왜 비디오를 보는 우릴 촬영하세요?" 내가 물었습니다. "이 순간을 간직하고 싶어서." 아버지가 대답했습니다. 아버지는 캠코더로 TV 화면을 찍기 시작했습니다. 비디오를 비디오에 담는 것이었어요. 나는 웃음을 터뜨렸습니다.

예전엔 모든 순간을 카메라에 담고 싶어 하는 아버지가 귀찮기도 했어요. 그러나 지금 생각해 보면 그게 아버지의 자상한 면모라는 생각이 들어요. 완벽한 순간을 '포착'하려 할 때, 때로는 그 순간을 방해할 정도로 심각해지는 아버지의 모습이 참 보기 좋습니다. 누구에게나 그 사람을 그 사람이게 하는 독특한 면이 있어요. 언젠가 그들이 우리 곁을 떠날 때, 아마도 우리는 그 독특한 면을 가장 많이 기억하게 되겠지요.

제안　주변 사람들의 독특한 면을 알아차려 보세요. 그들을 특별하게 하는 독특한 면에 감사하고 그것을 즐기세요.

11월 4일

*   **자기기만은 환상의 세계를 창조 혹은 재창조하려 애쓰는 것이다. 자기기만의 반대는 삶의 엄연한 진실과 대면하는 것이다.** —초걈 트룽파

왜 어떤 물건은 도무지 개봉할 수가 없는 걸까요? 왜 베이킹 시트를 넣어 놓은 캐비닛은 그렇게 잡동사니로 꽉 차 있어서 시트를 꺼낼 수도 집어넣을 수도 없는 것일까요? 왜 하필 가장 좋아하는 바지와 셔츠를 입은 날 옷에 음식을 흘리는 걸까요?

삶이 이것보다는 좀 나았으면 좋겠다는 생각에 사로잡히곤 합니다. 온갖 예기치 못한 일들과 성가신 일들로 가득 찬 삶이 때로 가혹하게 느껴지기도 해요.

삶이 주는 선물을, 있는 그대로의 삶을 포용해야 한다는 진리를 자주 잊습니다. 기쁠 때나 슬플 때나, 삶의 좋은 것만 뽑아서 갖고 나머지를 버릴 순 없어요. 우리가 느끼는 고통은 좋아하지 않는 일에서 생기는 것이 아니라 그것을 거부하는 마음에서 생기는 것일 수도 있습니다. 예를 들면 추위는 그저 불쾌할 뿐이지만, 추위를 거부하다 보면 비참한 기분이 들지요.

삶이 끝난다는 사실을 알게 된다면, 그런 성가신 일들로 가득한 날이라 해도, 하루만 더 살 수 있다면 무슨 짓이든 하겠지요. 그런 마음가짐으로 삶의 불편을 저주하기보다 미소를 지어 보는 건 어떨까요?

제안 당신이 지금 이 글을 읽고 있다면, 온전한 삶을 누리고 있는 것입니다. 무슨 일이 일어나도, 당신에게 숨이 붙어 있는 한 당신에겐 여전히 삶이 있음을 기억하세요. 마음을 열고, 미소를 짓고, 심호흡하세요.

11월 5일

* **실행 목록보다 유일하게 더 중요한 게 있다면 존재 목록이다. 존재 목록보다 더 중요한 것이 한 가지 있다면 존재 그 자체이다.** ─앨런 코헨

누구에게나 해야 할 일의 목록이 있습니다. 직장에서의 할 일과, 집 안에서 해야 할 일, 그 외의 사적인 할 일의 목록이 있습니다. 목록을 작성해 두면 할 일을 기억하는 데도 도움이 되지만 긴급성과 중요도에 따라 일의 우선순위를 정할 수 있어서 무척 유용하지요.

할 일 목록에는 몇 가지 재미있는 특성이 있습니다. 첫째, 결코 끝나지 않는다는 것이죠. 심지어 열정적으로 목록에 있는 일을 전부 다 끝냈다고 해도 곧바로 새로운 목록이 만들어집니다. 그런데도 우리는 목록에 적힌 일을 앞으로 완전히 끝낼 수 있을 거라고 스스로를 속이는 것 같아요. 둘째, 목록의 항목을 하나 지우면서도 별로 기뻐하지 않아요. 목록에 적힌 일들을 끝내는 것은 당연히 해야 할 일로 여깁니다. 세 번째, 아무리 많은 일들을 해치우더라도, 결코 충분하지 않습니다. 여전히 어딘가 부족한 것 같고, 달성할 수 있는, 혹은 달성해야 하는 추가 항목이 있는 것만 같지요.

주의를 기울이지 않으면 우리에게 주어진 모든 순간의 즐거움을 누리기보다, 더 생산적이어야 한다는 강박에 소모됩니다. 생산적인 것도 물론 근사한 일이지만 그 과정에서 오는 모든 기쁨을 뭉개 버린다면, 그게 과연 가치 있는 일일까요?

제안 존재 자체의 기쁨을 느껴 보세요. 해야 할 일들을 생각하느라 현재에서 멀어지진 않았는지 생각해 보세요. 해야 할 일과 끝내야 할 일은 항상 있습니다. 앞으로도 항상 그 자리에 있을 거예요. 지금, 그저 존재해 보세요.

11월 6일

* 삶이 힘든 것임을 진정으로 이해한다면, 진정으로 이해하고 또 받아들인다면, 더 이상 삶은 힘들지 않다. 그 사실을 받아들인다면, 삶이 힘들다는 것은 더 이상 문제가 아니기 때문이다. —M. 스콧 펙

힘든 상황일수록, 받아들이면 편안합니다. 몇 년 전 비판적이고 배려 없기로 유명한 사람과 함께 일을 한 적이 있습니다. 그의 태도에 여러 번 화가 났고 대체 성격이 왜 저 모양일까 궁금했어요. 같이 일하는 게 이렇게 힘들 리가 없는데, 분명히 뭔가 문제가 있을 거라는 생각이 들었습니다. 그러던 어느 날 비로소 의문이 풀렸어요. 그는 그저 까다로운 사람이었던 거였어요. 그뿐이에요! 그 사실에는 어떤 미스터리도 없고 착오도 없었습니다. 그저 본래 그런 사람이었던 거죠. 그 사실을 깨달았다고 해서 그와 일하는 것이 덜 힘들어진 건 아니었지만 덕분에 불필요한 스트레스에 시달리지 않게 되었습니다. 현실을 있는 그대로 받아들인 것이지요.

상황을 받아들이면 마음의 짐을 덜 수 있어요. 그러나 결코 쉽진 않습니다. 대부분의 사람들은 삶의 모든 영역을 통제할 수 있다는 환상을 쉽게 떨쳐 내지 못해요. 상황이 우리가 원하는 방향으로 흘러가지 않을 땐 그저 흐름을 타면 됩니다. 진정으로 상황을 받아들이세요.

제안 하루가 어떻게 전개되었으면 좋겠다는 기대가 있을 거예요. 오늘 그 기대를 살짝 놓아 보세요. 상황이 당신이 원하는 방향으로 흘러가지 않는다면, 너무도 뻔한 대답을 떠올려 보세요. 그게 세상의 섭리이기 때문입니다.

11월 7일

✱ **자연의 속도에 맞추어라. 자연의 비밀은 인내심이다.** —랠프 월도 에머슨

얼마 전 반려견 앨피를 산책시키고 집으로 돌아왔을 때의 일입니다. 점심 휴식이 끝나서 앨피를 개집에 넣어 주려는데, 앨피가 의자 밑으로 들어가더니 세상에서 가장 사랑스러운 눈으로 날 쳐다보는 게 아니겠어요? 앨피는 제 집에 들어가고 싶지 않던 거였어요. 세상일이라는 게 다 그런 거잖아요. 나는 에라 모르겠다 생각하고 바닥에 드러누웠습니다. 앨피가 살금살금 다가오더니 가슴 위로 올라와서는 내 목에 코를 파묻고 쌔근거렸습니다. 얼마 후 앨피가 제 발로 자기 집으로 들어가더군요.

작은 예이긴 하지만, 필요한 만큼의 시간을 허용하는 것은 아름다운 일입니다. 우리는 종종 시한을 맞추고 임무를 완수하려고 서두릅니다. 하지만 시간과 화해한다면 얼마나 좋을까요? 세상이 자신이 원하는 방식으로 펼쳐지도록 시간을 허용한다면, 그럴 수만 있다면….

제안 오늘은 시간과 화해해 보세요. 오늘 하루 매 순간 원하는 만큼의 시간을 허용해 보세요. 세상이 원하는 방식으로 펼쳐지도록 허용해 보세요. 자연이 자신의 리듬대로 흐르는 것을 허용해 보세요.

11월 8일

* **스트레스에 시달리는 것은 물기둥 속에 갇힌 것과 같다. 겁을 집어먹으면 허우적거리게 되고 폐에 물이 차서 더 큰 참사를 일으킨다. 침착하게 정신을 차리고 호흡을 고르면 편안히 물에 떠 있을 수 있다.** —알라리크 허천슨

압박감을 다스리는 연습을 해 보세요. 몸과 마음이 스트레스에 반응할 때, 종종 어쩔 줄 모르고 허둥대지만, 어떤 상황에서든 침착하고 품위 있게 대처할 수 있어요.

요가 수행이야말로 평정을 유지하기 위한 노력을 잘 보여 줍니다. 까마귀 자세를 생각해 보면, 손바닥을 바닥에 놓고 양 무릎을 팔 뒤쪽 윗부분에 대고 두 발을 든 상태로 균형을 잡습니다. 힘이 필요하지만 근육으로 버티는 게 중요한 자세가 아니에요. 제대로 정신을 집중하면, 품위 있는 자세를 유지할 수가 있습니다.

평정심이란 모든 것을 있는 그대로 받아들이는 것입니다. 운전을 할 때엔 우리 앞에 펼쳐지는 길을 있는 그대로 받아들여야 편안합니다. 걸을 때에도 머리와 고개를 반듯하게 유지해야 편안하지요. 일할 때에도 품위와 편안함을 유지할 수 있어요. 다른 사람과 얘기를 나눌 때나 이메일에 답할 때, 어려운 문제의 해결책을 고민할 때에도 마찬가지입니다. 상황이 우리를 압도할 때, 평정심이 해독제입니다.

제안 평정을 유지해 보세요. 불필요하게 긴장하고 있다는 생각이 들 때마다 어깨를 반듯하게 펴 보세요. 움직일 때에도 평정을 유지하세요. 심지어 당신의 인내심을 시험하는 사람들을 상대할 때에도 평정을 유지하세요. 언제 어디서나 평정과 품위를 지켜 보세요.

11월 9일

＊ 우리가 생각하는 것과 달리 인생 최고의 순간은, 수동적이고, 수용적이
고, 편안히 쉬는 순간이 아니다. 물론 그 순간을 위해 열심히 노력했다면
그런 순간도 충분히 즐겁다. 그러나 최고의 순간은 대체로 무언가를 달성
하기 위해 자발적으로 노력하면서 정신과 육체를 한계까지 밀어붙일 때
찾아온다. —미하이 칙센트미하이

어젯밤 달리기를 하던 도중, 온갖 생각의 폭포가 쏟아지는 것을 느
꼈습니다. 해야 할 일들의 목록을 머릿속으로 작성하고 있는데, 여러 가지
일들이 한꺼번에 떠올랐어요. '더 중요하고 더 긴박한 사안들'로 생각이
옮겨 갈 때 달리기 속도가 느려지더군요. 미래를 준비하는 것이 현재 잠재
력을 발휘할 수 있는 능력을 잠식했습니다. 다시 내가 하고 있는 일, 달리
기에 집중했습니다. 그 이후의 달리기는 힘들었지만 빠르고, 신나고, 또
의미 있었어요.

우리는 매 순간 오직 최선을 다할 뿐입니다. 그러나 한눈을 팔다 보면 우
리의 노력, 결의, 자원, 창의성, 즐거움의 수준을 유지할 수 없어요. 무언
가에 완전히 몰입할 때 진정한 희열을 느낄 수 있지요. 그럴 때면 에너지
가 차오르고, 집중력이 생기고, 평정을 유지할 수 있습니다. 지금 이 순간
의 도전이 우리의 투지와 열의를 고취시킵니다. 스스로에게 성장의 기회
를 허락하세요.

제안 지금 당신이 하고 있는 일에 집중하세요. 지금 이 순간에 머물며 최선을 다
하세요!

11월 10일

* **인생에는 두 가지 비극이 있다. 하나는 가슴의 열정을 잃는 것이고, 또 하나는 그것을 찾는 것이다.** ─조지 버나드 쇼

우리 뇌는 행복이 먼 미래의 종점에 있다고 스스로를 속이곤 합니다. 운전면허만 따면 행복할 텐데, 그 사람과 같이 있으면 행복할 텐데, 저 집이 내 것이면 행복할 텐데, 일을 안 할 수만 있다면 행복할 텐데. 이런 기대들은 다 거짓이에요. 진정한 만족감은 가지고 싶은 어떤 것을 갖는다고 느낄 수 있는 게 아니기 때문입니다. 행복을 가져다줄 것만 같은 환상들은 너무도 강렬해서 자꾸만 빠져들게 됩니다.

저는 종종 음식을 적정량 이상 먹는 것으로 '좀 더 행복한' 상태에 도달하려 합니다. "조금만 더 먹어. 그럼 진짜 행복해질 거야." 마음이 내게 말해요. 하지만 막상 먹어 보면 결코 그렇지 않지요.

쾌락, 소유, 성취를 통해 삶이 어느 정도 풍요로워질 수는 있겠지만, 근본적으로 나아지진 않습니다. 본질적으로 더 행복한 상태라는 건 존재하지 않아요. 우리가 무슨 일을 하건, 누구와 함께 있건, 어디에 살건, 얼마나 많은 돈을 벌건 마찬가지입니다. 지금 이것이 전부예요.

어떻게 생각하면 나쁜 소식일 수도 있겠지만, 좋은 소식일 수도 있습니다. 진정한 만족감을 느낄 수 있는 단 한 곳에 에너지를 집중할 수 있으니까요. 인생은 획득하고 소유하는 것이 아닌, 행하고 존재하는 것입니다.

제안 당신을 만족시킬 무언가를 붙잡으려는 순간 알아차리세요. 당신의 갈망을 보고 느끼되, 그 속에 매몰되거나 그것을 좇지 않을 수 있을까요? 갈망을 인정하되, 그 안에서 휴식을 찾을 수 있을까요?

11월 11일

* **이것이 전부다.** —틱낫한

    무엇이 행복을 가져다주는지에 대해 사람들은 제각기 다른 생각을 갖고 있습니다. 어렸을 때 크리스마스 선물로 스타워즈 광선검을 받고 싶다고 산타 할아버지에게 편지를 썼던 기억이 있어요. 광선검만 가질 수 있으면 영원히 행복할 거라 생각했지요. 막상 광선검 대신 손전등을 받았는데, 좋아서 펄펄 뛸 정도는 아니어도 무척 행복했어요. 커다랗고 강력한 손전등이라 불을 끄면 광선검과 꽤 비슷했거든요. 하지만 그걸로 물건을 절단할 수는 없었습니다. 그때 제가 일곱 살이었으니, 만약 절단할 수 있었다면 거실 가구들이 남아나지 않았겠지요.

틱낫한 선사의 말처럼, "이것이 전부"입니다. 바로 이거예요. 여러분, 더도 덜도 없이 이게 삶이고, 삶은 이 자체로 아름답고 찬란합니다. 반짝이는 순간이 있고 괴로운 순간이 있습니다. 그리고 그 모든 순간이 지나가요. 모든 것은 변합니다. 우리가 할 일은 세상과 함께 흘러가면서, 매 순간의 기쁨, 아름다움, 의미를 찾는 것뿐이겠지요.

삶이 우리에게 선물을 주었습니다. 우리가 할 일은 그 선물을 받는 것뿐입니다.

제안   삶이 당신에게 주는 선물을 받으세요. 지금 당신에게 닥친 일이 무엇이건, 지금 여기에 있는 아름다움, 기쁨, 의미를 보세요. 이것이 전부입니다.

11월 12일

✴ **기술은 쓸모 있는 하인이지만 위험한 주인이기도 하다.** —크리스티안 랑게

　　우리의 생활 전반에 걸쳐 휴대폰은 떼려야 뗄 수 없는 존재입니다. 저는 처음 휴대폰을 사게 되었을 때 통화, 일정 관리, 이메일의 용도로나 쓸 생각이었어요. 그런데 어쩌다 보니, 앱을 100개 가까이 설치하게 되었네요. 물리치료 운동을 시작할 시간을 알려 주는 앱처럼, 어떤 것들은 상당히 편리하긴 합니다.

한편으로는 편리한 앱 때문에 종일 손에 들고 있어야 할 또 하나의 좋은 핑곗거리가 생기는 셈입니다. 날씨를 확인하려고 휴대폰을 꺼내는 순간 이메일, 소셜 미디어, 뉴스까지 보게 되지요. 휴대폰 화면은 어떻게든 우리를 끌어들여요. 때로는 뭐 재미있는 일이 있을까 하는 생각에 멍하니 앱들을 쳐다보게 됩니다.

휴대폰이 만족감을 줄 거라는 환상에 빠져 소중한 시간을 낭비하고 있다는 생각이 들면 왠지 기분이 좋지 않네요. 가끔은 스마트폰을 바다에 던져 버리면 속이 시원하지 않을까 하는 생각도 들어요. 주류에서 벗어난 삶을 살기로 작정하지 않는 이상, 기술은 삶의 일부가 될 수밖에 없습니다. 기술과의 관계를 적정선으로 유지하려면, 무분별하게 시간을 허비하지 않기 위한 주기적인 점검이 필요합니다.

제안　휴대폰, 컴퓨터, 태블릿, TV와의 관계를 점검해 보세요. 휴대폰을 비롯한 다른 장비들이 지나치게 삶의 구석구석 스며들어 있진 않은가요? 절제가 필요하진 않은가요?

11월 13일

✱ **등을 다독이는 것, 팔을 어루만져 주는 것, 너무도 당연히 여기기 쉬운 이러한 우연한 몸짓들은 우리의 재주 많은 손 덕분이다. 오랜 세월 손의 연구에 몰입했던 나는, 손이 우리가 익히 알고 있는 것보다 훨씬 더 심오한 기관임을 알게 되었다. 손은 연민의 주된 언어이고, 연민의 주된 전파 수단이다.** —대커 켈트너

어젯밤 거실에 앉아 있을 때, 앨피가 내 무릎 위에 누웠습니다. 앨피의 보드랍고 앙증맞은 귀를 쓰다듬고 있는데, 녀석의 호흡이 느려지더니 스르르 눈을 감는 게 아니겠어요? 이 접촉은 저와 앨피 모두에게 기쁨이었어요. 문득 어린 시절의 기억이 떠오르더군요. 매일 밤 잠자리에 들기 전에 아버지에게 등을 쓰다듬어 달라고 했어요. 등을 쓰다듬는 아버지의 따스한 손길을 느끼며 잠드는 게 좋았습니다. 몇 년 전 아버지와 그 이야기를 나눈 적이 있어요. 그때 아버지가 매일 밤 제 등을 어루만져 주는 게 고역이었을 거라고 생각했는데, 아버지도 그 시간이 하루 중 가장 좋아하는 시간이었다고 하더군요. 심지어 그런 작은 가족의 의식이 그립다고 말했습니다.
매일 우리의 손이 일으키는 감각들을 무심히 넘기기 쉽습니다. 샤워할 때 만져지는 머리카락의 감촉, 컵을 들고 차를 마실 때 느껴지는 온기, 운전할 때 운전대의 질감을 느껴 보세요.

제안 손길이라는 축복을 통해 지금 이 순간에 몰입해 보세요. 배우자를 포옹하거나 키스해 보세요. 반려동물을 어루만져 보세요. 당신의 머리를 살짝 쓰다듬어 주세요.

* **삶은 축복. 잠은 용서. 밤은 우리를 사면한다. 어둠은 칠판을 닦는다. 비록 티끌 한 점 없이는 아닐지라도, 또 하루 낙서를 할 수 있을 정도로 깨끗이.**

　—프레드릭 비크너

　　인체는 놀라운 치유력을 지니고 있습니다. 지난 주말 칼을 갈다가 손을 베었어요. 나행히 나의 몸은 어떻게 대처해야 할지 알고 있더군요. 시간이 지나 출혈이 멎었고, 통증이 잦아들었고, 다시 손가락을 요긴하게 사용할 수 있게 되었지요.

　　치유는 어디에나 있습니다. 우리 몸이 치유되고, 관계가 치유되고, 지친 마음도 치유됩니다. 흉터마저도 치유의 이야기를 담고 있어요. 우리가 상처를 입었고 또 회복되었다는 이야기지요. 간밤의 시련의 기억 때문에 밝아 오는 새날이 더 아름답습니다.

제안　지금보다 힘들었던 시간을 기억해 보세요. 아팠을 때, 엄청난 스트레스에 시달렸을 때, 시련이 있었던 시간을 기억해 보세요. 모든 것이 지나간 지금은 어떤 마음인지 잠시 멈추어 생각해 보세요. 아직 큰 시련의 한복판에 있다면 우리 삶에 치유가 존재한다는 사실을 기억하세요.

11월 15일

* **빛을 전파하는 방법에는 두 가지가 있다. 촛불이 되거나, 혹은 촛불을 비추는 거울이 되거나.** —이디스 워튼

사람들과 함께 있을 때 우리는 그들을 높이 끌어올릴 수도 있고 저 아래로 떨어뜨릴 수도 있습니다. 우리는 빛이 될 수도 있고 어둠이 될 수도 있어요. 이디스 워튼이 말한 것처럼 촛불이 될 수도 있고 그 빛을 비추는 거울이 될 수도 있습니다.

인생에서 가장 행복하거나 가장 힘들었던 시간을 생각해 보면, 감사에서 슬픔에 이르기까지 다양한 감정들이 되살아납니다. 흰 캔버스에 다양한 색상을 뿌려 놓은 그림이야말로 인간의 다양한 감정을 잘 보여 주는 것 같습니다. 그 모든 감정의 한복판에는, 관계라는 공통점이 있어요. 내가 사랑하는 사람들이 큰 역할을 합니다. 기쁨을 함께 나누었건, 시련의 시간에 서로를 위로했건, 항상 사람들이 중심에 있었어요.

사람들과의 교감은 언제나 우리에게 기쁨과 의미, 도전, 아름다움, 깊이, 고통을 줍니다. 삶의 가장 기쁜 순간과 가장 슬픈 순간에는 소중한 사람들이 있습니다.

제안 당신의 배우자, 친구, 가족 혹은 동료와 함께 행복한 추억에 젖어 보세요. 당신이 추억을 되살릴 때, 당신은 빛을 전파하는 사람입니다. 추억에 흠뻑 젖어 보세요. 그 시간으로 돌아가서 그때의 기분을 느껴 보세요. 촛불이 되거나, 그 불빛을 반사하는 거울이 되어 보세요.

11월 16일

*   **삶은 순간들로 이루어진다. 우리는 그런 순간들을 위한 공간을 만들고, 그 순간들을 사랑하며 진정으로 사는 법을 터득해야 한다.** —애너 퀸들런

시간이 쏜살같이 흐를 때, 지금이 먼 훗날의 추억이 될 거라는 생각을 하지 못합니다. 1995년, 아내의 가족들과 처음으로 추수감사절의 추억을 만들었는데, 당시엔 아내와 아직 사귀기도 전이었지요. 아내의 아버지와 여동생에게 좋은 인상을 주어 점수를 따서, 마르시아가 날 더 좋아하게 되기를 바랐습니다.

20년 전의 기억이 이토록 선명하다니 놀랍네요. 우리가 결혼하고 아이를 낳고 커리어를 쌓기 훨씬 전인데 말이에요. 이제 머지않아 아이들이 고등학교 졸업식을 치르고, 큰아이는 대학생활을 시작하고, 장래 사위 혹은 며느리가 될 사람을 처음 만나고, 아이들을 다 떠나보낸 뒤 텅 빈 집에서 밤을 맞이하겠지요. 여러분은 지금 20년 뒤에 돌아볼 어떤 추억을 만들고 있나요?

제안 오늘 당신이 마음을 다해 느껴 보고 싶은 일상의 한 가지 일을 선택해 보세요. 무얼 알아차렸나요? 어떤 감정을 느꼈나요? 어떤 육체적 감각을 느꼈나요? 먼 훗날 되돌아보게 될 시간을 마음을 다해 체험해 보세요.

11월 17일

* **붙잡고 있어야 강해진다고 믿는 사람들도 있지만, 때로는 놓아야 강해진다.** —헤르만 헤세

우리 집 개 앨피가 소파에 자고 있는 걸 보고 잠깐 자리를 비웠다 돌아와 보니, 녀석이 테이블 옆에 서 있더군요. 노트북 컴퓨터 화면은 꺼져 있고 앨피는 죄지은 표정이었어요. 자세히 보니 노트북 충전기가 두 동강 나 있었습니다. 앨피의 날카로운 앞니가 전선을 끊어 놓았어요. 다행히 노트북은 멀쩡했지만 그 작은 사건에 몹시 화가 났어요. 새 충전기를 사는 건 불필요하고 막을 수 있었던 지출처럼 느껴졌기에 아침 내내 그 생각뿐이었지요. 앨피를 혼자 두고 자리를 비웠던 저에게 화가 났습니다.

얼마 후 이제 그만하자는 생각이 들었어요. 이미 지나간 일인데 여전히 아침의 일이 머릿속을 흐리고 있었거든요. 그 사고로 인한 부정적인 결과들을 생각해 보았습니다. 시내에 나가서 새 충전기를 사야겠지요. 스스로에게 물었습니다. 지금으로부터 1년 뒤, 오늘을 생각하면 어떤 기분이 들까? 기억조차 못 할 확률이 높았어요. 어쩌면 이 일을 생각하며 미소를 지을 수도 있겠지요. 이렇게 생각할지도 몰라요. 귀여운 녀석, 충전기를 갉아 먹다니. 너무도 앨피답지 뭐야.

제안 당신의 마음이 짜증나고 화가 나는 일을 반복해서 재생하지 않는지, 그 일로 자신을 혹은 다른 누군가를 비난하지 않는지 생각해 보세요. 한 발짝 뒤로 물러나 자신에게 물어보세요. 1년 뒤에 이 일을 생각할 때 어떤 기분이 들까요? 언짢은 일은 그만 털어 버리고, 새로운 일에 마음을 열어야 하는 건 아닐까요?

11월 18일

트라우마 치료사로서 매일 상담을 진행하며 트라우마의 위력에 놀라곤 합니다. 사건이 일어난 이후에도 오랜 세월 우리를 괴롭히기 때문이죠. 1년 전쯤에 저보다 체중이 45킬로그램 정도 더 나가는 사람에게 공격을 당한 적이 있어요. 크게 다치진 않았지만 그 사건은 뇌와 몸에 깊이 각인되었습니다. 지금도 그 기억이 건드려지는 순간, 곧바로 그때의 여파가 되살아나요. 그 사건의 또 다른 여파도 있습니다. 그 일로 인해 트라우마 반응에 관한 두 개의 게시글을 작성했어요. 제 글을 읽고 트라우마에 대한 자신의 반응을 이해하는 데 도움이 되었다는 사람들이 몇 명 있었습니다. 우리에게 일어나는 모든 일에는 다 이유가 있다는 진부한 말을 하고 싶진 않습니다. 그러나 그 사건에는 훨씬 더 많은 의미가 담겨 있음을 알 수 있었어요. "이건 나쁜 일이야"라는 초기의 반응이 긍정적인 작용을 포함한 반응으로 진화할 수 있습니다. 그 사건으로 저는 트라우마에 대해, 시간이 경과할수록 치유되는 신경계에 대해 한층 깊이 이해할 수 있었습니다. 처음엔 불가능한 일처럼 보이겠지만 인생 최악의 경험에서도 얻는 게 있습니다.

제안 당시에는 나빴지만 결국엔 좋은 일로 이어졌던 사건을 떠올려 보세요. 실직하는 바람에 뜻밖의 기회가 찾아왔을 수도 있고, 엄청난 좌절을 겪으며 성장했을 수도 있어요. 오늘 그 일을 기억하며 당신의 경험에 마음을 열어 보세요. 당신 앞에 펼쳐지는 삶을 침착하게 받아들이세요.

11월 19일

✳ **열린 마음으로 세상을 탐험하라.** —매들린 올브라이트

살다 보면 당시에는 견디기 힘들었지만 나중에 돌이켜보면 더 나은 결과로 이어졌던 사건들이 있습니다. 원치 않았던 이별로 더 좋은 인연을 만나기도 하고, 힘겨운 상황들이 성장과 감사의 기회가 되기도 합니다. 시련의 한복판에 있을 때에는 훗날의 이득을 예측하기 어렵지요. 하지만 방법이 있어요.

그저 잠시 멈추면 됩니다. 잠시 멈추고 작고 신성한 공간을 만들어 보세요. 그 신성한 공간 속에서 탐험가가 되어 보세요. 예기치 못한 일, 불미스러운 일이 일어났을 때 현재를 구석구석 탐험해 보는 것은 큰 도움이 됩니다. 현재의 생각들, 감정들, 느낌들, 그리고 우리를 둘러싼 세상을 탐험하는 것입니다.

탐험가가 되어 주어진 상황을 약간의 호기심을 갖고 바라보는 것도 좋습니다. 이미 대답을 안다고 가정하지 마세요. 세상에 존재하는 모든 것에 호기심을 가져 보세요.

제안   오늘 화가 나거나 흥분하거나 짜증이 나는 순간을 알아차려 보세요. 그 순간을 현재를 탐험하는 기회로 삼아 보세요. 어쩌면 깜짝 놀랄 발견으로 이어질지도 모릅니다!

11월 20일

＊　행동은 감정을 따르는 것처럼 보이지만 사실 행동과 감정은 함께 가는 것이다. 따라서 의지의 통제하에 있는 행동을 조절함으로써, 의지의 통제하에 있지 않은 감정을 간접적으로 조절할 수 있는 것이다. ―윌리엄 제임스

우리가 처한 상황은 감정에 큰 영향을 미칩니다. 예를 들면 여유롭게 식사를 즐기며 사랑하는 사람들과 좋은 시간을 보낼 때의 달콤한 감정을, 약속 장소에 늦어 허겁지겁 달려가는 상황에서는 느낄 수 없겠지요. 고등학생 때 좋은 감정이 우러나게 하려면 최상의 여건을 만들어야 한다는 소중한 교훈을 얻었습니다. 제 차 타이어에 펑크가 났는데, 때마침 아버지가 점심식사를 하려고 집으로 돌아왔어요. 아버지에게 타이어를 보여 주면서 어떻게 해야 하냐고 물었습니다. 아버지는 처음엔 화가 난 것 같았는데, 잠시 후 타이어를 갈아 끼우기에 적절한 옷으로 갈아입고 돌아왔습니다. 타이어를 갈아 끼우기에 편한 옷을 입으면 인내심을 좀 더 발휘할 수 있을 것 같다고 했습니다. 아버지가 상황을 받아들이는 순간 저 역시 긴장이 풀리는 것을 느꼈어요. 인내심을 억지로 발휘할 수는 없겠지만, 인내심을 발휘할 수 있는 방식으로 행동할 수는 있겠지요.

항상 원하는 감정을 끌어낼 수는 없지만, 우리의 감정을 바꿀 수 있는 여건을 일부러 만들어 볼 수는 있을 거예요. 그 과정에서 다른 사람의 감정마저 바꿀 수 있습니다.

제안　오늘 당신이 되고자 하는 사람은 어떤 모습인가요? 강한 사람, 사랑이 넘치는 사람, 마음이 따뜻한 사람이 되고 싶은가요? 그 사람을 위한 무대를 준비해 보세요. 당신 자신을 위해, 그리고 다른 사람들을 위해.

* **저 점을 다시 보라. 저 점이 바로 우리의 집이다. 우리 자신이다. 그 점 위에 서 당신이 사랑하는 모든 이들, 당신이 아는 모든 이들, 당신이 이름을 들어 본 모든 이들이 저 점에서 자신의 삶을 살았다.** —칼 세이건

우리는 종교, 직업, 정치적 성향, 그 외의 여러 가지 다른 요인들로 나와 남을 구분 짓곤 합니다. 이렇듯 서로 다른 점만 보이다가도 우리를 하나로 연결하는 공통점을 깨닫게 되면 감동이 밀려들지요.
지난주 아들의 연말 학예회에 참석해 감동의 경험을 했어요. 수백 명의 학부모들과 강당에 앉아 있는데, 아이들이 높은 목소리로 '아름다운 행성'이라는 노래를 부르더군요.

황금빛 태양이 저물면 친절한 파란 거인이 빙글빙글 우리 행성을 돌려요. 긴 밤이 지나도록, 동이 틀 때까지 우린 안전해요.

아이들이 노래를 부르는 동안, 우주선을 타고 우주를 함께 여행하는 상상을 했습니다. 어떤 믿음을 지니고 어디에 살건, 모두가 하나뿐인 이 행성에 살고 있습니다. 우리의 서로 다름이 녹아내리는 것 같았어요. 모두가 이 행성을 '우리의 집'이라고 부르기 때문입니다.

제안 오늘 다른 사람들과 마찰이 생기는 순간 알아차려 보세요. 그가 이 우주선을 타고 함께 여행하며 당신과 같은 자원을 쓰고, 당신과 똑같은 두려움, 한계, 제약을 지닌 사람이라고 생각해 보면 어떨까요? 이렇게 관점을 바꾸어 그와의 교류가 어떻게 달라지는지 알아차려 보세요.

11월 22일

✳ **우리는 언제나 자신을 어떻게 사랑해야 하는지 기억하고, 잊고, 또 기억하는 과정에 있을 것이다.** ─게이 헨드릭스

　내담자와 상담을 하다 보면 자신을 사랑하기가 어렵다는 말을 자주 듣게 됩니다. 때로는 남을 사랑하는 것보다 자신을 사랑하기 더 어려운 것 같아요. 그러나 자신을 사랑하는 일에는 엄청난 이점이 있습니다. 매 순간의 경험은 자신의 감정은 물론이고 다른 사람에게 사랑을 표현하는 능력에도 영향을 주지요. 자신을 사랑하는 것은 결코 이기적인 것이 아닙니다. 지금 자신을 사랑하지 않고 있다면 어떻게 사랑하는 연습을 해야 할까요? 자신을 좀 더 친절히 대하는 것이 좋은 출발입니다. 자신에게 친절을 베푸는 방법은 무수히 많아요. 문 뒤에 걸려 있는 축축한 수건 대신 보송보송한 새 수건을 꺼내 쓴다든가, 가장 좋아하는 음식을 만들어 그릇에 예쁘게 담는다든가, 운동할 시간을 낸다든가, 물 한 잔에 레몬을 한 조각 곁들인다든가. 아침식사를 할 때 자리에 깨끗한 냅킨을 놓아두면 내가 특별한 사람이 된 것 같은 기분이 들지요. 그런 기분이 자존감을 높입니다.
이런 사소한 행동들이 생각보다 훨씬 크게 기분을 향상시켜요. 엄청난 시간과 돈이 필요한 일도 아닙니다. 그저 특별히 보살필 가치가 있는 사람을 대할 때처럼 자신을 대하는 것뿐입니다.

제안　오늘 세 가지의 소소한 방식으로 자신에게 사랑을 보여 주세요. 방법이 생각나지 않는다면, 당신이 좋아하는 사람을 위해 무얼 할지, 친구들이라면 당신에게 무얼 해 줄지 생각해 보세요. 친절을 베푸는 기분과 받는 기분 모두 즐겨 보세요.

11월 23일

* **채소는 식단에 반드시 포함되어야 한다. 당근 케이크, 애호박 빵, 호박 파이를 먹을 것을 권한다.** —짐 데이비스

어느덧 추수감사절 주간이 다가왔습니다. 대학 시절, 필라델피아에서 보낸 추수감사절의 즐거운 추억이 있어요. 함께 연구를 진행했던 한 분이 저를 집으로 초대했어요. 그 집에는 4세대의 가족과 여러 마리의 개가 모여 살고 있었습니다. 식탁에 차려진 음식들을 보면서 혹시 내가 죽어서 탄수화물 천국에 온 건 아닐까 생각했던 기억이 있어요. 특별한 대접을 받으며 엄청난 특권을 누리고 있다는 기분이 들었지만, 한편으로는 스코틀랜드에 있는 가족들이 그리웠어요.

여러분도 알다시피 추수감사절은 수확의 기쁨을 축하하고 지나간 한 해를 감사하는 의미로 시작되어 문화적, 종교적 전통으로 뿌리내린 명절입니다. 해마다 이맘때 찾아오는 추수감사절은 우리가 세계 어디에 있건, 누구와 함께 있건, 삶의 축복들을 돌아볼 훌륭한 기회입니다.

제안 당신의 삶에서 가장 고마운 사람 혹은 물건을 떠올려 보세요. 그 사람 혹은 물건에 대해 잠시 감사해 보세요. 당신 삶에 존재하는 축복을 온전히 느껴 보세요. 감사하는 마음의 빛을 더 환히 밝혀 보세요. 오늘 당신이 어디에 누구와 있건, 그렇게 몇 번을 감사해 보세요.

11월 24일

* **공감은 근사한 것이다. 그것은 다른 사람이 지닌 훌륭한 점을 나도 지니게 한다.** —볼테르

나의 삶을 풍요롭게 해 주는 사람이 때로는 나를 걷잡을 수 없이 화나게 하는 사람이 되기도 합니다. 사랑하는 사람의 장점에 감사하기는 쉽지만, 나를 힘들게 하는 성향에는 거부감이 들어요. 그 사람이 이랬다면, 혹은 저랬다면 얼마나 좋을까 상상하곤 합니다.

저는 종종 아이들에게 조건을 붙이곤 해요. 아이들이 똘똘한 건 좋지만 나와 논쟁을 할 땐 그 점이 싫어요. 아이들이 사랑을 표현하는 건 좋지만, 나쁜 감정을 표출하는 건 싫지요. 항상 마음껏 자신을 표현하라고 말하면서도 아이들의 우렁찬 목소리가 신경을 자극할 땐 이를 악물게 됩니다.

오래 연습하다 보면 한 사람을 있는 그대로의 모습으로 온전히 감사할 수 있게 됩니다. 때로 내 신경을 건드리는 바로 그 특성들이 내가 좋아하는 특성과 다름 없음을 깨닫게 되기도 하지요.

조건을 붙이지 않을 때 비로소 한 사람을 제대로 이해할 수 있습니다. 우리 앞에 서 있는 사람의 다양한 모습에, 심지어 우리를 힘들게 하는 모습에도 마음을 열 수 있어요. 물론 앞으로도 사랑하는 사람들과 갈등이 있겠지만, 그들을 다른 사람으로 바꾸기 위해 에너지를 낭비하진 않겠지요.

제안 당신이 진심으로 아끼는 누군가를 떠올려 보세요. 그들의 본모습에 마음을 열어 보세요. 당신을 화나게 하는 모습까지 포용할 수 있나요? 그것이 지금까지 존재해 왔던 모든 사람들 틈에서 바로 그 사람을 고유하고 완벽한 존재로 만드는 한 부분임을 인정할 수 있나요?

11월 25일

~~~~~~

* **모든 것이 아름다움을 지니고 있지만 모두가 그 아름다움을 보는 것은 아니다.** —공자

옥스퍼드 대학에서 열린 마음챙김 강사들을 위한 전문가 과정에 참석했습니다. 다양한 직업과 배경을 가진 사람들을 만났어요. 세계 각국에서 온 의사, 컨설턴트, 연구원, 강사들이었지요. 그들의 견해를 들으며 우리 모두 각기 다른 고유한 존재임을 다시 한번 깨달았습니다. 똑같은 사람은 단 한 명도 없어요. 똑같은 순간이 없는 것처럼 말이에요.

모든 순간은 고유합니다. 우리가 내쉬는 모든 숨이 고유합니다. 먹는 모든 음식, 머리 위로 날아가는 모든 새들, 모든 나무들, 모든 웃음들, 모든 얼굴들, 모든 예술 작품들, 모든 기억들이 고유합니다. 그러나 사람이건 상황이건, 우리가 다 안다고 생각하고 접근하지요. 하늘이 어떤 모습인지 안다고 생각하고 멈추어 서서 감상하지 않습니다. 우리 앞에 있는 사람이 무슨 말을 할지 안다고 생각하고 진심으로 귀를 기울이지 않아요. 배우자의 얼굴을 안다고 생각하고 그 세밀한 아름다움을 보지 않습니다.

제안 이미 다 안다는 생각을 버리세요. 예측의 환상을 버리고 현실을 경험하세요. 당신 주위에 존재하는 모든 아름다움을 느껴 보세요.

11월 26일

* **삶의 모든 순간, 즐기고 웃어라. 삶은 견디어야 할 대상이 아니라, 즐겨야 할 대상이다.** ─고든 B. 힝클리

긴 연휴를 이용해 처가에 다녀왔어요. 다락방 창문으로 휑한 정원을 내려다보았습니다. 지난번 왔을 땐 쨍한 오렌지색 코스모스가 피어 있었는데 아득히 오래전처럼 느껴지네요. 언젠가 이 집도 추억이 되리라는 생각이 들었습니다. 정원의 백일홍, 여우와 사슴, 들판 너머로 저무는 해, 하늘을 어둡게 수놓는 새 무리들. 애팔래치아 산자락에 자리 잡은 저의 조부모님의 집도 영원할 것만 같았습니다. 드넓은 대지가 언제나 제 삶의 일부일 것만 같았어요. 그러나 조부모님이 세상을 떠난 지도 오래고, 이제 그 집과 땅은 다른 이들의 것이 되었습니다.

영원한 것은 없다는 생각을 하면 서글프지만 한편으로는 홀가분합니다. 어떻게 보면 우리 모두 잠시 이곳을 빌려 쓰고 있는 것일 뿐, 그 무엇도 영원히 우리 것일 수는 없어요. 우리가 가진 집과 차, 옷과 가구, 심지어 우리 몸을 이루고 있는 분자들도 한때는 다른 사람의 것이었고 또 언젠가는 다른 사람의 것이 되겠지요. 모든 것이 영원한 흐름의 일부일 뿐입니다. 시간과 시대가 흐르면서 주인이 바뀝니다. 우리의 근심 걱정마저도 어떻게 보면 별로 심각할 게 없어요. 그마저도 빌린 것일 뿐이니까요. 다 지나갑니다. 그리고 그때까지는, 그저 삶을 즐기면 됩니다.

제안 오늘을 빌려 쓰는 사람으로서 당신의 역할을 포용하세요. 당신이 가진 모든 것이, 심지어 당신의 삶까지도 언젠가 지나갑니다. 그렇다고 슬퍼하지 마세요. 오히려 축하하세요.

11월 27일

* **삶은 살아 있는 자들의 것, 살아 있는 자는 변화를 수용할 각오를 해야 한다.** ─요한 볼프강 폰 괴테

체중을 감량 중인 친구가 있는데, 정체기에 접어들었다고 합니다. 한 달 전 이야기를 나눌 때 그는 의기소침하고 절망적인 상태였어요. 그는 올해 초 건강을 위해 체중 감량을 결정했고, 감량 전 사진을 보여 주었습니다. 그리고 무척 놀랐어요. 그의 몸에는 상당히 큰 변화가 있었습니다. 천천히 그리고 꾸준히, 더 가벼워지고, 더 날렵해지고, 더 강해지고 있었어요. 서서히 일어난 변화라 그가 제대로 파악하지 못했던 것이었지요. 다시 의욕이 생긴 그는 현재의 식습관과 운동방식을 조금 바꾸었습니다. 어젯밤 친구가 몇 년 만에 처음으로 체중이 100킬로그램 아래로 내려갔다는 소식을 전해 주었어요. 그는 자신의 육체적, 심리적 장벽을 깨뜨렸고 활기를 되찾았습니다. 소식을 전하는 그에게서 자신감이 환하게 빛났어요. 저도 무척 기뻤습니다.

달라진 게 하나도 없다고 생각하거나, 삶의 다양한 영역에서 이룬 발전을 간과하기 쉽습니다. 하지만 우리는 매일 조금씩 변화하고 나아가고 있습니다.

제안 오늘 삶의 다양한 영역에서 당신이 이룬 발전과 진보를 되짚어 보세요. 잠시 멈추고 지난 한 해, 지난 5년, 혹은 지난 10년 동안 이룬 긍정적인 변화를 생각해 보세요. 크건 작건 당신을 성장하게 한 모든 발전에 자부심, 행복, 감사의 마음을 가져 보세요.

11월 28일

✱ **마음은 이상한 짐승이라 논리가 통하지 않는다.** ─마리아 V. 스나이더

일시적인 감정의 변화는 때로 의미 있는 정보를 제공하기도 합니다. 예를 들면, 두려움을 느끼는 것은 위험에 처했기 때문이지요. 그러나 때로는 필요 이상으로 감정을 중요하게 여기기도 합니다. 어떤 일에 아주 긴장이 된다고 해서, 상황이 나빠질 거라는 뜻은 아닐 수 있어요. 그저 초조한 것일 수도 있습니다.

인지행동요법에서는 이러한 과정을 '감정적 추리'라 부르고 일종의 인지적 실수로 간주합니다. 또 다른 인지적 실수인 '확증편향'으로 인해 우리의 믿음과 일치하는 것에만 주의를 기울이고 나머지는 무시하기 때문입니다. 예감이 좋지 않았는데 정말 실제로 나쁜 일이 일어났던 것만을 기억하고, 불길한 예감이 잘못된 경보였던 그 나머지 일들은 잊습니다.

최근 제가 쓰고 있는 책에 대해 저의 감정 기복이 심하다는 것을 알아차렸어요. 때로는 이 책이 잘될 거라는 확신이 들지만 때로는 두려움과 의심에 휩싸입니다. 그런 감정 기복은 실제로 책을 잘 쓸지 잘 쓰지 못할지와 아무 상관이 없어요. 내가 감정에 실제로 영향을 받지만 않는다면 말이에요. 세워 놓은 계획에 집중하며 감정을 그저 내버려 둔다면, 감정에 휩쓸리거나 감정만을 바탕으로 결과를 예측하는 우를 범하지 않을 수 있습니다. 감정의 롤러코스터에서 내리는 순간 엄청난 안도감이 밀려듭니다.

제안 감정 기복이 당신의 사고에 어떤 영향을 미치는지 알아차려 보세요. 감정적 추리를 하고 있다면 한 걸음 물러나 당신의 감정을 관찰하세요. 감정이 반드시 진실을 반영하지 않는다는 사실을 스스로에게 일깨우세요.

11월 29일

* **진정으로 감사한다면 무얼 해야 하냐고? 나누어라.** —W. 클레멘트 스톤

어제 공인 퍼스널 트레이너 자격시험을 보았습니다. 다행히 시험을 잘 치렀고 합격했어요. 합격 소식을 듣고 가장 먼저 하고 싶었던 일은 그 소식을 나누는 것이었지요. 세스, 엠마, 부모님, 형제들에게 알렸습니다. 오늘 내가 최선을 다할 수 있도록 도운 하나님과 내 주위의 모든 사람들의 사랑과 격려에 감사했습니다.

기꺼이 나누는 마음에는 사랑과 흐뭇함이 있습니다. 나누는 순간 우리는 모자라는 것보다는 넘치는 것을 봅니다. 나누는 순간, 자신감이 불안을 누릅니다. 나누는 순간, 우리는 시기하는 마음이 아닌 사랑을 보여줍니다.

제안 여러분, 오늘 나누어 보세요. 여러분의 시간, 친구, 지식, 음식을 나누어 보세요. 재미있는 이야기나 칭찬을 나누는 것도 좋습니다. 창의적으로 나누어 보세요. 감사하는 마음으로 나눔의 축복을 즐겨 보세요.

11월 30일

*   **배움은 마음을 지치게 하지 않는다.** —레오나르도 다빈치

삶은 우리에게 더 잘 사는 법을 배울 기회를 끊임없이 제공합니다.
하지만 우리는 그 사실을 자주 잊어버려 똑같은 것을 반복적으로 배워야
하지만요. 괴로움은 현재에서 벗어남으로써 오는 것이며, 현실과 싸우기
보다 협력하는 게 더 효과적이라는 사실을 자주 잊습니다. 문제를 덜 심각
하게 받아들여야 이롭다는 것도 자주 잊어요.

지난주에는 지각이 세상에서 가장 끔찍한 일이 아니라는 사실을 배울 기회
가 주어졌어요. 아내가 병원에 간 동안 아이들을 돌보게 되었습니다. 아내
의 진료가 예상보다 늦어졌고, 제가 제때 출근하지 못하리란 걸 알게 되었
습니다. 예약된 내담자와 연락을 취할 방법도 없었지요. 이런 상황에 처하
면 가슴이 답답해지고, 짜증이 치밀어 아이들에게 화를 내기 일쑤였어요.
그런데 이번에는 상황을 가볍게 받아들일 수 있었습니다. 저를 기다리며
제가 대체 어디 있는지 궁금해할 내담자가 안됐다는 생각이 들었습니다.
한편으로는 이번 일도 곧 지나가고 제게 치명적인 타격을 입히지는 않으
리란 걸 알았습니다. 여전히 웃으며 아이들과 놀아 줄 수 있었어요. 결국
저는 5분을 늦었을 뿐이었고, 그건 그리 큰일이 아니었어요.

내가 원하는 대로 상황에 대처할 수 없을 때에도 다음번에 사용할 지혜로
그 일을 저장해 둘 수 있어요. 무언가를 배울 수만 있다면 그 어떤 상황도
완전한 실패는 아닙니다.

제안   잠시 시간을 내어 지금껏 살아오면서 배운 가장 소중한 교훈들을 생각해
보세요. 오늘 그 교훈을 얻은 덕을 보겠다고 마음먹어 보세요.

"움켜쥐고 있는 손에 힘을 풀어 보세요.
가볍고 여유 있는 삶이 펼쳐집니다."

12월

12월 1일

자꾸만 잊어버리는 사실이 한 가지 있다면 내 앞에 있는 사람은 대체로 최선을 다하고 있다는 사실입니다. 한 사람의 특정한 행동을 놓고 함부로 판단하기 쉽습니다. 나쁘다, 이기적이다, 불쾌하다, 건방지다. 심지어 악랄하다고 이름 붙이곤 합니다. 상대의 입장이 되어 보고, 그의 눈으로 바라보고, 그들의 관점을 진심으로 이해하지 않아요. 막상 그와 똑같은 행동을 자신이 하게 되면, 비로소 그들이 처한 상황의 맥락을 파악하고 이해하게 됩니다.

지식, 경험, 지혜가 쌓이면서 모든 답을 알고 있다고, 자신이 가장 잘 안다고 생각하기 쉽습니다. 경직된 태도와 다른 사람으로부터 배우지 않으려는 자세는 위험합니다. 선불교의 가르침에 의하면 자신의 실수로부터 배움을 얻는 사람은 지혜롭지만, 다른 사람에게서 배울 줄 아는 사람은 더 지혜롭습니다.

제안 오늘 다른 사람의 입장이 되어 보세요. 되도록 자주, 다른 사람의 관점에서 상황을 바라보세요. 아이들 옷을 입힐 때나, 커피를 주문할 때, 직장에 출근할 때, 친구와 이야기할 때, 체육관에서 운동할 때, 하루 일과 중 어떤 시간이건 좋습니다. 새로운 관점에서 새로운 통찰을 얻어 보세요.

12월 2일

* **우리는 우리가 당한 대로 남에게 행한다.** —존 볼비

최근에 한 젊은 여성을 상담하게 되었습니다. 그녀는 대학에서 자신이 완전히 소외되고 있다며 무척 상심한 상태였어요. 첫 상담에서 그녀는 가족 이외의 인간관계에는 관심이 없다고도 했지요. 상담이 진행되는 동안, 그녀의 이러한 거리두기 방식은 거절로 인한 고통을 피하기 위해 고도로 훈련된 방어기제임이 분명해졌습니다.

그녀는 어린 시절부터 중학교 시절에 이르기까지, 자신이 이상하고 어딘가 결함이 있는 아이라고 느꼈던 아픈 경험을 이야기했습니다. 이야기를 하는 동안에도 그녀는 별로 큰일도 아닌데 왜 지금까지 과거를 신경 쓰는지 모르겠다며, 지난 시간을 폄하했습니다. 많은 사람들이 그렇듯, 그녀 역시 어린 자신의 관점으로 과거의 사건을 생각하고 바라보는 것을 힘들어했습니다. 상담은 다섯 살 소녀가 겪었던 상황이 성인이 된 그녀에게 어떤 영향을 미쳤는지 깨닫는 과정이었습니다.

어린 시절의 경험은 강렬할 뿐 아니라 오래 지속됩니다. 자신의 인간관계 패턴을 잘 이해할수록 보다 잘 소통할 수 있습니다.

제안 당신의 성장 과정을 생각해 보세요. 어렸을 때 당신을 돌보아 주던 사람들이나 또래 아이들과의 관계는 어땠나요? 당신의 사회성 발달에 결정적인 영향을 미친 사건들이 있을까요? 현재 인간관계에 영향을 미치는 사건이 있을까요? 어린 시절의 관점으로 돌아가 그 사건이 미친 영향력을 생각해 보세요.

12월 3일

* 나의 침묵은 나를 지켜주지 못했다. 당신의 침묵도 당신을 지켜주지 않는 다. 당신이 아직 하지 못한 말은 무엇인가? 당신이 매일 삼키며 홀로 간 직하려 애쓰는 폭압들은 무엇인가? 그것 때문에 구역질이 나고 죽을 지경 인데도 여전히 침묵하고 있는 그것들은 무엇인가? 우리는 말하고 싶은 욕 구보다 두려움을 더 중시하도록 사회화되었다. —오드리 로드

제가 다섯 살 때의 일이었어요. 저녁 시간, 아버지에게 들려줄 재 미난 이야기가 떠올라 흥분해서 이야기를 시작했습니다. 그런데 아버지 의 주의가 분산되었고, 아버지가 어머니에게 무언가를 물었어요. 아버지 의 관심을 끌지 못한 게 창피했습니다. 용기를 끌어모아 다시 한번 이야기 를 했는데, 이번에는 아버지가 형에게 소금을 건네 달라고 했어요. 그러고 는 다시 어머니와 이야기를 나누었습니다. 세 번째 시도는 하지 않았습니 다. 아마도 아버지는 하루 일과를 마치고 몹시 피곤한 상태였겠지요. 어머 니와 의논해야 할 중요한 일이 있었는지도 모릅니다. 그러나 그때 떠오른 생각은, 내가 따분한 아이라는 것이었어요. 조용히 입을 다물고 있는 편이 안전하다는 교훈을 얻었지요.
두려움이 목소리를 내는 것을 막을 수도 있어요. 우리는 비난받고, 비웃음 을 사고, 무시당하고, 소외당할까 봐 두려워합니다. 삶은 내 목소리가 중 요하고, 소중하며, 나눌 가치가 있다는 사실을 받아들이는 여정입니다. 당 신은 이 여정에서 어디까지 왔나요?

제안   당신의 목소리를 세상과 나누어 보세요. 당신은 중요하고, 가치 있는 존재 이며, 당신의 목소리는 나눌 만한 가치가 있기 때문입니다.

12월 4일

사랑은 당신이 다른 사람에게 할 수 있는 가장 중요하고 보람 있는 투자다. —J.E.B. 스프레드만

관계 속에서 인정받고 싶은 욕구는 누구에게나 있습니다. 가장 중요한 사람이 나를 인정해 주지 않는 것 같을 땐 괴롭지요.

예를 들면, 어렸을 때 저녁 뉴스를 보면서 부모님에게 질문을 했는데 부모님이 대답을 해 주지 않았어요. 내가 실제로 질문을 하긴 했는지 의심이 들 정도로 묘한 기분이었어요. 아마도 부모님은 방해받지 않고 뉴스를 보고 싶었겠지만, 당시 무척 당혹스러웠어요. 부모가 된 지금, 문득 똑같은 행동을 하는 제 모습을 발견하곤 합니다. 조리법을 읽을 때나 음식을 만들 때 그래요. 바쁜 일상 속에 매몰되다 보면 아이들의 말에 귀를 기울이지 않게 되는 것 같습니다. 듣지 않는 모습을 보일 때, 상대방은 어떤 메시지를 전달받게 될까요?

삶에서 유일하게 중요한 문제가 딱 한 가지 있다면, 그것은 바로 우리가 사랑을 표현하고 있는지 아닌지, 그것뿐입니다. 그런데도 왜 우선순위를 거스르면서 정작 소중한 것을 외면하고, 지나가 버릴 사소한 일들에 집중하는 걸까요. 타인에게 사랑을 표현하는 행위는 그들을 인정하는 단순한 행위에서 시작됩니다. 그들의 존재, 관점, 선호, 욕구를 인정해야 합니다. 오늘 하루를 사랑으로 살았다면, 그것이 좋은 하루입니다.

제안   당신이 원하는 방식으로 사랑을 베풀며 살아 보세요. 오늘 하루 사랑하는 사람을 가장 우선한다면 어떤 하루가 될까요? 당신을 필요로 하는 사람들에게 마음을 다해 보세요.

12월 5일

* **자기 자신의 가장 좋은 친구가 되는 법을 배워야 한다. 왜냐하면 우리는 자신의 적이 되는 덫에 걸리기 쉽기 때문이다.** —로더릭 소프

누군가 나를 공격하면, 상처 받거나 화가 나서 반격을 합니다. 상대의 모욕을 진지하게 받아들이기보다는, 대체 그 사람의 삶에 무슨 일이 일어나고 있어서 그토록 독설을 쏟아붓는 것인지 의아해하지요. 어느 순간 자신의 문제라기보다는 상대의 문제임을 깨닫게 되기도 합니다.

그런데 정작 스스로에게 독설을 날릴 때엔 비난의 생각들을 사실로 받아들이죠! 내가 게으르다고 말하면, 나는 게으른 사람인 거예요. 내가 건방지다고 생각한다면, 나는 건방진 사람인 거예요. 내가 만들어 낸 비난의 진실 여부를 전혀 의심하지도, 따져 보지도 않아요. 나를 향한 독설들을 믿어 무기력해지고, 초조해지고, 의기소침해지고, 절망합니다.

나를 잘 모르는 사람이나 혹은 가까운 사람이 나를 무작정 비판한다면, 아마 용납하지 않겠지요. 어느 순간 용기를 내어 맞설 거예요. 그러나 내면의 비난은 방치하기 쉽습니다. 변화를 이루기 위해 자신에게 가혹해야 한다고 생각할 수도 있어요. 그러나 자신에게도 친절하고 좋은 친구 대하듯 말할 때, 우리는 더 행복해지고, 더 강해지고, 더욱 나은 방향으로 변화할 의욕이 생깁니다.

제안 당신의 마음이 당신을 모욕할 때, 결코 도움이 되지 않는다는 사실을 떠올리세요! 당신이 사랑하고 존경하는 사람 대하듯 자신을 대해 보세요. 평생 당신 곁에서 당신을 응원하는 사람이 있으면 얼마나 좋을지 생각해 보세요. 자신의 가장 좋은 친구가 되는 일, 해 볼 만한 일입니다.

12월 6일

당신이 무언가를 믿으면 우주는 이미 변화에 돌입한다. 믿음으로 인해 당신이 변화했기 때문이다. 당신이 변화했다면, 다른 것들은 따라올 것이다. —다이앤 두에인

때로 생각은 라디오처럼 우리가 맞추어 놓은 주파수에 따라갑니다. 오늘은 '불쌍한 나' 채널일 수도 있어요. 또 어떤 날은 비관, 분노, 자기혐오, 걱정 채널일 수도 있습니다. 부정적인 주파수를 인지하는 것은 특정한 생각, 감정, 행동을 이해하는 단서가 될 수 있어요. 인지행동치료에서는 이를 '핵심믿음'이라고 부릅니다. 자신과 이 세상을 바라보는 근원적인 방식을 보여 주기 때문이지요.

예를 들면 "나는 소중한 사람이다"라는 핵심믿음을 지니고 있다면, 그에 부합하는 습관을 갖추게 됩니다. 하지만 때로 "나는 부족한 사람"이라는 믿음을 갖게 되기도 하지요. 이런 믿음은 도움이 되지 않는 것은 물론이고 진실도 아닙니다.

부정적인 핵심믿음을 갖고 있다는 사실을 알게 된다면, '채널 변경'을 적극적으로 연습해야 합니다. 아침에 눈을 뜨자마자 오늘 하루가 걱정으로 기울어질 때, 곧바로 알아차려야 합니다. 연습을 통해서 바람직한 삶의 방식에 주파수를 맞추어야 합니다.

제안 당신의 일정표를 꺼내 보세요. 도움이 되지 않는 생각들로 기울어질 위험이 높은 날이나 시간이 언제인가요. 어떻게 하면 당신에게 이로운 관점을 가질 수 있을까요? 부정적인 생각을 긍정적인 생각으로 바꿀 때, 그것이 당신의 행동과 감정에 어떤 영향을 미치는지 관찰해 보세요.

12월 7일

＊   **인생은 폭풍우가 지나가기를 기다리는 것이 아니다. 빗속에서 춤추는 법을 터득하는 것이다.** —비비언 그린

계획을 세우는 건 도움이 됩니다. 잠재적인 위험을 예측하고 대처할 수 있으며, 효율적인 해결책을 제시할 수 있을 테니까요. 그러나 계획을 세운다 해도 예기치 못한 일들은 얼마든지 일어나기 마련이지요. 일기예보에서 청명한 하늘을 예고했는데 빗방울이 떨어지고, 안전 운전을 해도 교통사고가 납니다. 그럴 때면 분노와 자기비판의 소용돌이에 휘말립니다. 하루가 빨리 지나가기를 기다리며 버티기에 들어가지요.

그런 상황에서 마음을 가다듬고 정신을 차리게 하는 열쇠는 바로 '수용'입니다. 수용은 비난이나 경멸 없이 현재의 상황과, 자신이 느끼는 감정을 받아들이는 것입니다. 이렇게 큰 소리로 말해 보는 것도 좋습니다.

"기차에 가방을 두고 내렸네. 이럴 때 나한테 정말 화가 나."

"열쇠를 찾을 수가 없네. 완전 짜증 난다."

"대체 뭐가 잘못된 건지 모르겠지만, 그냥 기분이 너무 우울하네."

감정을 살피고, 인정하고, 감정의 흐름을 타 보세요. 우울할 땐 우울하다고 말하고 우울과 함께 흘러가 보세요. 감정을 받아들이면 마법처럼 변화가 일어납니다. 삶이 흘러갑니다.

제안   삶과 함께 흘러가 보세요. 행복하건, 우울하건, 신이 나건, 실망하건, 의기소침하건 그 감정을 받아들이세요. 그 감정의 이름을 불러 보세요.

✳ **더 이상 버틸 수 없다. 그러나 버틸 것이다.** ─사뮈엘 베케트

예전에 샌디라는 활동적인 여성을 상담한 적이 있어요. 샌디는 중년의 나이에 사고를 당하는 바람에 더 이상 좋아했던 일들을 할 수 없게 되었어요. 자전거를 타는 일도 그중 하나였지요. 샌디는 삶의 활력을 잃었고, 육체적, 정신적으로 힘들어지자 인간관계도 힘들어졌어요.

누군가의 좌절에 공감할 때는 균형을 잘 잡는 것이 중요합니다. 슬픔이나 고통과 같은 강렬한 감정을 인정해 주면서, 한편으로는 그가 겪고 있는 시련을 넘어선 무언가를 제시해 주어야 하지요. 샌디와의 상담은 그녀의 감정을 수용하면서 목표를 달성하기 위한 구체적인 계획을 수립하는 과정이었어요. 삶의 난관을 헤쳐 나갈 샌디의 결의가 무척 인상적이었습니다.

어떤 이들은 육체적 고통으로 인해 평범한 일상마저도 힘겨워합니다. 또 어떤 이들은 심한 우울증에 빠져 하루하루 고통스러운 나날을 보내고 있어요. 많은 사람들이 "더 이상은 도저히 못 하겠어"라고 선언합니다. 심지어 잘 하고 있을 때조차도요.

상담하며 만나는 수많은 이들이 보여 주는 불굴의 의지에 끊임없이 놀랍니다. 그들은 매일 고통과 싸우면서도 그 속에서 삶의 기쁨을 누리고 사람들과 교감합니다. 그럴 수 있는 능력은 누구에게나 있습니다.

제안 오늘 힘든 일을 겪더라도 내면에 존재하는 깊은 결의의 샘물을 찾아보는 건 어떨까요? 당신은 강한 사람입니다. 가진 것을 전부 다 쏟아부었다고 생각할 때에도 우리에겐 분명히 조금 더 남아 있어요. 오늘 그 힘을 보여 주세요.

12월 9일

✱ **모든 것은 마음먹기에 달렸다.** ─조지 해리슨

우리는 종종 자신이 얼마나 강한지 혹은 약한지 안다고 생각합니다. 어디까지 할 수 있을지 각자가 정한 기준과 생각이 있어요. 살다 보면 폭풍이 몰아칠 때도 있고, 우리는 어떻게든 살아남아요. 그리고 지나온 길을 돌아봤을 때 자신이 겪어낸 시련에 놀랍니다. 그토록 엄청난 고난과 역경을 이겨낼 거라고 상상조차 하지 못했기 때문이에요. 그런데도 우리는 다시 비슷한 일이 일어난다면 이겨 내지 못할 거라고 생각합니다.

40퍼센트의 법칙은 미 해군에서 사용되는 개념인데, 원리는 간단해요. 기력이 다했다는 생각이 들 때조차도, 더 이상 아무것도 남아 있지 않다고 생각할 때조차도, 당신은 겨우 연료의 40퍼센트를 사용했을 뿐이라는 겁니다. 탱크에는 아직 60퍼센트의 연료가 남아 있어서 당신을 집으로 데려다줄 겁니다. 아마도 마라톤 경주를 시작한 사람들의 99퍼센트가 끝까지 달리는 이유일 거예요. 19킬로미터 혹은 20킬로미터 지점에서 '벽'에 부딪치고 더 이상 에너지가 남아 있지 않다고 말할 때조차도, 당신의 몸에는 여전히 6마일 혹은 7마일을 더 달릴 힘이 있습니다.

우리는 너무도 자주, 한계에 도달했다는 마음의 소리를 듣고 중도에 멈춥니다. 조금 더 자신을 믿어 준다면, 조금 더 성장할 수 있지 않을까요?

제안 자신에 대해 확신하고 있는 것들을 생각해 보세요. 그것들이 어떤 식으로 당신에게 힘을 주는지, 혹은 가로막는지 생각해 보세요. 선입견을 잠시 거두어 보세요. 새로운 가능성에 마음을 열어 보세요. 그 자유를 느껴 보세요. 그리고 당신이 무얼 할 수 있는지 보세요.

12월 10일

삶의 신성함에 감사하는 것은, 주변의 작은 것들에 관심을 갖는 것으로부터 시작된다. —초감 트룽파

우리의 마음은 종종 새로운 만족감이나 성취감을 찾아 헤맵니다. 이곳이 아닌 다른 어딘가에 무언가 있을 것만 같지요. 지난 주말 아리아와 일상 속에서 신성함을 찾는 것에 관한 대화를 나누었습니다. 저는 매번 똑같은 깨달음으로 돌아왔어요. 이미 우리 삶에 신성함이 있다는 것입니다. 때로는 이러한 깨달음에 정신이 번쩍 듭니다. 최근에 저녁식사를 준비하려고 야채를 썰고 있었고 그동안 가족들은 책을 읽으며 놀고 있었습니다. 문득 삶의 모든 면면에 감사의 마음이 밀려들었습니다. 특히 아내와 세 아이들, 그리고 이 집과 먹을 음식에 대해서요.

기쁨과 아름다움은 바로 이곳에 있습니다. 사람들 속에, 그리고 우리가 당연히 여기는 소소한 일상 속에 있어요. 우리가 함께 먹는 빵 속에, 우리가 사용하는 은식기 속에, 우리가 걷는 마룻바닥 위에, 우리가 지나가는 문에, 우리가 앉는 소파와 의자에 있어요. 바로 이 식사, 이 대화, 이 샤워, 이 허드렛일 속에 있습니다. 삶에 온전히 존재하세요. 일상이 매일 당신을 초대합니다.

제안 올 한 해 마지막 몇 주 동안, 삶 곳곳을 탐험해 보세요. 당연하게 여겨 왔던 것들에 호기심을 가져 보세요. 가장 좋아하는 신발의 무게, 냉장고 손잡이의 감촉, 옷의 질감, 가족의 목소리, 그들의 눈빛을 느껴 보세요.

12월 11일

어제 선명한 깨달음의 순간이 찾아왔습니다. 저에게 소중한 모든 것은 관계 속에 있다는 깨달음이었어요. 아내, 가족, 반려견, 친구들. 이것이 행복의 근간이었습니다. 그 외의 모든 것들, 일, 돈, 명예는 게임일 뿐이에요. 즐겁긴 하지만 중요한 것이 아닙니다.

때로 우리는 게임에서 지기도 합니다. 우리가 써내려 가는 서사에 몰입한 나머지, 단지 게임일 뿐이라는 사실을 잊어요. 마치 '매트릭스' 속에 사는 것처럼요. 우리가 하는 게임이 인생에서 가장 중요해 보이지요. 마치 우주의 중심인 것 같습니다. 그러다 어느 순간 아름답고, 애틋하고, 진실한 관점을 되찾고 안도의 한숨을 내쉽니다. 그렇게 근원적 자아와 연결되는 동시에 보다 큰 무언가에 연결됩니다.

때로 관점의 회복에는 대가가 따릅니다. 사랑하는 사람을 잃거나 소중한 무언가를 잃을 때, 어쩔 수 없이 깨달음을 강요당합니다. 그러나 때로는 견디기 힘든 고통 없이 통찰을 얻는 축복을 누리기도 합니다. 그렇게 우리는 명료함의 축복을 누립니다.

제안   오늘 하루 컴퓨터 게임하듯 살아 보세요. 한 레벨에서 다음 레벨로 올라갈 때 포인트와 코인을 모읍니다. 이것은 어디까지나 즐겁게 하는 게임입니다. 코인을 모으고 다음 레벨로 가면 되는 게임이에요. 게임은 언젠가 끝납니다. 중요한 것은, 당신이 게임을 하는 동안 오직 당신 곁을 지켜 주었던 사람들뿐입니다.

12월 12일

　고대 종교와 현대 과학 모두 동의한다. 우리는 찬양하기 위해 이곳에 있다는 것에. 표현을 살짝 바꾸자면, 우리는 관심을 표현하기 위해 이곳에 있다.

　　—존 업다이크

우리의 마음은 상황의 변화를 알아차리도록 설계되어 있습니다. 반면 정체 상태일 때에는 비교적 무심해집니다. 좋은 상태에 정체되어 있을 때엔 더더욱 그렇지요. 아플 때나, 마침내 건강을 되찾았을 때엔 건강을 민감하게 의식합니다. 하지만 건강할 때, 그 상태가 오래 지속될 때에는 건강에 거의 관심이 없어요.

문제를 해결하기 위해 삶의 시련에만 집중하다 보면 모든 게 부당하게 느껴지기도 합니다. 그러나 힘겨운 시간 속에서 비로소 축하할 일이 얼마나 많은지 깨닫게 됩니다. 세상의 좋은 일들을 얼마나 자주 놓치며 살았는지 알게 되지요.

지난주에 축하할 일이 있었어요. 루카스가 감기에 걸려 축 늘어져 제대로 먹지도 못했지요. 아이의 고통을 덜어 주지 못한다는 생각에 마음이 아팠습니다. 루카스가 마침내 고비를 넘기고 난 뒤 함께 먹는 일요일 브런치는 정말 즐거웠습니다. 음식을 허겁지겁 먹는 루카스를 보고 아내와 나는 서로 쳐다보며 미소를 지었지요. 삶의 시련은 피할 수 없습니다. 그러나 그게 우리 삶의 전부는 아니에요. 평상시 무심히 넘겨 왔던 삶의 좋은 것들을 되찾을 때, 우리가 할 수 있는 가장 좋은 일은 삶을 찬양하는 것입니다.

제안　삶이 당신에게 선물하는 것들에 관심을 가지세요. 그리고 당신만의 방식으로 찬양하세요.

12월 13일

✻ **환경이 사람을 만드는 건 아니다. 단지 드러낼 뿐이다.** ─제임스 알렌

　　오렌지 한 개를 손으로 꽉 쥐어짜면 뭐가 나올까요? 만약 당신의 친구가 그 오렌지를 쥐어짠다면요? 벽장에 처박아둔 고가의 착즙기에 오렌지를 넣고 짠다면 어떨까요? 오렌지에는 오렌지 주스가 들어 있어요. 오렌지 주스는 오렌지에서 나옵니다.

하지만 우리의 감정에 대해서는 종종 외부의 사건을 탓합니다. 외적인 요인들이 마법처럼 어떤 감정을 자신의 내면에 심어 놓았다는 듯이 행동합니다. 출근길에 뒤에서 바짝 붙어 따라오던 차가 당신의 하루를 망친 것 같죠. 스토아학파는 수천 년 전에, 인간의 감정은 특정 사건에 대한 해석, 즉 그 사건을 어떻게 생각하느냐에 달려 있음을 설파했습니다.

마음은 상황의 부정적인 요인들에 매몰되는 덫에 걸리고, 섣부른 결론을 내리고, 최악의 시나리오를 상상합니다. 이러한 정신적인 필터는 하루 종일 기분에 엄청난 영향을 미칩니다. 항상 깨어 있으면 이런 인식의 덫을 제대로 보고 피해 갈 수 있어요. 인식의 덫에서 벗어나 지금 이 순간 조금 더 평온할 수 있습니다.

제안 　격한 감정이 올라올 때, 예를 들어 근심, 분노, 짜증이 올라올 때 알아차려 보세요. 섣불리 결론을 내리고 최악의 결과를 상상하나요? 현재 작동하고 있는 감정적 필터를 점검해 보세요. 그리고 관점을 바꾸어 보세요. 상대방을 좋은 쪽으로 생각할 순 없을까요? 한 줄기 빛을 찾아볼 순 없을까요? 똑같은 상황을 얼마나 다른 관점으로 바라볼 수 있는지 생각해 보세요. 그 관점이 당신의 감정과 행동을 어떻게 변화시키는지 보세요.

12월 14일

몸과 마음이 뜻대로 움직이지 않을 때가 있습니다. 최근 여섯 달을 기다려서 겨우 잡은 오전 7시 진료가 있었어요. 그런데 당일 6시 37분까지 늦잠을 자고 말았어요. 눈을 뜨는 순간 소리를 질렀지요. 그 의사는 지각한 환자의 약속을 취소해 버리는 엄격한 의사였거든요. 기적처럼 오전 7시에 병원에 도착했지만 사전 질의서를 작성하는 걸 완전히 잊었어요. 질의서에는 "지정된 시간까지 작성하지 않을 경우 진료가 취소됩니다"라고 적혀 있었지요. 제시간에 도착하지 못할까 봐 마음을 졸이고 서류 작성도 겨우 했지만, 사실 하나도 급할 게 없는 일이었어요. 최악의 시나리오라고 해 봐야 일정을 다시 잡는 정도였으니까요. 그런데도 조급한 마음을 떨칠 수가 없더군요. 다행히 병원에서는 진료를 받게 해 주었습니다.

격한 감정에 휘말릴 때, 그 감정과 싸우느라 고통을 배가시킬 필요는 없습니다. 마치 조류에 휩쓸린 것과 같아요. 그 속에서 허우적거리면 지치지만, 조류의 방향과 수직으로 헤엄치다 보면 조류에서 빠져나올 수 있어요. 마찬가지로, 어떤 상황에 감정적으로 대응하면 문제가 더 커집니다. 감정의 파도가 밀려들면, 그 파도가 잦아들고 신경계가 평정을 되찾을 때까지 그저 가만히 지켜보세요.

제안 오늘 마음을 다잡으려고 최선을 다했는데도 감정이 격해지는 걸 느낄 때, 그 감정이 지나갈 때까지 감정과 함께 호흡해 보세요. 감정을 "지나치다" 혹은 "쓸데없다"고 이름 붙이지 말고 그저 편안히 지켜보세요.

＊ **모든 형태의 자기 몰입은 동정심은 물론이고 공감능력을 말살한다. 자신에게 집중할 때 세계는 축소되고, 문제와 집착은 거대해진다. 그러나 다른 사람들에게 집중할 때 세계는 팽창한다. 자신의 문제는 마음의 변방으로 밀려나 너무도 하찮아지고, 소통 혹은 연민이 깃든 행동을 할 수 있는 능력이 향상된다.** ―다니엘 골먼

마음이 울적하고, 작은 일들이 크게 느껴지고, 작은 짜증이 유독 크게 영향을 미치는 날이 있어요. 왜 이런 기분이 드는지조차 확실치 않지요. 딱히 이유도 없이 기분이 좋지 않을 때가 있습니다.

기분이 엉망일 때, 종종 자신을 탓합니다. "대체 뭐가 문제야? 무슨 나쁜 일이 일어난 것도 아닌데 기분이 왜 그래? 넌 정말 감사할 줄 모르는구나." 아이러니하게도 스스로의 기분을 비난할 때 고통은 더욱 커집니다. 우울한 것 자체에 우울해지고, 불안한 것 자체에 불안해지고, 화가 난 것 자체에 화가 납니다.

이럴 때 가장 좋은 해결책은 관심을 나에게서 다른 사람에게로(혹은 다른 동물에게로) 돌리는 것입니다. 마음을 내 안에서 밖으로 돌리는 것만으로도 마음이 조금은 편안해져요. 삶에 행복과 의미를 가져다주는 단 한 가지를 찾아보는 건 어떨까요? 그것은 바로 사람들과의 관계입니다.

제안 다른 사람에게로 주의를 돌려 보세요. 단 방법이 구체적이어야 합니다. 눈을 맞추어 보는 건 어떨까요? 카페에서 커피를 주문할 때도 사람과 눈도 마주치지 않고 주문을 하지요. 오늘 대화를 나눌 때 상대방과 눈을 맞추어 보세요. 인간관계를, 지금 이 순간을, 조금 더 음미해 보세요.

12월 16일

※ **미래가 당신을 괴롭히게 하지 마라. 당신이 현재 싸우기 위해 사용하는 바로 그 무기로, 때가 되면 미래를 맞이하게 될 것이다.** —마르쿠스 아우렐리우스

우리는 앞으로 무슨 일이 벌어질지 궁금해합니다. 마치 장거리 운전을 하면서 미리 계획을 세우는 것처럼 말이에요. 복잡한 교차로는 어떻게 지나가지? 교통체증이 심해서 못 빠져나가면 어쩌지? 혹시 차에 문제가 생기는 건 아닐까? 그러나 미래에 대한 걱정은 실제로 일어나는 현재에 집중하는 것을 방해할 뿐입니다.

이런 불필요한 걱정에는 믿음이 해독제입니다. 미래의 매 순간 잘 대처할 수 있을 거라고 스스로를 믿어 보면 어떨까요? 과거의 문제를 해결했던 방법으로, 미래의 문제도 해결할 수 있을 거라 믿어 보면 어떨까요?

현실 속에서 우리는 문자 그대로, 혹은 은유적으로, 우리 앞에 펼쳐진 길을 갈 수밖에 없어요. 스스로를 믿는다는 것은 계획을 세우지 말라는 의미가 결코 아닙니다. 최선을 다해 계획을 세웠지만, 예상 밖의 상황이 닥치더라도 잘 해결할 거라고 믿으며 매 순간에 임한다는 말입니다. 삶의 매 순간, 우리에겐 우리 자신이 있고, 최선을 다할 것입니다. 이러한 믿음이 있다면 미래를 놓아 버리고, 눈앞의 현실로 돌아올 수 있습니다.

제안 오늘은 다가올 앞날에 대한 걱정을 작정하고 놓아 보세요. 당신에겐 상황이 닥치면 해결할 수 있는 능력이 있다는 사실을 기억하세요. "상황이 닥치면 그때 해결하자"라든가 "그건 그때 가서 생각할 일"처럼 마음이 편안해지는 말을 되뇌어 보는 것도 좋습니다.

12월 17일

* 오늘은 새날의 시작이다. 이 하루를 허비할 수도 있고 그 속에서 성장하여 타인에게 도움을 줄 수도 있다. 오늘 하루 내가 하는 일은 중요하다. 왜냐하면 내 삶의 하루를 그것과 맞바꾸는 것이기 때문이다. 내가 치른 값이 아깝지 않기를. ─작가 미상

오늘의 인용문은 장인어른 책상에 놓여 있던 시입니다. 저는 이 시의 구절을 사진 찍어 두었고, 요즈음 매일 아침 그 시를 읽으며 생각을 정리합니다.

살아 있다는 단순한 진실은 진정한 축복이에요. 우리 모두 자율적인 존재이고 날마다 자신이 하는 일을 선택할 수 있어요. 우리가 하는 일은 중요합니다. 왜냐하면 시간이야말로 우리가 가진 가장 소중한 자산이기 때문이에요. 그 진실을 기억하고 그에 맞게 오늘을 사는 것이 우리의 귀중한 과제입니다.

제안 오늘 당신에게 영감을 줄 무언가를 찾아보세요. 인용구, 명언, 시, 사진, 무엇이든 좋습니다. 당신이 매일 볼 수 있는 곳에 붙여 놓으세요. 냉장고 문도 좋고 침대맡도 좋습니다. 조금 번거롭긴 해도, 그것이 제자리를 찾으면, 그곳이 하루를 시작할 아주 좋은 장소가 됩니다.

12월 18일

* 겨울 한복판에서, 마침내 내 안에 불굴의 여름이 존재한다는 것을 깨닫게 되었다. ―알베르 카뮈

할머니 손에 자랐다는 어느 인도 여성으로부터 인간이 가진 힘에 대해 많은 것을 배웠습니다. 그녀는 매주 할머니와 사원에 갔는데, 할머니는 그녀에게 일이 잘 풀리게 해 달라고 기도하지 말고, 시련을 헤쳐 나갈 수 있는 힘을 달라고 기도할 것을 당부했습니다. 할머니의 기도는 이루어진 것이 분명해요. 그녀는 시련이 닥칠 때마다 가족들에게 든든한 버팀목이 되어 주었거든요. 고통 속에서 더 너그러워졌으며, 지칠 줄 모르는 에너지를 보여 주었습니다. 그녀의 얘기를 듣는 동안 저는 우리 가족의 수입이 몇 달 동안 늘었던 일을 떠올렸습니다. 늘어난 금액의 반을 제가 진행하던 프로젝트에 쓰고 싶었어요. 그러나 예기치 못한 지출이 생겼지요. 지하실에 물이 찼고, 응급실에 가게 되었어요. 여유 자금을 다 날려 버렸습니다. 그러나 상황을 뒤집어 보았습니다. 어느 때보다도 여유 자금이 필요한 상황이었는데, 때마침 수중에 여윳돈이 있었으니 참 다행이었지요. 누구도 우리에게 평탄한 삶을 약속하지 않았습니다. 내 앞에 놓인 삶을 헤쳐 나갈 힘은 나에게 있어요. 시련을 겪어야 하는 자신이 불행하다고 생각할 수도 있지만, 시련을 헤쳐 나갈 힘이 있어 행복하다고 생각할 수도 있을 거예요. 우리가 가지고 있는 힘에 집중할 때, 삶의 시련에 책임감 있게 대처할 수 있습니다.

제안 오늘 당신의 힘을 끌어내 보세요. 당신 앞에 닥친 난관에 들여다보세요. 품위 있고 노련하게 그 시련을 이겨낼 힘이 당신에게 있다는 것을 믿으세요.

＊ **공동묘지에서 가장 부유한 남자가 되는 건 중요하지 않다. 밤에 잠자리에 들면서 뭔가 멋진 일을 해냈다는 생각이 드는 것, 나에게 중요한 것은 그것이다.** ―스티브 잡스

오랜 친구 한 명이 최근 힘든 시간을 보내고 있다고 소식을 전해 왔습니다. 그의 아내가 결혼 생활이 점점 불행해지는 것 같다며 속마음을 털어놓았다는 것이었어요. 아내는 예전의 사랑했던 감정이 사라지고 서로 멀어져 가는 것을 걱정하고 있었습니다. 둘을 존과 앨리스라고 부르겠습니다. 지난 한 해 두 사람 다 일 때문에 바빴다고 생각은 했지만, 존은 아내가 불행하다고 느낄 줄은 전혀 몰랐습니다. 저 역시 그 소식을 듣고 놀란 것이 사실이었어요. 존과 앨리스는 완벽한 결혼 생활을 하는 것처럼 보였고 완벽한 부부 같았으니까요. 전부 다 가진 것처럼 보이는 부부나 커플이라 해도 실제로 그들에게 어떤 고충이 있는지, 헤어질 생각을 하고 있는지 타인은 결코 알 수 없어요.

놀라운 점은 존과 앨리스가 그들의 삶에서 가장 풍족한 시기를 보내고 있다는 것입니다. 고액의 연봉에, 으리으리한 저택, 멋진 신형 차도 갖고 있었어요. 남들이 보기에 근사한 집과 차를 가졌다고 해도, 배우자가 울면서 어디서부터 잘못된 건지 모르겠다고 말한다면, 그게 다 무슨 소용일까요?

제안 당신 삶에서 가장 소중한 것이 무엇인지 자문해 보세요. 그 대상이 사람이라면, 그의 얘기를 들어 주고, 함께 시간을 보내고, 좋아하는 꽃을 선물해서 깜짝 놀라게 해 주고, 사랑의 편지를 써 보세요. 지금 당신에게 가장 소중한 일을 먼저 하세요.

12월 20일

* **인생은 쏜살같이 지나간다. 1년에 한 번이라도 생각할 시간을 갖는다면, 조금이나마 늦출 수 있다.** —힐러리 드피아노

광활한 우주에서 우리가 사는 이 작은 행성이 또 한 번의 여정을 거의 마쳤습니다. 한 해가 저무는 이즈음, 그동안 어떤 일이 있었는지 되돌아보는 것도 좋겠습니다. 지난 1월 이후 달라진 것은 무엇인가요? 무엇 때문에 바빴나요? 놀라운 일, 후회스러운 일이 있었나요? 올해 일어난 일 중 훗날 기억하게 될 일은 무엇일까요?

돌이켜 보면 올 한 해 역시 순탄치 않았지만, 가까운 사람들 덕분에 좋은 한 해였습니다. 아내는 흔들림 없는 사랑과 격려를 보내 주었고, 아리아와 함께 한 작업도 큰 도움이 되었습니다. 나의 세 아이들은 너무도 사랑스러워서 육아 스트레스를 보상하고도 남습니다. 제가 겪은 힘겨운 일들이 임상심리사로서 다른 사람들을 보다 깊이 이해하는 데 도움이 되었습니다. 내가 사랑할 사람이 있고 나를 사랑해 줄 사람이 있다면 전부 다 가진 거예요. 우리는 늘 이 익숙한 깨달음으로 돌아옵니다. 태양을 도는 지구처럼, 먼 길을 돌아 이 진실로 회귀합니다.

제안 올 한 해가 다 가려면 아직 일주일 정도 남았지만, 한 해를 되돌아보세요. 1년간 함께했던 사람들과 이런저런 이야기를 나누어 보세요. 가장 특별한 일은 무엇이었는지 생각해 보세요.

12월 21일

* **삶은 오직 지금 이 순간 속에 있을 뿐이다. 지금 이 순간을 버린다면, 일상의 순간들을 깊이 살 수 없다.** —틱낫한

앞으로 어떤 일이 닥칠지 전부 미리 알 수 있다면, 어떤 영향이 있을까요? 다가올 시련에 대해 더 걱정할까요? 아니면 그 시련을 이겨내리란 것을 알고 편안해질까요? 미래를 아는 것이 당신을 자유롭게 할까요, 아니면 제약이 될까요? 저는 미래를 알게 된다면 책임감이 한 겹 더 생길 것 같아요. 지금 이 순간만으로도 충분합니다.

늘 이 결론으로 돌아오고 또 돌아오지만, 우리에겐 지금 이 순간뿐입니다. 매 순간을 의식하며 깊이 사는 것이 최선입니다. 구름이 비를 뿌리건 태양이 찬란히 빛나건 한밤중에 텅 빈 도로를 달리건 아침에 교통체증에 걸렸건, 태어나서 먹어 본 것 중 가장 맛있는 부리토를 먹었건, 옆자리에 앉은 사람의 음식이 더 맛있어 보였건, 결혼생활이 황홀하건 엉망이건, 뚱뚱하건 날씬하건, 스스로에게 친절하건 가혹하건, 우리에게 주어진 것은 오직 지금 이 순간뿐입니다.

제안 지금 이 순간에 집중해 보세요. 발에 닿는 바닥의 감촉을 느껴 보세요. 숨을 쉴 때 호흡을 느껴 보세요. 주위의 소리를 들어 보세요. 이게 당신이 가진 것 전부입니다. 지금 이 순간을 의식하며 깊이 사는 것이 최선입니다.

12월 22일

* **명상을 통해 깨달은 것은, 우리가 너무 자주 현재에서 벗어난다는 것, 있는 그대로의 모습으로 지금 이곳에 머물기를 회피하고 있다는 것이다. 그 자체가 문제는 아니다. 중요한 것은 그것을 아는 것이다.** —페마 초드론

지금 이 순간 속에 머무는 것으로 우리를 괴롭히는 거의 모든 문제가 해결됩니다. 그러나 그 사실을 알면서도 우리는 습관적으로 현재에서 벗어나 가상의 미래에 미리 도착해 두려움 속에 살지요.

앞으로 일이 순조롭게 진행되려면 미리 생각하고 걱정해야 한다는 목소리가 상당히 설득력 있게 들리기도 합니다. 설령 지금 당장 괜찮은 상황에 있더라도, 앞으로도 계속 괜찮을지 궁금해하지요. 그 대답은, 물론 우리는 괜찮을 겁니다. 괜찮지 않을 때까지 괜찮아요. 그리고 괜찮지 않아도, 그 또한 괜찮습니다.

수없이 그 깨달음에 도달했건만, 여전히 앞날을 미리 알고 싶은 유혹에 빠집니다. 차례로 일어나는 일들을 지켜보지 않고, 마음이 자꾸만 건너뛰고 앞서가요. 이건 어떻게 될까? 저건 어떻게 될까? 나는 이 일에 준비가 되어 있나?

연말이 되니 다시 근본으로 돌아가게 됩니다. 지금 이 순간 속에 머무는 것만으로도 모든 걱정과 두려움은 사라집니다.

제안 오늘은 현재의 삶 속에 머물기로 굳게 결심해 보세요. 걱정이나 후회로 주의가 산만해질 때 다시 집중할 수 있는 주문을 외워 보는 것도 좋습니다. "지금 벌어지고 있는 일이 아니야.", "나는 지금 여기 있어." 현재에 머물기로 마음먹을 때 어떤 일이 일어나나요?

12월 23일

* **기대가 끝날 때 평화가 시작된다.** ―스리 친모이

　　산업혁명 이후 시간과 돈의 관계가 밀접해지면서 사회는 바쁜 생활을 높은 지위와 동일시하기 시작했습니다. 사람들은 오랜 시간 일하는 사람처럼 보이고 싶어 하고 일이 끊이지 않는 사람을 중요한 사람으로 여기지요. 그러나 효율적인 것과 바쁜 것은 엄연히 달라요. 만약 두 사람이 똑같은 양의 업무를 똑같은 수준으로 끝냈다면, 왜 다섯 시 반에 퇴근해서 가족들과 식사하는 사람보다 열 시까지 남아서 일하는 사람을 더 미화해야 할까요?

사람들은 제각기 다른 삶의 규칙들을 갖고 있습니다. 우리는 종종 다른 사람들이 하는 일을 보고 아무 의식 없이 그들의 규칙을 내면화해요. 예를 들면, 이른 시간에 퇴근하거나, 점심시간을 충분히 즐기거나, 산책을 하며 회의하는 것을 잘못으로 여깁니다.

우리가 내면화한 규칙들은 대부분 사회에서 만든 거예요. 자연에는 엄격한 규칙을 담은 매뉴얼이 없어요. 이 세상은 규칙대로 움직이지 않아요. 삶은 더 자유롭고, 더 역동적이며, 끊임없이 변화합니다.

제안　당신이 지키고 있는 규칙들을 살펴보세요. 유쾌하고, 행복하고, 생산적인 하루를 보내려면 어떻게 해야 할까요? 다른 사람들이 당신을 어떤 식으로 봐 주길 원하나요? 당신이 지키는 규칙이 그것과 관계가 있나요? 당신의 규칙 중 몇 가지를 깨어 보거나, 놓아 버리거나, 바꾸어 보면 어떤 일이 일어날까요? 당신에 대한 사람들의 기대, 규범들로부터 벗어나 보세요. 단 하루라도요. 어쩌면 당신에게 꼭 필요한 일인지도 모릅니다.

12월 24일

여러분, 메리 크리스마스! 어디에 있건, 누구와 있건, 크리스마스를 축하하는 사람이건 아니건, 여러분의 평화, 행복, 기쁨을 기원합니다. 크리스마스는 엄청난 기대와 함께 다가오지요. 종종 완벽한 크리스마스를 보내야 한다는 강박도 있어요. 다음과 같은 것들을 걱정합니다.

다른 사람들이 무슨 말을 할까 (특히 인종주의의자 친척), 다른 사람들이 어떤 행동을 할까 (내가 정성껏 고른 선물에 대한 무례한 반응 포함), 다른 사람이 나에게 무슨 선물을 줄까 (실망을 감추려 애써 보지만 대부분은 실패함), 음식의 맛이 괜찮을까 (주방에서 몇 시간을 고생함), 우리의 기분이 괜찮을까 (행복하고, 감사하고, 긍정적이어야 함) 같은 것들을 걱정하지요.

이맘때가 되면 곁에 없는 이들과의 추억도 되살아납니다. 곁에 없지만 보고 싶은 사람들을 기억하고 추모하는 좋은 기회가 될 수도 있겠지요. 우리에겐 매 순간을 그저 있는 그대로, 어떤 기대나 판단 없이 받아들일 수 있는 능력이 있습니다. 이번 크리스마스에는 행복한 순간, 어색한 순간, 심지어 예기치 못한 순간들까지 모두 즐겨 보세요.

제안   완벽한 크리스마스에 대한 기대를 버리고, 당신 앞에 펼쳐지는 삶의 흐름을 있는 그대로 받아들여 보세요. 다른 사람을 통제하려는 생각을 버리고 그들과 당신 자신에게 관대하세요. 놀라운 일이 일어날지도 모릅니다!

12월 25일

* **이곳은 할머니들이 무릎에 아기를 앉히고 별들을 바라보며, 아기들의 귓가에 저 별이 천국의 바닥에 난 구멍이라고 속삭이는 장소이다.** —릭 브래그

10년 전 크리스마스에 저는 아버지가 되었습니다. 새로운 한 사람을 맞이하는 기쁨은 말로 다 표현할 수가 없었지요. 불과 몇 분 전만 해도 숨 한 번 내쉬지 않았던 사람이었으니까요.

오랫동안 아내와 단둘이 살았어요. 그러다 몇 달 동안 아내의 배가 커졌고 이틀간의 진통을 치렀고, 한 시간 반 동안 온 힘을 다해 아기를 세상 밖으로 밀어냈습니다. 마침내 미끈거리는 조그만 아기가 나왔지요. 제가 탯줄을 끊었고 마르시아는 처음으로 아기를 안았습니다. 바로 그 순간 우리는 마치 시간이 흐르지 않는 공간으로 들어선 것 같았어요. 하늘에서 떨어진 것 같은 이 아이를 이미 오래전부터 알고 사랑한 느낌이었습니다.

아이가 태어난 뒤 처음 몇 달 동안 부모와 아이의 관계는 지극히 단순합니다. 부모는 아이들이 살 수 있도록 아이들의 욕구를 충족시켜 줍니다. 그러다 아기가 아장아장 걷기 시작하고, 자기만의 생각과 고집을 갖게 됩니다. 눈 깜짝할 사이, 당신은 어린아이, 10대 소년, 대학생, 그리고 성인의 부모가 됩니다. 눈앞의 아이에게 마음을 활짝 열고 그들의 독특한 취향, 힘, 약점을 인정해 주세요.

제안 당신의 삶에 존재하는 사람들을 경이로움으로 바라보세요. 그들을 아주 오래 알고 지냈어도 마치 처음 보는 것처럼 찬찬히 살펴보세요.

12월 26일

✱ **우리가 반복적으로 하는 일이 곧 우리 자신이다.** — 윌 듀랜트

식탁을 둘러보니 아내의 가족들이 모여 앉아 웃고 얘기하고 있네요. 그중 한 명이 가족 모두에게 물었어요. "크리스마스에 꼭 한 사람만 초대한다면, 누굴 초대할 거예요?"

우리는 누구를 초대할지 이야기를 나누었습니다. 그때 제 머릿속에 또 한 가지 질문이 떠올랐습니다. "만약 당신이 되고 싶은 사람을 하나의 형용사로 표현한다면, 그 형용사는 무엇인가요?"

우리의 가치는 행동으로 나타납니다. 자신이 너그러운 사람이라고 말하면서 시간과 자원을 다른 사람과 나누지 않는다면, 그 말은 사실일까요? 베풀어야 한다고 말하면서 항상 구두쇠처럼 군다면, 둘 중 어느 쪽일까요? 스스로 욕심이 많다고 생각하는데, 당신을 곁에서 지켜본 사람들이 배려심이 많다고 칭찬해 준다면, 누구의 말이 정확할까요?

우리는 종종 자신이 어떤 사람이라고 선언합니다. 마치 어떤 가치관을 가지고 태어났다는 듯이 말하지요. 스스로를 고유의 특성을 지닌 고정된 개체로 여깁니다. 하지만 그보다는 우리가 하는 행동이 우리의 특성을 말해 주는 건 아닐까요? 어쩌면 우리가 생각하는 것보다 조금 더 성장할 수 있는 건 아닐까요?

제안 만약 당신이 어느 특정한 가치를 조금 더 실현할 수 있다면, 그것은 어떤 가치일까요? 다른 사람들은 그것을 어떻게 알 수 있을까요? 그들은 무엇을 보게 될까요? 당신이 생각하는 가치를 실천해 보세요. 지금 이 순간, 당신이 되고자 하는 바로 그 사람이 될 수 있어요.

12월 27일

* **놓아 버린다는 것은, 끌리지도 거부하지도 않고, 원하고 좋아하고 싫어하는 마음에 질척이지도 않으며, 모든 것을 있는 그대로 받아들임으로써 보다 강하고 큰 무언가를 위해, 강제하고, 저항하고, 괴로워하기를 포기한다는 의미이다.** —존 카밧진

잘 산다는 것은 더 이상 자신에게 맞지 않는 것들을 놓아 버리는 끝없는 여정입니다. 평상시 우리는 기본적으로 모든 것에 매달립니다. 올 한 해를 되돌아보니 얼마나 많은 것들에 매달렸는지 깨닫게 됩니다. 사람들의 기대에 매달렸고, 상황이 내 뜻대로 풀려 주기를 바라는 마음에 매달렸으며, 올바른 삶의 방식에 관한 편협한 정의에 매달렸어요. 육체적인 속박도 있었습니다. 몸을 불필요하게 긴장시켰고, 천천히 움직였고, 너무 신중하게 말했고, 큰 소리로 웃지 않았어요.

우주에 엔트로피 법칙이 존재하는 것처럼, 더 이상 필요하지 않은 것들을 붙잡고 사는 것이 삶의 기본 공식인 것 같습니다. 사는 동안 우리는 많은 것들을 수집합니다. 한때는 무엇보다 간절했던 것이 더 이상 쓸모없는 것이 되기도 하죠. 그것들을 움켜쥐고 있는 손에 힘을 풀어 보세요. 가볍고 여유 있는 삶이 펼쳐집니다.

제안 당신이 붙잡고 있는 것 중에 더 이상 쓸모가 없어진 것들이 있나요? 어떤 행동, 중독, 관계, 감정, 기억인가요? 그것이 무엇이건 놓아 보세요. 짐을 줄여 마음속에 공간을 만들어 보세요.

12월 28일

* **이 세상의 그 무엇도 영원하지 않다. 무엇이건 영원하길 바라는 것은 어리석다. 그러나 그 무엇을 가지고 있을 때 기쁨을 누리지 않는 것은 그보다 더 어리석다.** —서머싯 몸

최근에 아름다운 분홍빛과 자줏빛과 파란빛이 어우러진 찬란한 일출을 보았습니다. 짧은 순간이었지만 언제까지나 그 순간에 머무르고 싶었지요. 현란한 빛깔들이 사라지고 나면, 아무것도 없을 것만 같았어요. 하지만 일출이 지나가니, 황금빛 태양과 눈부신 파란 하늘이 그 자리를 차지하더군요.

즐거운 순간이 끝나면 서글퍼집니다. 삶의 좋은 것들을 포기해야 한다고 생각하면 마음이 아픈 것처럼 말이에요. 내가 누리는 건강, 일할 수 있는 능력, 살고 있는 집을 포기해야 한다면 아마 세상의 끝에서 심연에 빠지는 것 같을 거예요.

그러나 모든 종착역은 출발점이기도 합니다. 대학의 졸업은 곧 커리어의 시작입니다. 임신의 끝은 육아의 시작이고요. 직업의 끝은 은퇴의 시작입니다. 삶의 끝은, 아마도 그다음에 오는 무언가의 시작이겠지요.

한 해가 저물어 가니 영원한 것은 없음을 다시 한번 되새기게 됩니다. 한 해의 끝은 새로운 한 해의 시작입니다. 흰 새 도화지 같은 새로운 한 해가 다가옵니다.

제안 한 해가 저물어 갑니다. 당신 삶에서 끝나가는 것들을 생각해 보세요. 과거에 집착하고 있다면 삶은 계속 흘러간다는 사실을 기억하세요. 끝은 새로운 시작임을 기억하세요.

12월 29일

* **하나의 문이 닫히면, 또 하나의 다른 문이 열린다. 그러나 때로 닫힌 문이 너무 안타까워 오래 바라보느라 우리를 향해 열려 있는 문을 미처 보지 못한다.** ―알렉산더 그레이엄 벨

크리스마스와 새해 사이의 시간은 조금 이상합니다. 출근하지 않거나 근무시간이 불규칙한 경우가 많고, 하루하루가 구분 없이 뭉텅이로 지나가지요. 딱히 할 일도 없이 하루 종일 잠옷 차림으로 돌아다니고 아침식사로 초콜릿을 먹습니다. 남아 있는 크리스마스 음식을 먹거나, 명절 TV 프로를 보거나, 마치 스포츠에 임하듯 군것질을 하면서 하루를 보냅니다. 새해가 다가오면 새해 결심과 이루고 싶은 삶의 변화에 집중합니다. 연휴 동안 체중이 불어서 이제부터 음식을 좀 가려 먹어야겠다는 생각도 들지요. 불어난 체중과 엉망이 된 생활 습관으로 우울해질 수도 있어요. 변화가 시급할 뿐 아니라 절실합니다.

이런 때일수록 자신에게 관대해야 합니다. 지금부터 시작하세요. 좋은 소식이 있다면, 변화가 가능하다는 거예요. 여러분이 원하면 언제든 시작할 수 있습니다.

제안 오늘은 변화를 부담이 아닌 기회라고 생각해 보세요. 당신이 이루고 싶은 변화가 있나요? 그 변화를 이루었을 때 어떤 이점이 있을까요? 당신의 삶이 더 밝아지고, 행복해지고, 즐거워질까요? 변화의 기회가 가져다주는 기쁨을 누려 보세요.

12월 30일

* **알아차림. 알아차림. 알아차림.** —앤소니 드 멜로

올 한 해 우리가 나눈 모든 이야기의 핵심은 알아차림입니다. 우리의 가치, 감각, 몸, 마음이 만들어 내는 이야기들을 알아차리는 것이고, 스스로를 어떻게 바라보고 다른 사람을 어떻게 대하는지를 알아차리는 것입니다. 알아차림이야말로 해방, 행복, 자유로운 사랑의 열쇠입니다.

우리가 느끼는 불만과 불행의 중심에는 근본적인 원인이 있어요. 그 원인은 바로 자신이 갖지 못한 것에 집중한다는 것입니다. 우리는 없는 것에 매달립니다. 로맨틱한 사랑에 매달리고, 곁에 있고 싶어 하지 않거나 더 이상 곁에 없는 사람에게 매달리고, 갖지 못한 몸에 매달리고, 갖지 못한 집, 차, 직업, 돈, 건강에 매달립니다. 우리는 갖지 못한 것에 집착해요. 지금 곁에 존재하지 않는 것들만 바라봅니다. 과거에 존재했거나 미래에 존재할 수도 있지만 지금 여기에는 그것들이 없어요.

알아차림을 통해, 나의 관심이 어디로 향하는지 알 수 있습니다. 알아차림을 통해, 머릿속에 떠오르는 생각과 감정들을 의식할 수 있습니다. 알아차림을 통해, 머리 밖으로 나와 현재에 머물 수 있습니다. 알아차림을 통해, 이 풍요롭고, 활기 넘치며, 찬란하게 빛나는 지금 이 순간 속에 살아 있음을 느낄 수 있습니다.

그렇게 간단합니다. (혹은 그렇게 복잡합니다.)

제안 알아차림 속에서 편히 쉬세요. 깨어나 삶을 누리세요. 이 신성한 순간을 누리세요.

12월 31일

* **우리의 내면에는, 스스로 잘 돌보기만 하면, 그 누구보다 훌륭한 삶의 안내자가 있다.** —제인 오스틴

지난 한 해 동안, 어떠한 상황에서도 여러분이 사람들과 교감하고 마음의 평화를 찾도록 격려했습니다. 우리는 일상의 경험에서 영감을 얻어 여러분과 나누었어요. 이런 이야기들을 했습니다.

여러분의 감각에 주의를 기울이세요.

여러분의 몸을 느껴 보세요. 손, 발, 호흡을 느껴 보세요.

스스로에게 가지고 있는 생각들을 놓아 버리세요.

사랑하는 이들에게 관심을 가지세요.

자신에게 친절을 베푸는 연습을 하세요.

삶의 시련 속에서도 감사하는 마음을 가지세요.

여러분 앞에 펼쳐지는 삶에 마음을 여세요.

타인과 자신을 용서하세요.

남을 위해 봉사하세요.

걱정을 떨쳐 버리세요.

행복은 스스로 만드세요.

가장 소중한 가치를 되새기고 그에 맞게 행동하세요.

이 여행에 함께해 주셔서 감사합니다. 지난 한 해 힘든 일도 있었겠지만, 여러분이 사랑하는 것들과 가까워지는 데 이 글이 도움이 되었기를 바랍니다. 무엇보다도 스스로를 더 신뢰하게 되었기를 바랍니다.

우리가 함께 한 1년의 여정은 이제 곧 끝나지만 일상 속에서 여러분의 마음챙김은 계속됩니다. 서 있기 버거울 정도로 힘든 날도 있을 거예요. 눈부시게 행복한 날들도 있을 겁니다. 자신의 모습 그대로, 현재에, 열정에, 자신의 원칙에 연결되고, 사랑하는 사람들과 연결될 방법을 찾고 또 찾으세요. 그것으로 충분합니다.

제안   올 한 해 여러분에게 구체적인 제안들을 해 왔습니다. 이제 여러분에게 전부 다 넘깁니다. 오늘 소중한 것들에 연결되기 위해 무엇이 필요한지 여러분은 알고 있어요. 여러분의 멋진 삶과 사랑을 기원합니다.

단단한 하루

1판 1쇄 인쇄   2022년 11월 10일
1판 1쇄 발행   2022년 11월 23일

지은이   아리아 캠벨 다네시 · 세스 J. 길리한
옮긴이   이진
발행처   수오서재
발행인   황은희, 장건태
책임편집   박세연
편집   최민화, 마선영
마케팅   황혜란, 안혜인
디자인   피포엘
제작   제이오
주소   경기도 파주시 돌곶이길 170-2 (10883)
등록   2018년 10월 4일(제406-2018-000114호)
전화   031)955-9790
팩스   031)946-9796
전자우편   info@suobooks.com
홈페이지   www.suobooks.com
ISBN   979-11-90382-86-1 03190 책값은 뒤표지에 있습니다.